時間SFの文法

浅見克彦
Katsuhiko Asami

決定論／
時間線の分岐／
因果ループ

青弓社

時間ＳＦの文法――決定論／時間線の分岐／因果ループ　目次

序章　時間SFと時代の感覚　9

1　『タイム・マシン』とその時代　9

2　現代の意識を引き寄せる時間論　12

3　物語論の関心と現代のシニシズム　15

第1章　ジャンルを俯瞰する　20

1　タイム・トラヴェルの物語　22

2　タイム・スリップの物語　34

3　並行世界へ跳躍する物語　52

4　自己重複の物語　59

5　時間の果てをのぞむ物語　66

第2章　タイム・パラドクスと決定論的世界　77

1　連なる氷河のような世界　77
2　愛による過去の改変——パラドクスの浮上　84
3　タイム・パラドクスと happen twice 論　86
4　決定論的な時間世界——時間旅行者をとらえる不可避の円環　95
5　決定論への帰依と「救済」　100

第3章　時間SFとニヒリズム——価値意識の惑乱　113

1　反復する時間世界——意味と価値の無化　113
2　「枝分かれする世界」——価値の相対化と自由意志の無力　122

3　因果ループの空虚——価値の真正さが失われゆく世界　141
4　ニヒリズムの波紋——自らに懐疑を向ける物語　147

第4章　物語論としての時間SF——読みのシニシズム　153

1　物語の「真実味」を支えるもの——リアリズムの陥穽　153
2　時間SFにおける因果のパラレリズム——読みが支える意味の秩序　161
3　種を露呈する手品——「読みの真正さ」の持ち分　172
4　シニシズムの行方　183

終章　時間の味わい——感覚的な悦びをもたらすテクスト　198

1　変異のなかで湧き上がる時間　198
2　意識変調の異様——躍動と移ろいの感覚　204

3　時間的な感覚の奥にあるもの――意味の向こうに想像される何か　209
4　映像的なテクストの時間――共感覚の渦へと誘う物語　216
文献一覧　227
あとがき　243

装丁――神田昇和

凡例

・作品名のあとの（　）内の数字は発表年である。底本とした著作で発表年が確定できない場合は、ウェブサイト「The Internet Speculative Fiction Database」（http://www.isfdb.org/cgi-bin/index.cgi）の情報に依拠した。

・注での文献表記は、著者名、作品名（書名）、ページ数だけに簡略化した。詳細な書誌は、巻末の文献一覧に記している。なお、欧文文献も、邦文文献に準じて五十音順で並べている。

・欧文文献から引用するさい、表記の統一や前後の文脈を考慮して、訳書とは異なる訳文にした場合がある。

・注で、同じ文献について複数の個所を指示する場合、ページ数は本文で引用（参照）した順に並べている。

序章　時間SFと時代の感覚

1　『タイム・マシン』とその時代

時間ＳＦは、かなりおもしろい。そして、意外な深みを感じさせる。

と言っても、時間ＳＦって何だ、といきなり問い返されるかもしれない。もちろん、その全体像はのちのち明らかにしていきたいとは思う。けれども、ここではひとまず、特殊な時間世界を設定しながら、時間旅行のような独特の経験を描き出す物語、と言っておけば足りるだろう。

では、そのどこがおもしろいのか。細かいことは抜きにして、ズバッと言おう。多くの時間ＳＦは、現代文化に漂う空気と通じあっているように思う。それは、ある種の閉塞にはまり込んでいるような一連の感覚だ。時が、新たな未来を望む意識を裏切りながら、空転するようなムード。あるいは、すべてが停滞し凍結していくような感覚。そして、時間そのものが空無化していく終末の予感。おいおい明らかになるように、こうした感覚が時間ＳＦの物語から漂ってくるとき、「そうだよ、これなんだよ」と膝を打ち、意識を包んでいた靄が一瞬にして晴れていく快感が到来する。いま現在の時代感覚に、明確な形を与えてくれる不思議。ここにこそ、時間ＳＦの魅力とおもしろさがある。

けれども、こうした時代感覚とのつながりは、SFというジャンルの性格を考えるとき、さして不思議ではないとも言える。SF小説はその草創期から、カレントな科学や哲学や心理学、そしてそのつどの社会状況に素早くレスポンスしてきたのだから。それは、時間SFというサブ・ジャンルにもおおむねあてはまる。タイム・トラヴェル・ストーリーの嚆矢、『タイム・マシン』（一八九四―九五年）もその例外ではない。この物語には、作者のH・G・ウェルズ自身が当時強く意識していた、進化論の問題が色濃く投影されていたようだ。

よく知られているように、ウェルズは、当時ヨーロッパを席巻していたダーウィニズムの波のなかにいた。若き日に彼が学んだロンドン（ケンジントン）の科学師範学校では、ダーウィン以降の一つの流れを代表するハックスリーが、強烈な存在感を放っていた。そして、ウェルズはこの大物から直接に生物学を学び、多大な影響を受けている。[1]ただし、彼は進化論の理論的帰結を安んじて受け入れてはいなかったようだ。当時、進化論が宗教的な陣営をも巻き込んだ大論争のさなかにあったことはよく知られている。そして、その最大の争点が、神の神聖な「御意《みこころ》」を疑わせる、自然淘汰の理解にあったことも。

自然淘汰を受け入れること、それは、自然史の推移のうちに生命を賭けた醜い闘争を認めることになる。けれども、問題はそれだけではない。淘汰のプロセスは、環境条件と生物の適応に左右されると理解されていたからだ。そうなると、種のふるい落としのプロセスは、生態と環境の「偶然的」な噛み合わせに任されていることになってしまう。これは、キリスト教の正統的教義からすれば、とても困った話だろう。生物世界の秩序に「偶有性」があると認めるなら、神の目的論的な正しさを信じることが難しくなるからだ。

人は、これを虫や動物の話だと言って、涼しい顔をしてはいられない。人間も自然淘汰に潜む「偶有性」を免れえないとすれば、未来永劫にわたって人間社会が発展していく保証はないことになる。ウェルズの思考と想像に深く食い込んでいたのは、人類が抱え込むかもしれない「負の方向性」[2]だったと言っていい。ウェルズは、自作を編んだ一九三三年の書物に序文を寄せ、『タイム・マシン』発表時の考えを吐露している。周囲には、進歩がますます人間を幸福にしていくという理解が広がっていた。けれども、自分は『タイム・マシン』という作品で、「創造の過程における目的なき責め苦 the aimless torture in creation」[3]に注意を向けたのだ、と。

実際、この作品が描く未来には、文明の頽落としか言いようがない、おぞましい現実が繰り広げられている。何らかの理由で人類の退化が始まり、食物の確保が難しくなってから、人は人間を食うことを「必然的欲求」と見なすようになった。そして、モーロックという種族が、エロイと呼ばれる種族を肥え太らせて餌食にするシステムができたのである。それだけではない。主人公がもとの世界に帰還するくだりには、問題の「目的なき責め苦」が文明の破滅に帰結したことが暗示されている。トラヴェラーは、小柄なモーロックと格闘しながら、ぎりぎりのところでタイム・マシンを起動させる。ところが、おかしな体勢でレバーを引いたことで、不覚にもとんでもなく遠い未来に運ばれてしまう。そこで彼が見たものは、巨大な蟹のような生物が地表を埋め尽くす世界、あるいは深い静寂のなかに毒々しい地衣類がはびこる暗黒の世界だった。[4]

『タイム・マシン』は、進化論的な世界像の先に、人類が破滅する可能性を見通している。けれども問題は、必ずしも自然の冷酷な運命に還元すべきではない。確かに、ウェルズを導いたハックスリーは、進化論にくみしながら、文明が自然から連続的に築き上げられたと理解している。けれども同時に、「社会進化論」のように、文明の進化と繁栄がおのずともたらされるとは考えなかった。人間は、自然のなかでの進化を通じて文明を築き上げたが、その過程では「無慈悲で残忍な破壊性」や「不道徳な感情」も重要な役割を果たしてきた。つまり、自然の進化は人間の本性（自然）のうちに、こうした「罪悪」を育むプロセスでもあったのだ。こう考えたハックスリーは、人間の文明が「頂上に登り」つめたあと、いつか「下り坂が始まる」と予言した。そして、「知性と意志とが研究の健全な原理に導かれ[5]」なかったなら、文明が自然に敵対するに至り、野蛮へと頽落するとも考えたのである。

文明に潜むこの危うさへの視線を、ウェルズは師から受け継いだのだろう。それは、彼の評論『現代世界文明の展望』にも垣間見える。ウェルズはこの大著の結びで、「前途に横たわる不安[6]」を指摘した。そこには、自然現象で地球が破滅する危険とともに、文明の頽落による「悲劇」の可能性が綴られている。ウェルズは、O・ステープルドンの『最後にして最初の人類』（一九三〇年）も引きながら、「金権的な世界国家」の堕落によって「暗黒時代」が到来するシナリオをリアルなものと受け止めた。確かに彼は、「人間の正気を信じる」と書いたが、未来に待ち受ける「巨大な悲劇的な挫折」にも注意を向けている。「多くの個人の生命が悲劇的に終わるのならば、どうして人類全体が悲劇的に終わっていけないわけがあろう？」[7]

B・オールディスも指摘するように、ウェルズは「文明がそれぞれに、偶然の衰微に至る種子を内包している」[8]ことを深く自覚していた。まちがいなくその思考は、文明と自然との危うい緊張を見定める、あのハックスリーの思考と共鳴しあっている。

2　現代の意識を引き寄せる時間論

『タイム・マシン』は、時の文化状況と密接につながりあっている。作品には、そのつどの時代意識が滲み出るということだ。けれども、『タイム・マシン』を背後で支える時代の意識と感覚は、現代からは遠く隔たっている。さすがに、百年以上前の作品を掲げて、現在の時代意識との共鳴を云々するのは、いきなりすぎるだろう。実のところ、同じことはこれから取り上げる多くの作品にもあてはまる。本書で現代の意識状況と言うときに、念頭においているのはだいたい一九八〇年代以降の文化の空気である。けれども、本書で取り上げる作品は、圧倒的に前世紀の、しかも八〇年代以前のものなのだ。だとすれば、この隔たりを超えて、時間SFが現代文化の意識と通じあうというのは、奇妙なことにも思えてくる。ところがあにはからんや。実は両者は、意外なバイパスを通じてつながっている。

時間SFは、タイム・トラヴェルをはじめとする特異な設定をとりながら、しばしば奇異な時間世界を構成する。いきおいそこには、この突飛な構成を説明し、整理しようとする独特な理解も登場することになる。実はここにこそ、現在の時代感覚とつながるポイントがある。そこでは、ある特定の時代状況や具体的な歴史の推移ではなく、時間一般のとらえ方や、時間なるもののあり方が語り出されていく。つまりそれは、時代的特殊事情から切断された、普遍的な装いをとったテクストだと言っていい。こうした思弁的とも言えるテクストに関しては、異なる時代を生きる者が、時代の特殊性を超えて、何か身につまされる感覚を抱いても不思議ではないだろう。そう、いま現在の時代的な感覚に浸された者でさえも。

時間について普遍的に語るテクストは、もちろん『タイム・マシン』にも組み込まれている。主人公が友人たちにレクチャーする、あの理解だ。トラヴェラーは、これは常識だと言わんばかりの調子で、実在する物体は「四つの次元で広がりをもっている」と語り出す。要するに物体の存在は、縦、横、高さ、そして持続時間という四つの次元からなるという主張だ。そして、自ら「四次元幾何学」を研究した成果を披露する。「第四次元というものは、時間を別の角度から見たものにすぎないんだ」「科学者は、時間が空間の一種でしかないということを、十分心得ている」(9)。だからこそ、空間を移動するのとほぼ同じように、時間という次元を自由に動き回れても不思議はない。はい、ＱＥＤ。

この四次元的世界像は、ウェルズが語り出したあと、いくつもの作品に引き継がれた。その出自と含意についてはあとで詳述するけれど、この理解のいちばんの特徴は、時間をある意味で空間の一次元ととらえる点にある。物事が変動するさいの時間の持続を、過去から未来に延々とつながる軸と想定し、それを三次元の空間世界に加えられるもう一つの次元ととらえる。すると、何らかの物や出来事は、この四次元座標のどこかにプロットできるというアイデア。この初めも終わりもわからない芋虫のような連なりは、比喩的にある種の空間的な広がりだと解釈できる。

しかし、タイム・トラヴェルをこうした空間のなかの移動ととらえるとき、その帰結として世界についての理解は驚くべきものになる。タイム・トラヴェルとは、四次元空間のどこかに存在する地点へのジャンプと見なされる。だとすれば、行き先となる過去や未来は、この広がりのどこかに存在すると言えるのではないか。過去も未来も、延々と続く氷河の回廊のうちに、常にすでに存続している！

往々にして四次元世界論は、この凍り付いたような時間の連なりを想定する。それは、ある種の決定論的な世界像だとも言えるだろう。過去と同じように未来も、常にすでに確固たる形で存在すると想定されているのだから。実際ウェルズは、この世界像が、遥か彼方に存在する未来を「透視」するためのしつらえだったことを明かしている。「当時は、進化とは事態をますますよい状態にしていくもので、人間に資する力だという想定があった。確固たる四次元空間という時間の枠組みは、こうした平穏な考えに背馳する未来を垣間見るための手品のトリックになっている[10]」

トラヴェラーは、地球の陰惨な未来をじかに見た。けれどもそれは、延々と広がる時間の彼方に、常にすでに存在する現実にほかならない。だとすれば、人間はこの破滅的未来を予定されたものとして生きなければならないことになる。そのとき時間世界は、分厚い氷河のうちに人間を閉じ込め、拘束する。このことは、未来の現実を知らされたときの友人の印象にはっきりと表れている。「彼〔トラヴェラー〕は（略）文明の蓄積は愚かな建造物にすぎず、いつかは崩壊してその建造者を退廃させずにはおかないものだと言っていた。もしそうなら、僕らはそれに気づかないふりをして生きてゆくよりほかにない[11]」

こうした理解の背景には、のちに見るように、当時の数学に登場した四次元空間論があり、過去の時代とのつながりを色濃く示してもいる。けれども、それが物語のうちで普遍的な考えとして打ち出されるときには、時代を超えた感覚の共鳴をもたらしても不思議ではないだろう。現代の閉塞感、あるいは超越的な力の檻に閉じ込められているような無力感。こうした時代の感覚は、一世紀以上も前の物語とも共鳴しうるのだ。時間ＳＦに登場する時間世界の理解と構成は、比喩的な読み取りを通じて、いま現在の時代的感覚を呼び寄せる。

実のところ、ウェルズ自身の世界観は、必ずしも決定論で割り切れるものではない。すでに紹介したように、彼は自然との緊張のなかで文明がどんな選択をするかが鍵となると考えていた。だから、『タイム・マシン』が導入した四次元世界は、人々に決定論を突き付けながら、それへの反発を通じて文明の選択に関心を向けさせる「手品のトリック」なのだろう。けれども、いま現在を生きる私たちは、ウェルズ自身の文脈とはやや異なる関心にもとづきながら、現在の時代的な感覚と通じあうものを感じ取る。普遍的な言説の形をとった時間論は、異なる時代状況のもとで、ある種の読み直しを通じて、時代感覚に引き寄せて意味づけられるということだろう。あるいは、いま現在の文化の空気が、時間ＳＦの意匠と含意を再発見すると言ってもいい。そこには、レトロな時代意識をも、いま現在の文化的配置のなかにのみ込んでしまうポストモダンの空気も作用している。

もちろん、現代の感覚と通じあうポイントは、決定論的な世界像だけではない。むしろ時間ＳＦは、互いに拮抗しあう多様な感覚を引き寄せる。その意味では、時間ＳＦは「時間をめぐる複数の解釈が衝突しあうテクストの戦場(12)」だと言っても、決しておおげさではないと思う。

決定論への絶望があるかと思えば、そこに魂の救済を見いだそうとする求めが交錯し、さらには無数の可能世界を夢見る願望や、時間の終焉を待ち望むような思いも拮抗する。時間ＳＦは、こうした多様な意識の錯綜を映し出す。だから、この時間をめぐる意識の衝突や軋みには、なかなか複雑なものがある。けれどもだからこそ、このジャンルはただおもしろいだけでなく、奥が深いとも言えるのだ。

3　物語論の関心と現代のシニシズム

イントロの最後に、もう一つ別のおもしろさも紹介しておこう。実は時間ＳＦには、物語論に関わる批評が潜んでいることが少なくない。もちろん個々の作品で、直接に批評がなされているわけではない。けれども、その語りは、しばしばアイロニカルに、それ自体を含めた物語の成り立ちと仕掛けを露呈させる。手品のトリックをばらしてしまうような物語構成とでも言おうか。ときにそれは、ややハチャメチャな形をとるけれども、そこにも時間SFの妙味の一つがあるということだ。

時間SFは、否応なく物語論についての批評となる性質をもっている。すべての物語は、例外なく時間的な構成として成り立つ。それは、時間的な世界が語り出されるという意味でも、また読みのプロセスが時間的に推移するという意味でも、本来的に時間的だからだ。ところが時間SFは、この二つの意味での時間世界に、しばしば攪乱を持ち込むことになる。語られる世界の別々の時間をまたぎ、遥かなる隔たりを跳び超える。だからまた、その出来事を語る言説は、否応なく歴史的な時間の経緯を断絶させ、転倒させる、などなど。

物語は現実にはありえないハチャメチャな時間世界を描き出す。にもかかわらず読み手は、そのトンデモな時間世界にリアリティを見いだすことができる。だとすればそこには、リアルじゃない世界をリアルととらえていく、何らかの仮構があることになる。そう、読み手はありえない時間構成をとる物語の世界にも、現実世界と同じような時間の経過があると思いなしているのだ。

言うまでもなくこれは、ロラン・バルトが言う「〈リアリスト的〉幻想[13]」の話である。時間SFは、こうした物語論的な問題を、テクスト構成自体を通じて明瞭に浮かび上がらせる。最近のSF研究が論じるように、このジャンルは「物語ることに関する最も基礎的な諸問題の多くを（略）文章の仕掛けやプロットの形で示す、物語論の実験室[14]」ともなっているのだ。長らくサブ・カルチャーとして脇に追いやられてきたジャンルが、物語論的な探究のフロンティアとなるという事実。物語に関心を寄せる者であれば、このことに心惹かれないはずはないだろう。

そもそもリアリティというのは、しばしば物語の真正さの試金石とされる。それは、物語を物語たらしめる条件、あるいはその本物らしさ authenticity の問題と結び付いているということだ。だとすれば、リアリティの虚構をあらわにする時間SFは、物語の正統的な価値、つまりはその権威 authority を揺るがすことにもなる。しばしば権威に対して冷めた態度をとるSFが、こうした批判を体現することに不思議はない。けれども問題は、それが物語に関する価値意識を攪乱するという点にある。リアリティについて言えるように、物語が物語として成り立つ条件のうちに、読み手による思いなしと仮構が組み込まれているとしたら……。このことが自覚されるとき、物語の真正さは根っこから揺らぎ始める。

物語の正統性が問われるとき、しばしば語られるのは、物語のなかの「現実の生きた発展」、あるいは因果関係の緻密さなどだろう。ところが、時間ＳＦでは、こうした条件を足蹴にする構成がよくとられる。例えば、過去へのトラヴェルを想定する物語では、未来の「自分」が現在の自分を訪ねてくるエピソードがしばしば展開される。そして、未来の「自分」が「一年後にある薬品メーカーの株価が急騰する」ことを教えるとしよう。すると、その株を大量に買い付けた現在の自分は、数年後にとんでもなくリッチになれる……。

この手の筋立てを、もう少しドラマティックに展開した物語は決して少なくない。しかしこうしたパターンでは、物語が描く出来事の因果が相当奇妙なものになる。株で大儲けできる原因は、別時間の「自分」が未来の情報をもたらしたことにある。するとこの因果の関係は、未来から現在へというおかしな順序になってしまう。いや、もっと不可解なことがある。未来からきた「自分」は、すでに大儲けの過去を通過してしまっているという点だ。だから、トラヴェラーの観点からすれば、問題の情報提供はすでになされているからなされる、といったトートロジーになる。それは、常識的には因果とは呼べない代物だろう。

そこでは、物語の因果が奇妙な円環をなしている。だから、物語の条件であるべき因果的な関連は、まちがいなく紛いものっぽい。では、こうした作品が物語として成り立っていないかというと、必ずしもそうではない。少なくともそれは、読み物としては十分に緻密かつ魅力的でありうる。そうなると、むしろ疑われるべきは、物語を物語として成り立たせる基準のほうだろう。物語の真正さの基準としてしばしば持ち出される因果的統一性なるものは、少なくとも通常の意味での因果関係とは別物ではないか、と。

同じことは、リアリズムが標榜する「現実の生きた発展」についてもあてはまる。さっきの卑近な例をもう一度思い起こしてほしい。株の情報をもたらした「自分」が、同じ世界の未来からきた同一の人間であるなら、現在の自分が、未来のある時点で過去に向かうことはすでに決まっている。しかも、すでに大金を手にしているにもかかわらず。時間SFには、こうした不可思議なエピソードが実際にある。[15] そこには、未決の未来を切り開いていく「現実の生きた発展」などは望むべくもない。ところが、ここでも物語は、必ずしも物語としての価値を失うわけではない。設定と因果は嘘くさくとも、よく練られた物語には十分に緊張感があり、読む者にスリリングなテンションをもたらす。そう、「現実の生きた発展」というのを基準に、物語の真正さを云々することには無理があるということだ。

ここにも、物語の実情をとらえそこねる思い違いや虚構がある。それは、映画の「モンタージュ」の効果に喩えることもできる。「クレショフ効果」に典型的なように、まさに本物と価値づけられる映画も、複数のカットのつながりに意味と因果を読み取る、オーディエンスの思いなしと仮構に支えられている。物語の真正さにも、これと同じようなことがあてはまるのではないだろうか。

時間SFの独特なテクスト構成は、こうした思いなしと仮構を読み手に自覚させてしまう。それが物語論的な批評になっているというのは、こういうことだ。けれども、そうだとすればこのサブ・ジャンルは、物語というものの嘘くささを浮き彫りにすることにもなる。そこには、本物という価値を疑うシニカルなムードが漂うと言ってもいい。確かに、さまざまな文化価値へのアイロニーと諧謔は、SFの歴史の随所に顔を出すものではある。けれども、そこに漂う半ばニヒルなシニシズムは、これまた時の隔たりを超えて、いま現在の文化的感覚と触れあうのではないだろうか。ここでも時間SFは、現代を生きる私たちに、したりと納得する快感をもたらすと同時に、奥の深いシリアスな問いを投げかけてくる。

実のところそこには、文化をめぐる重く深刻な問題が潜んでいる。しかし、そうだとしても、いやそうだからこそ、遊びに満ちたSFのテクストに浸りながら、軽やかに現在を感じ取り、思考する時間に身を投じてみるのも一興だろう。もちろん、本書のゴールに問題の解消と新たな文化のステップが待っているなどとうそぶくつもりはない。とはいえ軽快な思考は、先行きが見えない不確かな時間を走り抜けるテンションを用意するかもしれない。ただし、そうした可能性を生み出すのは、この書き物のテクストそれ自体ではなく、テクストを読む者の思考と感性なのだけれども。

注

（1）Cf., D.Y. Hughes, "The Garden in Wells's Early Science Fiction," p.48、森村豊『ウェルズ』四六―五一ページ
（2）高橋和久「ウェルズの小説に見られる特性をめぐって」九一ページ
（3）H.G. Wells, *The Scientific Romances of H.G. Wells*, p.ix.
（4）H・G・ウェルズ『タイム・マシン』八五―八六、一一〇―一一三ページ（原書 pp.56, 75-79.）
（5）T・H・ハックスリ「進化と倫理」七、三〇、三三ページ（原書 pp.109-110, 137-138, 143.）
（6）H・G・ウェルズ『現代世界文明の展望』下、八六五ページ
（7）同書八六七、八六八ページ
（8）B.W. Aldiss, "Introduction," p.8.
（9）H・G・ウェルズ『タイム・マシン』九、一〇ページ（原書 pp.4,5.）
（10）Wells, *op.cit.*, p.ix.
（11）H・G・ウェルズ『タイム・マシン』一二二ページ（原書 p.84.）
（12）E. Gomel, *Postmodern Science Fiction and Temporal Imagination*, p.30.
（13）R・バルト「物語の構造分析序説」二四ページ（原書 p.87.）
（14）D. Wittenberg, *Time Travel*, p.2.
（15）映画『ビルとテッドの大冒険』（一九八九年）では問題の嘘くささが露骨にお遊びのネタになっている。

第1章　ジャンルを俯瞰する

時間SFは、思いのほか多様だ。変人の科学者が、奇天烈なガジェットで時間旅行をするといったお定まりのパターンは、ほんの一握りでしかない。時間SFのおもしろみに浸るには、まずこうした多様性を踏まえておいたほうがいいだろう。

例えば、異世界から「バグ」（虫）が侵入し、時間を食い潰すといった話（J・P・ホーガン『時間泥棒』〔一九九三年〕）。あるいは人の動作を見えないほどの速さに変える装置が登場するもの（A・C・クラーク「時間がいっぱい」〔一九五二年〕、F・ブラウン「ユーディの原理」〔一九四四年〕）や、遠い過去の情景を映し出す「スロー・グラス」の魅力を綴る物語（B・ショウ“Light of Other Days”〔一九六六年〕）。こういったものも、時間が重要な要素になっているのだから、立派な時間SFだと言える。さらには、何とかオチはあるものの、ほぼ全編がタイム・トラヴェルに関する議論に終始するもの（I・アシモフ「変化の風」〔一九八二年〕）や、ある女性との過去に取り憑かれた男の心情を描いたもの（平井和正「人の心はタイムマシン」〔一九七六年〕）も、時間や記憶に関する思考を喚起するかぎりで時間SFということになる。これはもう、百花斉放とさえ言えるだろう。

時間SFの深みを理解するには、こうした多様なパターンに目配りすることが、意外に重要だったりする。突飛な設定をとる物語に、お定まりのパターンでは浮かび上がらないテーマが潜んでいることがあるからだ。そして、偏奇や特異性の下に、意外な主題やオモシロミが隠れているというのは、どんなジャンルにもあてはまる経験則だろう。だから、ヴァラエティに富んだ物語パターンを踏まえる段取りは、どうしても避けて通れない。

といっても、まとめサイトのようにすべてを網羅しようとすると、関心が拡散してしまう。ここは一つ、本書のテーマを優先して、整理の観点を限定しよう。主たるテーマは、現代の意識と共鳴する物語中の時間理解、そして物語論的な含意をもつテクスト構成だ。だからジャンルの整理は、物語が描き出す時間世界のあり方と、作品の言説構成の特徴を焦点にして進めてみたいと思う。

まず最初に、時間をジャンプするテクノロジーが登場するかしないか、という区別について触れておこう。時間SFのうちには、マシンも登場しなければ、ハーネスも登場しない物語がわんさかあるのだけれど、この設定のある／なしは、物語の特徴を見極めるさいの一つのポイントになる。ただし注意されたい。ここでの焦点は、時間ジャンプの方法の違いではない。

L・ニーヴンの「スヴェッツ・シリーズ」（『ガラスの短剣』〔一九六九年〕所収）のように、大掛かりなガジェットが登場しても、内実はジャンプしていった先での体験に尽きるという物語は少なくない。また、J・フィニイの『ふりだしに戻る』（一九七〇年）のように、自己暗示で過去にジャンプする方法を詳述していても、ノスタルジックな過去の描写を主眼とするものもある。いずれにせよ、時間ジャンプの方法は、物語の本筋には関わらないことが少なくないのだ。ではなぜ、マシンがある／ないに注目するのか。それは、この違いが、作品の想定する時間世界のあり方と緩やかに関連しているからだ。

マシンが登場しない物語の典型は、とらえがたい力によって、遠く隔たった時に否も応もなく跳ばされるパターンである。例えば、K・グリムウッドの『リプレイ』（一九八七年）。このタイプの物語では、ジャンプする当事者にとって、時間世界は自分では左右できないものとして現れる。それに対して、R・シルヴァーバーグの『時間線を遡って』（一九六九年）のように、移動装置を駆使して思いのままにジャンプを繰り返すパターンでは、ひとまず時間はトラヴェラーが自由に操作しうるものとなっている。

けれども、この違いに注目するとき、マシンがある／ないという区分では割り切れないところも出てくる。例えば、『ふりだしに戻る』は、マシンが登場する話ではないけれども、トラヴェラーが自己暗示によって望んだ時代へ跳躍する設定になっている。つまり、マシンもハーネスも登場しないけれども、意図的・計画的な時間移動を想定する物語があるということだ。だから、最初の大きな枠組みとしては、マシンがある／ないという点を意識しながらも、意志と計画にもとづく時間移動を描き出す物語と、とらえがたい力によって強制される時間移動の物語という区分を設定するのがいいだろう。

1　タイム・トラヴェルの物語

さて、まずは意志と計画にもとづく時間ジャンプの物語を扱うことにしよう。ただし、ちょっとだけ言葉についての前置きを。本書では、「タイム・トラヴェル」という語は、当事者の意志と計画にもとづく時間移動に限定して使用することにしたい。批評の世界でもネットでも、この語はもっと広く、時間移動全般をさすものとして使用されることが少なくない。けれども本書では、問題の区分を明確に示すために、意志と計画にもとづく場合だけを「タイム・トラヴェル」と言い、否応なく強いられた時間移動は「タイム・スリップ」と呼ぶことにする。多少難があるかもしれないけれど、トラヴェルは旅行することで、スリップはすべって位置がズレることだと整理するなら、決して的はずれな呼称ではないだろう。というわけで、最初のグループは、「タイム・スリップもの」とは区別されるべき、「タイム・トラヴェルもの」ということになる。

歴史改変型

おなじみのタイム・マシンものは、移動していく時代を選び、意図した時点にジャンプできるという設定になっている。そして、こうしてトラヴェラーの能動性と干渉力が想定されると、ジャンプした先での行動の自由と出来事への介入がしばしば強調されることになる。つまりこの種の物語は、手が届かない超越的な枠組みだった時間を、人為的に操作し支配する夢を見させてくれるものだと言っていい。

こうした要素は、『タイム・マシン』のアイデアを引き継いだR・カミングスの『時間を征服した男』（一九二九年）にもある。けれども、一つの典型はR・A・ハインラインの『夏への扉』（一九五六年）だろう。事業のパートナーに裏切られ、落ちぶれてしまった男。冷凍睡眠《コールド・スリープ》で未来に生き延びた彼は、タイム・マシンを使って過去に戻り、裏切り者たちに復讐して、二回りも若い可憐な姪っ子と結ばれる。それは、時間に対する支配と干渉を夢見る者にとって、この上ない快楽をもたらす。

この手の悦びに訴える筋立ては、『リプレイ』や、それをヒントにして書かれた乾くるみの『リピート』（二〇〇四年）にも見られる。競馬の勝ち馬を覚えていてあぶく銭を稼ぐだの、歴史の記憶を頼りに株で大儲けするだの、常に逃げ去っていく時間世界を掌握するような悦びが、そこにはある。しかし、何と言ってもすさまじいのは、H・ハリスンの『テクニカラー・タイムマシン』（一九六七年）だろう。映画プロデューサーがタイム・マシンを駆使し、本物のヴァイキングを主役にした映画を一週間で作り上げる物語。どこかの時代で脚本に数カ月費やしても、もとの時点に戻ってくれれば時間のロスはほぼゼロ。そのトンデモな筋立ては、時間に対する自由の極致を描いていると言っていい。

もちろんそれは、不埒な自由に見える。その意味では、得手勝手な自由を追求して墓穴を掘る物語が構想されるのも当然だ。F・ブラウンの「タイム・マシンのはかない幸福」（一九六一年）などは、その典型だろう。スーパーに勤める男がタイム・マシンを使って店の金庫をパクろうとするが、翌日の開店時間にジャンプして同僚に囲まれてしまう。そこで彼はもう一度時間をさかのぼり、金だけをネコババする。ところが、意気揚々と競馬場に向かったところで、タイム・パトロールのお縄にかかってしまう。いつの世も、うまい話はそうそう転がっていないという教訓である。

ところで、この手の物語には、過去に介入し、歴史を改変する自由まで謳い上げるものがある。ここは、一つの押さえどころだ。というのも、そこには過去にジャンプする物語を二分するポイントが潜んでいるからだ。すでに成立した歴史的事実を変えられると想定するか、歴史は不変と想定するかによって、時間世界のとらえ方は決定的に違ってくる。これは、ごく自然に理解できるところだろう。ここでは、前者を「歴史改変型」、後者を「歴史不変型」と呼ぶことにして、順次見ていこう。

前者の例としては、真っ先にシルヴァーバーグの『時間線を遡って』を挙げるべきだろう。人生のコースを逸れた若者が、過去への観光旅行のガイドとなる物語。そのストーリーのうちには、狂人がキリストを殺したり、ガイドが「時間超越的な姦通 transtemporal fornication」を犯すといった話が次々と登場する。そして極め付きは、同僚が自分の曾祖母を殺してしまう事件。[1]もちろん、こうした行為は歴史を掘り崩す「時間犯罪」とされ、それを取り締まるために「時間パトロール隊」が目を光らせている。この手の過去改変をめぐる攻防を描いたものには、P・アンダースンの『タイム・パトロール』(一九六〇年)や、豊田有恒の「ヴィンス・エベレット」シリーズ[2]などがあるけれども、ここで注目しておきたいのは、パトロール隊が歴史の改変を帳消しにすること自体が、さらなる改変にほかならないという点だ。それは、歴史の経緯を守ると言いながら、過去の改変を幾重にも展開する物語になっている。

歴史の推移を大きく変えることをテーマとした物語もある。S・シャピロの『J・F・ケネディを救え』(一九八六年)はその代表格と言っていい。主人公は、兄がベトナムで戦死した過去を帳消しにすべく時間ジャンプを敢行し、ジョン・F・ケネディ暗殺を回避して違う歴史を生み出そうと試みる。けれども暗殺は止められなかった。ただし、リンドン・ジョンソン大統領に直談判し、戦争の回避に成功するという大それた話である。これとは逆に、政治に君臨した人物が暗殺されていたら、というストーリーは、K・ロバーツの『パヴァーヌ』(一九六八年)。ローマ教会と対峙してきたエリザベス一世が暗殺されたイギリスで、スペインとローマ・カトリックの支配が展開するというのが、この物語の筋立てである。

歴史が別の推移をとっていたら、という興味に訴える物語は山ほどある。それは、古くはＭ・トウェインの『アーサー王宮廷のヤンキー』（一八八九年）にも見られるおなじみのテーマだ。そこで、改変の異様が派手なものをいくつか挙げておこう。Ｗ・ムーアの *Bring the Jubilee*（一九五三年）は、南北戦争に勝った「南部連合」が独立し、奴隷制を残したアメリカを描いている。あるいは、第二次世界大戦で枢軸国が勝利した世界でストーリーが展開する、Ｐ・Ｋ・ディックの『高い城の男』（一九六二年）。『易経』を導きとしながら、西欧文化の価値と歴史認識を相対化せんとする物語は、独特な「代替的な歴史」のストーリーになっている。古代ローマの歴史への介入を取り上げた物語もある。Ｌ・スプレイグ・ディ・キャンプの『闇よ落ちるなかれ』（一九四一年）では、六世紀のローマにタイム・スリップした男が、西洋史の交差点でゴート族にくみしながら、暗黒時代を回避する推移を生み出していく。また、シルヴァーバーグの *Roma Eterna*（二〇〇三年）は、古代ローマ帝国が滅びなかったらという想定で、歴史の別の可能性を描いている。

宗教史を焦点とした、Ｍ・ムアコックの『この人を見よ』（一九六八年）も衝撃的だ。主人公は、ティベリウス治世のローマにジャンプし、マリアの子が重い知恵おくれなのを目の当たりにする。そして、推移の妙によって、彼自身が磔への道を歩むことになる。こうした「成り代わり」は、Ｍ・Ｗ・ウェルマンの『ルネサンスへ飛んだ男』（一九四〇年）にも見られる。この作品では、トラヴェラーはダ・ヴィンチとなる。この国の物語で言えば、半村良の『戦国自衛隊』（一九七八年）がこのパターンに近いだろう。主人公らは、違う名の武将が君臨する並行世界にスリップするが、安土に城を築いた主人公は、おおむね信長と重なる存在になっていく。あるいは、豊田有恒の「アステカに吹く嵐」（一九六八年）。時間パトロールの女性隊員は、コルテスの殺害という時間犯罪を修正するために、アステカの時代にジャンプする。彼女は、コルテスを支えたマリンチェになりすまし、アステカの征服を全うしていく。

このタイプの物語は、「代替的な歴史 alternate history」を描くものと言われる。ときにそれは、「歴史改変もの」とも呼ばれるけれども、本書では「歴史改変」の語を、もっと広い意味で用いているので注意されたい。本書で言う「歴史改変」には、事柄の大小にかかわらず、過去の事実が改変されるすべての場合が含まれる。つまりそれは、時間世界の理解の仕方を基準とした分類であって、歴史の大きな流れが改変されないものも含むということだ。例えば、C・D・シマックの「河を渡って木立をぬけて」（一九六五年）では、幼い二人の子どもが手を取りあって過去にトラヴェルし、おばあちゃんに未来の癌予防薬を渡す。一人の女性の寿命が変わることは、歴史的には些細な事柄だろうが、まちがいなく過去の改変ではある。これに対して「歴史代替もの」の主な関心は、歴史の大きな道筋が違っていたらという点にあり、時間世界のあり方そのものには向けられていない。

ところで、「歴史改変型」には、ある理論的な問題が潜んでいる。それは、アシモフが『永遠の終り』（一九五五年）で「時間旅行の基本的パラドクス」[3]と定式化したものだ。アシモフは、そこで「祖父殺しのパラドクス」に言及しているけれど、話のミソは殺人にあるわけではない。そうではなく、「タイム・パラドクス」の核心は、現実にあった過去が消去されたり、別の形をとることにある。例えば、アニメ版『時をかける少女』（二〇〇六年）で、自転車ごと踏切に飛び込んだ女子高生が突然に家の日常に戻り、過去の経緯を何度もやり直すうちに、代わりに親友が踏切に飛び込んでしまうといった事態にも、パラドクスは潜んでいる。

こうしたストーリーのポイントは、過去が二度、三度と上書きされるところにあると言っていい。『時をかける少女』では、主人公がある男友達から告白されるが、もう一人の男友達との関係をおもんぱかって、告白シーンをなかったことにしようとする。このパターンでは、複数の経緯が重なっていくのではなく、過去が新しいものにすげ替わると理解されているように見える。つまり、もともとの過去は消去されるというわけだ。けれどもその場合、そのオリジナルの過去の先にあった現在も、消失してしまわないか。そう、時間ジャンプそのものが、なかったことになる！　実際、F・ブラウンの「実験」（一九五四年）という短篇では、たった五分の経緯を改変する気まぐれによって、「全宇宙が、一瞬にして消滅して」[4]しまう。この点からすれば、過去へトラヴェルしていっても、そこでは何ら実効的な行動はできず、ただ事実を静観するだけ、といった物語が構想されるのも納得できる。にもかかわらず、トラヴェラーが既定の過去を改変する物語は、驚くほどの数にのぼる。

例えば、R・ブラッドベリの「雷のような音」（一九五三年）。この物語は、過去への体験旅行をコメディ・タッチで展開する。恐竜ハンティングの旅に参加した旅行者が、迫り来る恐竜に本気でビビり、立ち入り禁止区域で一匹の蝶を踏み潰してしまう。たったそれだけのこと。ところが、この些細な改変によって、帰りついたもとの世界では、言葉の綴りが微妙に変化していた。

こうした事態は、「時間変調《クロノクラズム》」と呼ばれる。この言葉は、J・ウィンダムの「クロノクラズム」（一九五三年）によって広く知られるようになったものだ。「時間錯誤」とも訳されているこの作品は、うだつの上がらないある男が未来からやってきた娘と結ばれ、子どもをもうけるというストーリーである。ただしポイントは、娘がやってのけた過去への強引な介入にある。彼女は、タイム・マシンを生み出す知識をこの男に叩き込んだのだ。これは、タイム・マシンで過去にやってきた者が、その発明の種をまくという堂々巡りパターンになっている。さらには、シルヴァーバーグがコミカルなテイストで書き上げた「時間層の中の針」（一九八三年）というのもある。幸福な結婚生活を送る主人公に執拗な恨みを抱く旧友。この男が、タイム・トラヴェルをして、下司なじゃまだてに走る。過去の事実を変更して、ひどい「時間転移 time-phasing」[5]を引き起こしてしまったのだ。二人の愛猫が消えてしまうのはご愛嬌のうちだが、ついには二人の娘まで消し去られ、互いが愛しあった関係も無に帰する。ただし、主人公も負けてはいない。自分も過去へとトラヴェルし、下司男に復讐し、妻との関係を取り戻す変更をめざしていく。

しかし、歴史改変には相当の困難がともなうこともある。やや古いところで言えば、C・L・ハーネスの「時の娘」（一九五三年）などがその一例だろう。母の恋人に思いを燃え上がらせ、大胆にも彼をわがものにしようとする娘。実は彼は、「マグネトロン発生機」[6]で二十年前からやってきた人だった。娘は二十年前にさかのぼって、彼が母のところに跳ばない経緯を生み出そうとする。娘は彼を難なくものにし、過去改変の試みは成功したかに見えた。けれども彼女は、時をまたぐ秘密を察知した彼に、銃弾を浴びせてしまう。かくて傷ついた彼は、やはり「マグネトロン」で二十年後に去ってしまうことになる。過去改変の夢は、時の堅牢な壁によって妨げられるということだ。

こうした時の壁は、梶尾真治の『クロノス・ジョウンターの伝説』でも重々しい力を見せつける。まずは、「外伝　朋恵の夢想時間」（二〇〇一年）というエピソードに目を向けてみよう。思いを寄せていた委員長にひどいことをしたという後悔。この心の重荷を取り除くために、一人の女性が過去の自分に滑り込み、自分の行動を変えようとする。しかし教室に近づくと、「全身に鎧を着けて」いるように体が重くなる。そして、階段を上がろうとしたとき、足が縛られたようになり、周囲は「ぬばたまの闇」[7]に変わる。同様の困難と反発は、「吹原和彦の軌跡」（一九九九年）でも鮮烈に描き出されている。凄惨な事故に巻き込まれた恋人を救うために、「クロノス・ジョウンター」で事故直前の時点にさかのぼった男。彼は、彼女が働く花屋に向けて疾走し、逃げてくれと懇願する。けれども、彼の体は何かに引っ張られるように未来へと戻されてしまう。この「時の神《クロノス》」の妨害にあいながら、彼は時間の「摂理」への反逆を何度も繰り返す。

少々脇道に逸れるけれど、こうした時の壁は、ラヴ・ロマンスの道具立てとして絶妙の効果を発揮する。まさに梶尾は、このタイプの物語の好手で、ほかにも「美亜へ贈る真珠」（一九七一年）という佳作がある。時間の流れを数万分の一にしてしまう「航時機」に閉じ込められた男。彼は、現代の生き証人として遥か未来まで生き延びることを使命としていた。ところが、マシンの前に一人の女性が立ち、男から真珠をプレゼントされた思い出を語る。そして、彼に会いにくる日々を繰り返したあと、ついに「航時機」の前で死を迎える。しばらくしてマシンの管理者は、装置のなかに光るものを見つける。宙に浮きながら、本当に少しずつ落ちていく「真珠」。男は女性の死を悼み、真珠の涙をこぼしていたのだ。時間に隔てられている悲しみ。けれども、だからこそひときわ美しい珠の光。想像を絶する隔たりが、二人の愛を際立たせる。同様のストーリーは、佐藤史生のコミック「金星樹」（一九七九年）にも見られるが、こちらでは女が凍結した時間の世界へと身を投じる。二人して解凍を迎えるまで、ごくごくゆっくりと「走り」続ける時間は、決して冷たい氷の世界ではない。

「タイムトラヴェル・ロマンス」と言えば、R・F・ヤングの『たんぽぽ娘』（一九六一年）も忘れてはならない。

妻と離れ、二週間の夏休みを独りで過ごす男。ある日の夕暮れ、彼は白いドレスの娘に出会い、二人は惹かれあう。ところが六日後、娘はあと一度しかトラヴェルできないと言い残して姿を消す。男は、深い欠如感を抱きながら、妻との生活に戻る。そんなある日、彼は若き日に妻が提げていたスーツケースに、あの白いドレスを発見する。そう、あの娘は二十年前にトラヴェルし、彼の妻になる道を選んだのだ。二人の愛は、二十年もの心のつながりのあとに、そもそもの始まりに至り着くという、不思議な軌跡を描いている。

こうした物語の演出には、実に唸らせるものがある。ただし、ここで肝心なのは、愛のために過去を変えようとする筋立てである。S・ウェルズ監督の『タイム・マシン』（二〇〇二年）では、主人公は馬車に轢かれた恋人を救うために、二度までも過去に戻るが、結局そのつど別の悲劇が起きて恋人を死なせてしまう。P・S・ミラーの「時の砂」（一九三七年）の結びは、さらにロマンティックだ。原始時代に向かったある男が一人の娘に魅せられる。そして、獰猛な恐竜に追われる彼女を助ける計画を立て、再び大昔へと跳ぶ。けれども、彼のマシンは二度と帰ってこなかった。ただ、彼が娘を匿ったと思われる砂地には、六千万年の時を超えて愛の痕跡が残されていた。砂が溶けたような緑の結晶。時の定めと闘う愛の熱が、光る化石を生み出したのだ。

まだまだある。R・マシスンの『ある日どこかで』（一九七五年）では、余命いくばくもない主人公が、古の女優の写真に心を奪われる。そして唐突にも、彼女を幸福にしたいという思いで、過去へのトラヴェルを試みる。彼は、狂気にも近い努力のすえについに時間ジャンプに成功し、いくつかの障害を乗り越えて彼女と結ばれた。けれども、時の定めは残酷だった。彼は些細なミスを犯して現在に引き戻され、二人は永遠の別れを余儀なくされる。

愛する人のために過去を改変する試みは、多大な困難をともない、強烈な反発に出会うほど、その愛の熱と純粋さを際立たせる。だから、過去改変のストーリーはラヴ・ロマンスに適しているのだ。この仕掛けを、そのまま形にしたような作品もある。R・F・ヤングの「時が新しかったころ」（一九六四年）だ。恐竜時代に向かった男は、四千九百万マイルを旅してきた「大火星」の小娘とその弟を救う。けれども、男と娘たちは避けがたい経緯のなかで引き裂かれざるをえなかった。ところがこの娘は、彼とともに生きるために、「大火星」から八千万年もの時をまたいで地球へとやってくる、というお話。あるいは、B・K・ファイラーの「時のいたみ」(一九六八年)では、転落死した妻を取り戻すために、夫が過去への意識ジャンプをやってのける。だが、そのために彼は、多大な犠牲を引き受ける。「時間的混乱とパラドクス」[8]を回避するために、記憶の「消去」を二つ返事で受け入れたのだ。過去改変のための努力と犠牲。それは、想像を絶する愛の深さを浮き彫りにする仕掛けなのである。

歴史不変型

歴史改変の物語には、パラドクスのモヤモヤがつきまとう。そこで、この問題を意識しながら、歴史の改変を排除するストーリーを構想すると、過去を一回的で不変のものと見なす物語が成り立つことになる。

こうしたものの代表と言えば、ハインラインの「時の門」(一九四一年)だろう。部屋で論文を書いていた若者に、背後から男が声をかける。自分が出てきたあの環の向こうに行け、と。若者は意味がわからなかったけれども、すったもんだの格闘の結果、環の向こうに跳ばされてしまう。ここで注目すべきは、彼が過去に戻ったときの様子だ。そう、はじめに声をかけてきたあの男は、環の向こうから過去に戻ってきた自分だったのだ。しかし、そのとき彼は、その場面がすでに一度経験した出来事の「完全な複写」であることに気づく。口をついて出る言葉さえ過去の場面と「まったく同じ」[9]なのだった。ここでは、若者がトラヴェルしたあとになすこと、経験することのすべてが、確定した軌道をなぞっている。つまり、トラヴェラーの行為も、一回きりの過去に、変わりえないものとして織り込まれているということだ。

こうした時の軌道からはずれた場合にどうなるか。そのそら恐ろしい帰結を描いているのは、眉村卓の「悪夢の日」(一九七〇年)である。一人のサラリーマンが、昨日の出来事が再現されていることに気づく。そして、昨日と同じことはできないと固まってしまう。さらには、上司の心配をよそに、「本当なんです!」と騒ぎ立てる。

すると同僚たちは、いきなりパトカーを呼んで彼を放逐する、というお話。ここには、したがうべき時間の軌道を逸れる存在は、一塊となった周囲の力で押し潰されるという「教訓」が示されている。

ところで、「歴史不変型」の物語には、「改変型」とはまた違う奇妙な点がある。例としては、M・ラインスターの『タイム・トンネル』（一九六七年）がわかりやすいだろう。開発中のタイム・マシンを勝手に作動させ、一八八九年の大洪水が起きる場面にトラヴェルした男。彼は、過去を変えてしまうことを恐れながらも、大洪水が起きることを人々に知らせ、荒れ狂う水にのまれる寸前の少女を救出する。ところが、彼の行為は歴史の改変ではなかった。未来から彼に声をかける上院議員は、この救助のエピソードが歴史のなかの事実だったことを明かす。何とこの議員は、救出された少女の孫だったのだ。

未来から過去にさかのぼるトラヴェラーの行為が、歴史のなかですでに確定しているという奇妙な構図。こうしたトリッキーな構成をとる作品は、かなりたくさんある。映画『バック・トゥ・ザ・フューチャー』（一九八五年）で、マーティが「ジョニー・B・グッド」を歌い、それを聴いたチャック・ベリーが、この曲をヒットさせるエピソード。あるいは、映画『タイム・ライン』（二〇〇三年）のラストにも、奇妙なエピソードがある。中世の城を発掘するある大学のチーム。彼らは十四世紀にジャンプして、まさに発掘していた城でスリル満点の冒険をする。そして、チームの助教授が元領主の姫と結ばれ、何と中世に生きることを選択する、というお話。ただし、注目すべきは最後の場面である。発掘チームは、遺跡の地中から一つの墓石を発見する。そこには、中世に残った助教授と姫の名が刻まれていた。この事実は、彼らが過去にジャンプする遥か以前から、長らく遺跡の下に眠っていたのである。

同様の不思議を、未来の行為をめぐって発見する物語もある。P・アンダースンの『時の歩廊』（一九六五年）がそれだ。主人公は、異なる歴史を実現しようとする敵と、熾烈な闘いを繰り広げていた。あるとき彼は、過去にさかのぼってきた敵にまんまと見つかり、捕らえられてしまう。すると敵の首領は、信じられないことを言った。お前は未来のある時点で、味方の所在を漏らしにやってきた、と。それは、主人公には身に覚えのないことだったが、物語は、首領の言葉が真実だったことを明かす。闘いの複雑な展開のなかで、主人公は敵の首領を罠にはめようと、味方の所在を漏らしに向かったのである。トラヴェルしてこれからなす自分の行為が、ずっと先の時点ですでに確定しているという奇妙な事態。

小松左京の「時の顔」(一九六三年)にも、似たようなプロットがある。時間局員の主人公は、幼なじみの奇病を治すために天保の江戸に跳ぶ。彼は、病のもとを絶つために一人の女を始末しようとするが、すでに誰かが彼女を殺したあとだった。また、ある僧侶が誰かに頼まれたと言って、幼なじみのための祈禱を申し出る。この不思議な巡り合わせによって、幼なじみは快癒するのだが、まさにこの巡り合わせを作った誰かとは、再度天保の世に潜入していった主人公自身なのだった。もちろん彼は、この既定の介入を放棄することはできない。

こうした時間世界を経験する者は、「運命感」のようなものにとらえられる。あるいは、時間の世界が、「変えようのないドラマ」に見えてきても不思議はない。つまり、物語の中心には、「不変不易な時の概念[10]」があると言っていい。実は、「時の門」や『テクニカラー・タイムマシン』にも、こうした作りが見られる。そのほかにも、B・チャンドラーの「漂流者」(一九四七年)、ハーネスの「時間の罠」(一九四八年)、ハインラインの「輪廻の蛇」(一九五九年)、広瀬正の『マイナス・ゼロ』(一九七〇年)といった作品が、同じタイプのものになる。

問題の「運命感」が一つの極まりを見せているのは、すでに触れた『この人を見よ』だろう。この作品は、精神科医になりそこねた男が、過去の世界でキリストになっていく運命を綴っている。これは、ある重要な人物が歴史に登場しなかったとしても、人類史の大枠の必然性は変わらない、という必然論だろう。つまりは、代わりに誰かが同じ位置を占めるというわけである。こうした「時空の必然性[11]」を強調する作品としては、光瀬龍の『寛永無明剣』(一九六九年)というのもある。これは、過去の改変をめぐる攻防を描いた作品だが、そこには歴史の流れの必然性という重要なテーマも織り込まれている。

あるいは、哀しい愛の物語を「運命」のムードのなかで謳い上げるものもある。例えば、T・チャンの「商人と錬金術師の門」(二〇〇七年)。妻の死への自責の念を綴るこの作品も、過去を変え、消し去ることの不可能を断言する。そして実に、未来さえも……。すでに紹介した『ある日どこかで』にも同じ傾きはある。自分のうっかりで、愛する女性を孤独のうちに過去に置き去りにする悲劇。そこにはまちがいなく、過去の経緯は変わりえないという悲哀が漂っている。

ところで、こうした「歴史不変型」には、物語構成をめぐる一つの掟が透かし見える。そこでは、トラヴェラーが経験することは、すでに確定された軌道の上にある。すると、その経験を描くストーリーが、はじめから用意されていた既定のものであることがあらわになる。理屈としては当たり前のことだけれど、あらためて考えてみると、読む意識はこのことをお約束のように忘れていないだろうか。そして、あたかも物語内の世界が未決の未来を切り開くかのように思いなしていないだろうか。「歴史不変型」の物語は、こうした読み手の「嘘」が物語を支えていることを自己暴露する。やはり時間SFは、独特の物語論になっていると言えそうだ。

「歴史不変型」に関する紹介をしめくくるにあたって、ちょっとだけ道草をしておこう。このタイプの物語では、タイム・トラヴェルは宿命をなぞるようなものだとされる。しかし、そうであるなら、時間旅行の魅力そのものが疑われても不思議はない。実際、時間SFのなかには、時間旅行への幻滅をさまざまに吐露する作品も見られる。例えば、A・ベスターの「選り好みなし」（一九五二年）などは一つの典型だろう。この物語のなかで、時間「移民」のエージェントは、時間旅行など時代の「浮浪者」となることだと諭す。アメリカ独立戦争の時代に向かった未来人はコレラとマラリアで簡単に死に、二十二世紀に飛び込んだ中世人は交通事故を避けられない、というわけ。あるいは、G・A・エフィンジャーの「時の鳥」（一九八五年）では、古代のアレクサンドリアに思いを馳せる男が、時間旅行を実現する。ところが、彼が足を踏み入れた図書館には、印刷・製本された本がごまんと並んでいた。トラヴェルして目にする世界とは、実は「大衆の信念の主観的博物館」[12]であり、現代人の平均的イメージの投影だったのだ。

いまどきの作品『リピート』にも、トラヴェルの暗闇が垣間見える。裏切りと策略のストーリーをかいくぐり、主人公はやっと一年前に通じる門をくぐる。ところが彼は、過去に出現した直後、まぶしいライトの光に包まれた。そして、車のすさまじいブレーキの音。そこには、時間世界の苛烈さが、すべてをのみ込む闇として示されている。「われわれは（略）選り好みできない選択を迫られていることを決して理解しない……そして、今日という日が自分にふさわしい唯一の一日であることも[13]」

2　タイム・スリップの物語

さて次に、自分の意志によらず時間移動を強いられる物語を見ていこう。SF初心者からすれば、こうした物語は些末に思えるかもしれない。ところがどっこい、そうではない。恐らく時間SFの半分くらいはこのグループに属する。そしてそこには、「タイム・マシンもの」では出しにくいおもしろさが潜んでいる。

理由も事情もわからずに、突然に過去や未来へジャンプするという設定は、実はSFに固有のものではない。むしろその源は、ファンタジー的な古典にある。例えば、ディケンズの『クリスマス・キャロル』（一八四三年）、トウェインの『アーサー王宮廷のヤンキー』などがこれにあたる。もちろん、SFの「タイム・スリップもの」に独自性がないということではない。SFの作家たちは、しばしばスリップの原因や事情を擬似科学的に語り出し、「トンデモ」な展開を際立たせる破天荒な言説構成に挑む。だからそこには、古典には見られない時間世界の理解や、物語論的なおもしろみを見いだすことができる。

まずは、スリップしていった過去の佇まいを魅力的に描く物語。このパターンは、フィニイに数多く見られる。例えば、「二度目のチャンス」（一九五六年）では、鉄くず同然のジョーダン・プレイボーイを甦らせた男が、ドライヴ中にタイム・スリップしてしまう。彼が滑り込んだのは、その車種が全盛だった一九二〇年代。これは、フィニイの十八番とも言うべきパターンだ。それから、グランド・セントラル駅の地下「迷路」を通じて、一八九四年にスリップする「レベル3」（一九五〇年）というのもある。超短篇ではあるけれど、これも十九世紀の柔らかなムードをたたえている。さらには、すでに触れた『ふりだしに戻る』では、一八八二年の五番街やブロードウェイがノスタルジーたっぷりに描かれているし、「ゲイルズバーグの春を愛す」（一九六〇年）では、古き良き時代の街並みに吸い込まれた男の感慨がしっとりと綴られている。

「タイム・スリップもの」では、ある意味で過去を宿している何かがスリップの引き金となる場合が多い。それは、過去への「ゲイトウェイ」[14]と呼ぶこともできるだろう。例えば、フィニイの「愛の手紙」（一九五九年）では、古道具屋にあった時代物の机が過去への通路となる。となれば、年代物の本が時間をまたぐ橋となることも……。ブラッドベリの「交歓 Exchange」（一九九六年）では、少年のころ通っていた図書館を訪れた男が、かつて読みふけった本を手にすると、突然に物語の世界が出現するとともに、その本に親しんだ当時の友人たちが姿を見せる。もっとストレートなのは、M・クリンガーマンの「緑のベルベットの外套を買った日」（一九五八年）だ。望まない結婚を控えた一人の女性が、心の安寧を求めて古本屋に立ち寄ると、店主の机に見知らぬ若者がいる。けれども彼は新しい店主ではなく、十九世紀から現代に迷い込んだ人間だった。彼は、本屋で未来小説に読みふけっているうちに、気づくとタイム・スリップしていたのだ。しかし彼は、さして慌てるでもなく、女性が手にしていた十九世紀の日記を読ませてくれと言う。そして、もとの時代に密着した本を通路として、過去へと消えていく。

ところで、過去へスリップする物語と言えば、幼き日への郷愁を綴るというのも一つのパターンだ。W・H・シラスの「かえりみれば」（一九七〇年）では、三十路の奥様が心理学者の暗示によって、十五歳の日々にジャンプする。彼女は、ラテン語やフランス語の授業で大失策を繰り返し、大人の知識を口にしてしまう。そこには、異様な事態を乗り切ろうとする緊張もあるけれど、同時に過去を愛おしむようなムードもあふれている。日本の作品で言えば、梶尾真治の「再会」（二〇〇三年）がこのパターンだろうか。山村の分校で一緒に遊んだ仲間たちが、久しぶりに故郷で会う。ところが一同は、仲間が一人欠けているような気がして、タイム・カプセルを掘り出す。そして、誰かがやっとその名を思い出したとき、突然に男の子が姿を現す。実は「彼」は、みんなが想像で作り出した精霊だった。仲間の共通の記憶が再生されて、幼き日が再現するというストーリーは、ほのぼのとした温かみに満ちている。

子ども時代にスリップするという話でも、ちょっと物騒なものもある。H・B・パイパーの「いまひとたびの」（一九四七年）では、戦闘で深手を負った四十三歳の兵士が、突如三十年前の朝の光に包まれる。そして彼は、過去の記憶をたどりながら、近隣で起きた殺人事件を未然に防ぐ。さらには、少年らしくない知識を披露して、父親に自分のタイム・スリップを納得させ、競馬で大儲けできると豪語する。そして、世界大戦を止められるとも……。こんなふうに、死に直面して過去にスリップするというのは、この手の物語に頻出するしつらえだ。筒井康隆の「秒読み」（一九八四年）も、このパターンになっている。核攻撃の四十分前に、一人の軍人が高校時代にスリップしてしまう。そして、甘酸っぱい日々を再度経験するなかで、文学好きの自分に軍人の道はふさわしくなかったと気づき、平和を求める人生を歩み始める。

もちろん、スリップする向きが逆のものもある。北村薫の『スキップ』（一九九五年）だ。十七歳の女子高生だった主人公は、二十五年後の自分に意識が跳んでしまう。突然おばさんになった自分の体、夫だと紹介された相手のさえない風体。そのショックは想像するにかたくない。しかし、彼女にとって何よりも酷だったのは、母親と高校の先生という「年齢不相応」の役割だった。ただし、物語は決してつらさと苦痛に満ちてはいない。とりわけ、言わば「赤の他人」になってしまった母ないしは妻と、一から信頼を築き直す娘と夫の努力と優しさは、物語にほほ笑ましいムードを漂わせている。

これとは逆に、陰りが深いのは栗本薫の「時の石」（一九七八年）だ。子ども時代や過去の恋愛の日々に沈潜していった者たちが、次々と帰らぬ人となるストーリー。ここで、過去への沈潜を誘うのは、不思議な一つの石。これが、過去にしか安寧を見いだせなくなった者をとらえ、意識だけをそのときに赴かせる。そこには、生の世界を見限り、現在の「時の流れ」から逃れようとする意識の闇が示されている。

ところで、スリップは個人的に起きるとはかぎらない。突然話が大きくなるけれども、世界全体が一緒にタイム・スリップする物語もある。星新一の「午後の恐竜」（一九六八年）では、世界が太古の状景に包まれる。それは、死の直前に一瞬で人生を回想する「パノラマ視現象」[15]だと推測される。そして最後には、世界全体を破滅させるミサイルの音が響きわたる。これとは逆に、世界全体が未来へスリップするストーリーもある。R・J・ソウヤーの『フラッシュフォワード』（一九九九年）がそれだ。

量子加速機のスイッチを入れた中堅の研究者は、突然どこかの部屋で老女とベッドをともにしていることに気づく。体を起こして鏡を見ると、顔が父親のように老けていた。同じとき研究所の事務総長は、一瞬にして自宅に跳び、誰だかわからない若者に小言を言う。ところが、その相手はまだ生まれていない息子だった。彼らは、二十一年後の未来の、リアルな「光景《ヴィジョン》」[16]を体験したのだ。物語はこの「未来転位《フラッシュフォワード》」[17]が一種のブラックホールに起因することを明かす。二分間経験された未来は、宇宙が生まれるさいの「未確定」な「混沌の辺土 staticky limbo」[18]だった。それは、ある種の並行世界を垣間見せる物語にほかならない。

「タイム・スリップもの」には、こうした仕掛けの物語が少なくない。すでに言及した『リプレイ』がその典型だろう。この作品でも、主人公が繰り返し引き戻されていった世界は、みな別々の並行世界の過去だとされている。この手の、「タイム・スリップ」の装いをとった「並行世界もの」には、I・ワトソンの「知識のミルク」（一九八二年）やK・J・アンダースン&D・ビースンの『臨界のパラドックス』（一九九一年）、D・アンブローズの『リックの量子世界』（二〇〇五年）などがある。

逆に、表面的には別世界へと跳ばされたように見えて、実は未来へとスリップしていたというケースもある。ハインラインの『自由未来』（一九六七年）がそれだ。ソ連の核爆弾を浴びてタイム・スリップしてしまった家族。命からがらシェルターから這い出してみると、家の周囲は爆発の跡など微塵もない無人の森になっていた。そこで一同は、並行世界に跳ばされたかと考えるが、実はそこは終末戦争後のアメリカだった、というわけ。

ことのついでに、特殊な「並行世界」を出現させるパターンも紹介しておこう。F・ホイルの『10月１日では遅すぎる』（一九六六年）では、地球の時間世界が断片的な寄せ集めになってしまう。見渡すかぎり原生林の北アメリカ、第一次世界大戦中のフランス、核爆発の爪痕が広がるロシアの大地。主人公たちは、真相を突き止めようとして時代のモザイクをまたぐとき、ある種のタイム・スリップを体験すると言っていい。ラインスターの「時の脇道」（一九三四年）でも、まったく異なる時代の現実がモザイクのように出現する。ミズーリで古代ローマの兵士が隊列をなし、マサチューセッツではヴァイキングが暴れ回る。そのとき人々は、別の時間世界にスリップした者と同じ情況に立たされる。

並行世界に絡む物語はこのへんにして、「生き直し」とは別の「再生」のパターンを紹介しよう。それは、時間が何度も反復する物語である。まずは、R・A・ルポフの「12：01PM」（一九七三年）。昼休みの一時間、ひたすら同じ行動を繰り返す人々を尻目に、ある男だけが時間の反復に気づいている。彼はこの気違いじみた現実から、自殺によって脱出しようとする。けれども、いったんは死の忘却に投げ込まれた彼は、ふたたび一時間前の場所にいることに気づく。こうした倦怠と狂気の地獄は、R・R・スミスの「倦怠の檻」（一九五八年）やS・スチャリトクルの「しばし天の祝福より遠ざかり……」（一九八一年）にも見られる。

この反復パターンの極め付きは、映画『恋はデジャ・ブ』（一九九三年）だろう。お天気キャスターが、ある祭りの日を二百回以上も繰り返し体験する話。彼はこの苦役から逃れるために、さまざまな方法で（！）自殺する。けれどもそのつど、断絶のあとに聞こえてくるのは、同じ日の朝を告げる目覚ましの音だった。映画『ミッション：8ミニッツ』（二〇一一年）にも、ある列車を爆破した犯人を突き止めるために、同じ時間世界に繰り返し意識を送り込まれる兵士が登場する。けれどもこれは、量子コンピューターが構築した世界に入り込む話で、タイム・スリップとはちょっと違う。むしろ、アニメ『ゼーガペイン』（二〇〇六年）で展開される仮想世界の反復や、映画『イノセンス』（二〇〇四年）の「キムの館」のシーンなどのほうが、問題のパターンに近いだろう。

もちろん、日本の小説にも「反復世界もの」はある。例えば、筒井康隆の「しゃっくり」（一九六五年）。この作品では、十分間が何度も繰り返される。些細な交通違反を咎める警官の前に何度も引き戻される主人公をはじめ、通りに居合わせた人々が徐々に狂気に滑り込んでいく光景には、おぞましいものがある。これとは対照的に、北村薫の『ターン』（一九九七年）は、反復から脱出しようとする主人公の思考と努力をほほ笑ましく綴っている。自分のしたことが毎日チャラになってしまう虚しさに苦しめられながら、前向きにいろいろと試みる姿。偶然、もとの世界から電話がかかってきたときに語る母とのエピソード。物語は、異様な設定を通じて、生《せい》の時間を新鮮な形で浮き上がらせる。さらには星新一にも、次の日がやってこなくなった世界を描いた「時の渦」（一九六六年）という作品がある。ただしそこには、過去に死んだ人々が順次甦るというエピソードが織り込まれている。しかも、リセットによって生活の糧の心配がなくなり、時間の余裕ができて、超民主的な社会が実現するというユートピアものでもある。

こうしたタイプの物語を、本書では「反復世界もの」と呼ぶことにする。巷には「ループもの」という言葉があるけれども、後続の章で問題とする「因果ループもの」と混同しやすいので、この呼称は用いない。ところで、『ターン』について紹介したように、繰り返される時間の経緯が変更できるとすると、物語はかなり違った様相を呈することになる。ただしその場合でも、世界は必ずしも自由で快活なものとはならない。それまでの回を教訓にして、行動が変えられるとしても、再生の反復そのものが止められないという問題は残るからだ。そこにはやはり、時間世界を前にした人間の無力感が漂うことになる。

例えば、桜坂洋の『All You Need Is Kill』（二〇〇四年）の主人公は、異星人が生み出した超破壊的な生物と交戦する日を繰り返し体験する。そのなかで彼は、「戦場のビッチ」の超人的な戦闘能力に学び、彼女と互角の戦士へと変貌していく。けれどもそのつど、異星人の時間操作の壁が立ちはだかり、百六十回も殺されては前の日に戻るという地獄を繰り返す。そして、反復からの脱出が目前に迫ったとき、何と憧れの「戦場のビッチ」を葬るべき定めを自覚する。

「反復世界もの」の主旨は、繰り返しを余儀なくされた者たちの苦悩と空虚をあぶり出す点にあると言っていい。ただし、この点を描くにあたってややひねりをきかしている作品もある。例えば、B・ベイリーの『永劫回帰』（一九八三年）の主人公は、ラストで地獄の業火を身に受ける。それは、彼がほぼ同じ経緯を数えきれないほど反復してきた苦痛の隠喩にほかならない。あるいは、ディックの「時間飛行士へのささやかな贈物」（一九七四年）では、時間ジャンプのパイロットたちが、「内破」に巻き込まれて「閉じた時間の輪[19]」から出られなくなる。それは、たんなる「退屈な奇跡」であるだけでなく、自滅的な狂気の渦にほかならない。

I・ワトスンの「夕方、はやく」（一九九六年）では、狂気の沙汰はさらに大がかりだ。「時間が地球を裏切り[20]」、毎日人類の歴史をなぞる出来事が繰り返されていく。朝には原始の営みが反復され、午後には近代の夜明けが再現されて、夜になるとニョキニョキと高層ビルが出現することの繰り返し。だがこの反復の果てに、徐々に時代の逆行が始まる。そして最後には、これから結晶しようとする人間の意識が、思考ならぬもののうちに没してしまう。

少々気が重くなってきたので、比較的穏やかな世界に目を移そう。それは、人生のさまざまな時期がランダムに経験される「シャッフルもの」だ。K・ヴォネガット・ジュニアの『スローターハウス5』（一九六九年）では、こうした現象が「時間発作[21]」と呼ばれている。主人公の男は、ヨーロッパ戦線に赴いて森で休んでいたとき、突然に紫一色の世界に包まれる。その直後、彼は父とプールのシャワーを浴びていた。そして、次に到来したのは四十一歳の時間、さらには三十代の世界。このランダムな連鎖のなかには、死の場面も含まれている。けれども彼は、少しもうろたえずにその瞬間を迎える。それは、何度も繰り返された場面だったからだ。主人公は、すべての瞬間は永遠に存在し続けると達観している。

あるいは、F・M・バズビイの「ここがウィネトカなら、きみはジュディ」（一九七四年）。主人公は、三十五歳の時を過ごしたあと、七カ月ほどカレッジ生活を送る。彼は、すでに経験した人生のピースを組合わせながら、これから体験する時期を推測する。それは、常に欠損を抱えた人生ではある。けれども、この主人公もさして悩んではいない。彼は、臨終の場面にスリップしたときも、恐れを抱かなかった。生きるべき「空白」があると確信していたからだ。むしろ彼は、この人生を俯瞰できる状況を利用して、最愛の女性との時間を長くしようと画策する。

こうした改変の試みを、もう少しドラマティックに描いているのは、映画『シャッフル』（二〇〇七年）だ。夫がタンク・ローリーに衝突して死んだあと、妻は前後の日々のシャッフルに陥る。けれども、彼女もランダムな経験を模造紙に書き出し、事故の日がこれからやってくることに気づく。そして、ついにその日がやってきたとき、彼女は夫を追いかけて彼の車を止めるが、何とそこにタンク・ローリーが突っ込んでしまう。つまりこの物語は、決定論的な時間世界を描き出している。

とはいえ、「シャッフルもの」には穏やかなムードをたたえたものが多い。O・ニッフェネガーの『きみがぼくを見つけた日』（二〇〇三年）でも、主人公とその恋人は、やはりランダムなスリップの一覧表を共有して、人生全体を確かなものにしようとする。ただし、映画『ターミネーター』シリーズと同様に、スリップするごとに真っ裸という設定は、主人公にとって困りものなのだけれども……。高畑京一郎の『タイム・リープ』（一九九五年）でも、スリップの「スケジュール」が整理され、それを手がかりに次のリープが予想されていく。そのバラバラな体験のつじつまを模索するストーリーには、どこかユーモラスなところがある。

そこには、「反復世界もの」の苦痛と狂気はさして感じられない。ランダムなスリップという撹乱はあっても、人生の枠組み全体が崩れることはないという確信があるからだ。ただし、ランダムな時間の断片に繰り返しがあり、そのつど経緯の改変が可能と想定されると、とんでもない混乱に陥ることになる。この稀有なしつらえをとるのは、小林泰三の「酔歩する男」（一九九六年）だ。

主人公は、諍いのすえに別れた恋人を事故で亡くしていた。しかし、同じく彼女を愛していた友人がやってきて、彼女を救おうと言う。彼は、意識内トラヴェルで過去に跳ぶことを提案したのだ。けれども友人は失敗し、主人公が被験者となる。そして、思い出とも想像ともつかない意識トリップを経験したあと、ランダムなスリップに振り回されるようになる。ただし、同じ日でも行動はさまざまに変化させることができた。そこで彼は、自分がスリップを始めた日を待望するようになる。そして、やっと遭遇したそのチャンスに、トリップの実験をしない過去を生み出す。ところが彼は、結局ランダムなスリップからは抜け出せず、何回も自殺を経験する。

ところで、「反復世界もの」のなかにはムードが根本的に違う作品もある。例えば、J・T・マッキントッシュの「プレイ・バック」（一九五四年）。違いは、特殊な能力をもつ男が、意図的に反復を引き起こす点にある。彼は、愛する妻が急逝すると、そのつど十八歳の時まで世界の時間を引き戻す。何度も、何度も。それは、「反復世界もの」には異色のラヴ・ロマンスだと言っていい。あるいは、また別の変わり種として、西澤保彦の『七回死んだ男』（一九九五年）がある。物語には、まったく地獄の彩りがない。それは、反復は九回だけという設定があるからだ。むしろ物語は、些細なズレで出来事が大きく変わる時間世界の妙を、滑稽に描き出している。

主人公が正月に母の実家に赴いたとき、祖父が殺される事件が起きる。しかしそこで、彼は計ったように「反復落とし穴」に落ちる。そして、何とか祖父の死を回避すべく、何度も出来事を改変しようと試みる。ところが主人公の介入は、そのつど予期せぬ事態を生み出し、別の理由での殺人に帰結してしまう。主人公が時の経緯の妙に振り回され、繰り返し失敗する筋立ては、意図的に無理やり感を醸し出すコメディになっている。このあたりは、喜多喜久の『リプレイ2・14』（二〇一二年）にも見られるテイストで、やはりしめくくりは、お定まりのハッピーエンドとなる。

さて次に、もっと異様な時間世界を描いたものを紹介しよう。時が逆行してしまう物語だ。こうした「逆行もの」のアイデアは、F・S・フィッツジェラルドの「ベンジャミン・バトン」（一九二二年）にまでさかのぼる。ブラッド・ピット主演の映画でよく知られているように、主人公は徐々に若返っていき、最後にはベビー・ベッドで微かな匂いを嗅ぐだけの時間を迎え、深い闇に吸い込まれていく。このしつらえでは、一人の男だけ身体的な時間の経過が逆行するのだが、これとは逆に、周囲のすべての人間が逆行させられるのに、語り手だけが若くならないという話もある。F・ライバーの「若くならない男」（一九四七年）がそれだ。年を積み重ねるごとに、周囲の耕地は狭まって、人々も減っていく。逆行するのは環境世界だけではない。彼の恋人は若さを輝かせるようになり、じきにやんちゃ娘になっていく。そして、驚くべきことに死者が墓から甦り、乳児にまで若返った者は母の胎内に吸い込まれていく。

同様のエピソードは、ディックの『逆まわりの世界』（一九六七年）にもある。この物語では、主人公自身が墓から甦ってきた「老生者 the old-born」である。蘇生の瞬間、棺桶のなかで「生きている心が死体につながれている」記憶。それは、確かに背筋の凍るものだ。けれども、妖しげな女が赤ん坊を体に受け入れたと語るのは、もっとおぞましい。「それはすばらしい感じだわ（略）ほかの生き物が、愛している者の細胞が、あたしの細胞と合体していくのを感じるというのは[22]」。とはいえ、こうした仕掛けを、計りがたい死の闇にだけ結び付けるのは少し早計だろう。実際、R・ゼラズニイの「聖なる狂気」（一九六六年）では、ある墓が掘り起こされたあと、血まみれの死体が幹線道路に横たわっている状景が綴られるが、結びでは主人公の胸に愛する女が戻ってくるのである。

少し変わり種だが、B・W・オールディスの『隠生代』（一九六七年）も、逆行する時間を扱った物語だ。ただし、時間は反転して逆行するのではない。そうではなく、真実の時間はもともと「原初」に向かって進んでいたという話である。主人公が追跡していた教授は、逆行の真実が人間的な「上層意識 overmind」で隠蔽されていると断言する。だから、「下層」の記憶へマインド・トラヴェルすれば、隠された逆向きの時間が体験できるというわけだ。確かにこれは、「およそ理解しにくい」ことではある。とはいえ、人間は「進化するんだ、より単純な生物に[23]」という教授のテーゼは興味深い。もちろん、一つのアイロニーとして。

ところで、こうした逆行する世界は、必ずしも逆回しの映像のように描かれているわけではない。「若くならない男」では、葬列はやはり「進み始める」とされ、町を離れる家族は谷あいを「登っていく」と語られる。あるいは『逆まわりの世界』には、「老生者」を「掘り出す」ときに、墓に空気を「送り込む」という語りもある。[24]そして、発端から結着へと向かう出来事の順は普通に展開されている。ここには、物語論的に興味深い問題がある。それは、行動や出来事を逆向きに語ることの困難だ。車列が「バックで後進」し、家族が谷を「後ろ向きで登る」というのでは、いささか読みの流れが滞る。そして、物語内の出来事をリアルなものと見なす意識が、ギクシャクとした言葉の刺でかき乱されてしまう。だから「逆行もの」では、ときにこの攪乱を回避する粉飾が施される。例えば、喫煙の場面で、タバコに「煙を吹き入れる puff smoke into」[25]と綴られたりするのは、この手の粉飾だろう。あるいは、ひげを剃るときには、剃刀で石鹸の泡を「引きずる」と、泡の隙間から髭が「伸びて」いき、最後に刷毛が石鹸の泡を「取り去る」[26]といった具合。動作を表す言葉は、前進的な動きを前提として成り立っているので、逆行する行為の意味をそのまま語り出すことはできないのだ。

それは、物語のなかの発話を見ればはっきりわかる。例えば、「聖なる狂気」のラストに見られる二人の諍い。男が罵倒する。「!いいがるち落へ獄地、ああ」。そして女の叫び。「!よわく行て出」[27]。やはりそれは、読みの思考を一行ずつ停滞させ、ジグザグな意味のモザイクに変えてしまう。だから、M・エイミスの『時の矢』(一九九一年)では、冒頭には「逆セリフ」があっても、少し先から発話が普通の流れに変わる。そこには、テクストが乗り越えることのできない壁がある。言葉は、前進的に意味を連ねる仕組みを前提としているので、逆向きの推移のなかでは無効になってしまうのだ。

話を本筋に戻して、「逆行もの」の親戚も紹介しておこう。それは、複数の時間流の一つとして、「逆行する時間」が登場する物語である。こうした物語の筆頭にくるのは、B・ベイリーの『時間衝突』(一九七三年)だろう。異星人から地球を守るために戦う主人公は、異星人の遺跡の調査に参加し、奇妙な事実に遭遇する。九百年前の遺跡の写真に、装甲服を着た人々の影と重厚な建築物が写っていたのだ。この謎を解明すべく、主人公たちは未来へとトラヴェルするが、そこで見たのは、荒涼とした町、そして得体の知れない植物が繁茂する別世界だった。一行は、あたりを移動する人々が「後ろ向きに歩いている」のに気づく。調査隊随一の理論家は、彼らが「正反対の向きに進む時間流」[28]を生きていることを確信する。つまり、主人公たちの未来は、遺跡を築いた人々にとって原始の時代だったのだ。

ベイリーは、この真逆の流れが衝突せんとする、緊張した世界を描き出している。実は同じような理解は、「12:01PM」にもある。ある男が口にする、ローゼンブラス教授の理論である。「時間的にお互いの反対方向に進んでいる二つの宇宙」[29]。それらが融合しようとすると、双方のエネルギーが互いに跳ね返り、ともに過去へと引き戻されてしまうというわけだ。ただし、逆向きの時間世界の想定は、必ずしも危険な衝突に至るとはかぎらない。例えば、山田正紀の『チョウたちの時間』（一九八〇年）に登場する「反世界」は、こちらの世界と衝突する運命にはない。そこでは、「時間さえ逆に進んでいる」[30]のだけれど、その世界の知性体は、人間世界と手を組んで、宇宙を操作しようとする敵と戦うことになる。

逆向きの時間を生きる者との、時の隔たりを超えたつながり。こうしたしつらえをとりながら、ラヴ・ロマンスを織り上げる作品もある。梶尾真治の「時尼に関する覚え書」（一九九〇年）がそれだ。主人公は、三歳のときの夕暮れに、白いパラソルの女性に会う。白髪交じりで、目尻に優しい皺があったが、とてもすてきな女性だった。彼女は、彼に指輪を渡して去っていく。さらに、小学二年のとき。公園にいた主人公は、少し若くなったその女性と遭遇する。彼女は、未来から過去にさかのぼるように生きる「遡時人《そときびと》」だった。あるとき彼女は、彼のアパートにやってきて、二人は六年間一緒に暮らしたと語る。彼は、六年後の終わりを予定しながら、愛の生活を送った。「過去からの時間と未来からの時間が、すれちがう刹那の愛[31]」。人生の終わりを自覚した主人公は、石蹴りをする三歳の彼女に優しく語りかけ、指輪を渡す。その目に浮かぶ涙は、たんに別れを悲しむものではないだろう。むしろ彼は、自分にはじめて出会ったときの、彼女の切ない心模様に思いを馳せていたに違いない。

また、「逆行もの」にも少しはみ出しかげんのパターンもある。「スリップもの」には整理しにくいのだけれど、「逆行」つながりでここに紹介しておくことにしよう。まずは、タイム・マシンで時間を移動する「逆行もの」である。例えば、Ｉ・ワトスンの「超低速時間移行機」（一九七八年）。「内爆発」の音を響かせて出現した八面体のマシン。そこに乗っていた男は、「吐き戻している」ような食事の様子から、時間を逆向きに旅しているとわかる。ただし、彼は見守る人々と同じ時間線を逆行しているのではなかった。彼は、時間線の「代替的可能性」を生み出したのである。かなり変則だけれども、時間旅行と見せて実は並行世界へのシフトというあのしつらえだと言っていい。だから彼は宣言する。時間が逆行し出す瞬間に至ったとき、諸君は「蓋然性転位[32]」を目撃し、私は時間の創造者＝「神」として再来する、と。それは、確かに狂気の沙汰だけれども、彼の逆行が現実である以上、すでに決定された事実でもある。

同じく独特の逆行を描いた作品に、J・ティプトリー・ジュニアの「故郷へ歩いた男」(一九七二年)がある。時間移動の実験中にトラブルが起き、研究施設は跡形もなく溶けてしまう。そのとき、実験台となった男は数万年先に跳ばされた。命綱は断たれ、「収斂する渦動のうちに退いていく」「一筋の光」[33]しか見えなくなる。しかし、なぜか彼は、もとの時間に戻る激流に乗り、ひたすら「故郷」をめざして進み始めた。彼の姿は、実験の地で断続的に目撃される。彼の逆行の軌道が、地球の公転する螺旋と定期的に接する関係にあったのだ。この軌道の接点で、咆哮をとどろかせて出現する彼は、「怪物」として恐れられた。この物語の哀しみは、彼の帰還があの大惨事を引き起こすことが、すでに確定されている点にある。死を予定しながら、逆流にのまれた静止像として「故郷」とまみえる男。その悲劇は、なぜか甘やかでもある。

あるいは、D・レイクの「逆行する時間」(一九七九年)も稀有なパターンだ。これは、ある男がタイム・マシンで未来へ「逃げる」話なのだけれど、彼はジャンプした先で奇妙に古めかしい街並みを見る。彼を丁重にもてなしたお偉方は、いまは一九〇〇年だと言った。ただし、それは「逆行主義体制」が人為的に制定した「後退歴」[34]の年代だとわかる。つまりその世界では、世の中の推移が意図的な努力で逆行させせられていたのだ。それは、歴史的な変化というものが、人々の価値的な態度に支えられていることを問う物語なのだろう。

さて、「スリップもの」はそろそろ打ち止めである。そこで最後に、人が時間ジャンプをしない物語も紹介しておこう。つまりは、メッセージが時間を超えてもたらされる物語である。「異時間通信もの」とでも呼ぶべきこのパターンの代表格は、何と言ってもフィニイの「愛の手紙」だろう。年代物の机を買った男が、その隠し引き出しを通じて不思議なつながりを体験する物語である。あるとき彼は、問題の引き出しに手紙を発見する。そこには、望まない結婚から救ってほしいと懇願する言葉が切々と綴られていた。古い手紙が男の心を遠い過去へと誘う。フィニイお得意のパターンだ。男は返事をしたため、年代ものの切手を貼って投函する。すると、次の晩に彼は、別の引き出しから返事を見つけ、一週間後には三つめの引き出しから写真を受け取る。けれども、メッセージはそれ以外にもあった。ふと見つけた彼女の墓に、「永遠の思い出のために」という銘が刻まれていたのである。姓が変わっていない彼女の名とともに。

W・M・リーの「チャリティのことづて」（一九六七年）にも、時代を超えた愛のメッセージが登場する。病の「夢」のなかで互いを感じ、交信しあう二人の子ども。ただし、二人の間には二世紀半の時の隔たりがあった。あるとき過去に生きる娘は、男の子から聞いた未来の事実を他人に漏らし、魔女裁判にかけられてしまう。しかし、男の子が歴史資料から判事の弱みを探りあて、娘を助けるというお話。ただし、ここで肝心なのは物語のおまけ。自由になった女の子は、最後に男の子の心に語りかける。「熊岩を見てちょうだい」[35]。彼がそこに見たのは、ハートに囲まれた二人のイニシャルだった。

この手の物語の現代版は、電話を通じて別時間と接続するパターンだろう。例えば、J・R・タウンセンドの“Trying to Connect You”（一九七五年）。この物語では、ある男が、ローマに向かう女性を引き止めるために電話をしようとする。しかし、つながりの悪い電話に窮しているうちに、彼女が乗っているはずの飛行機が大事故を起こす。ところがそのあとで、逆に彼女から電話がくる。その声は数時間前のものだった。時の混線によって、電話が過去の世界とつながったのである。男が、飛行機をキャンセルしろと告げたことは言うまでもない。

乙一の「Calling You」（二〇〇〇年）も、これと同じような設定になっている。物語は、ある女子高生が、想像の携帯で「通話」できるようになることから始まる。ただしこの「電話」は、少し前の過去につながるものだった。彼女はあるとき、同じ「通話」をする男の子と心を通わせる。そして、二人は空港で会う約束をするが、出会う直前に女子高生は車に轢かれそうになる。彼女は、誰かに押されてかろうじて助かるが、車の前には待ち人が倒れていた。彼は、救急車のなかで息を引き取ってしまう。そのとき女子高生は、彼に「電話」することを思い付く。「電話」のタイム・ラグを利用して一時間過去にいる彼に嘘をつき、事故の場にこないように仕向けたのだ。けれども彼は、その場所に向かう。そう、自分が行かなければ彼女のほうが轢かれると考え、その場に身を投げたのである。時間を隔てた交信は、予定された悲劇の切なさをよりいっそう深いものにしている。

いくつかラヴ・ロマンスが続いたので、比較的ハードなものも紹介しておこう。G・ベンフォードの『タイムスケープ』（一九八〇年）である。この物語では、未来から過去へと届く波動が想定されている。こうしたしつらえの先駆としては、J・ブリッシュの「ビープ」（一九五四年）がある。ただし後者の物語では、エレクトロン同士の連動を利用した「ディラック・メッセージ[36]」で通信がなされるのに対し、『タイムスケープ』では、超高速の素粒子「タキオン」による過去への通信が想定されている。

この想像を超えた通信に目をつけたのは、一九九八年を生きるイギリスの高官。彼は、地球的な環境破壊を回避するために、六二年を生きる人々に警告のメッセージを送ろうとする。けれども彼は、この計画に奇妙な可能性が潜んでいることに気づく。メッセージが過去に届くのなら、それを受信した誰かに応答をうながすこともできる。例えば、返事を長期間銀行に預けろとか。だとすれば、その返事はすでにどこかにあるはずだ、と。

それは実際にあった。計画を思い付いた高官は、通信を実行する前に、ある銀行で「メッセージ受領」と書かれたメモを発見する。返事の主は、アメリカで核磁気共鳴の実験をしていた学者だった。けれども、そのあとで「タキオン」を送信しなかったら……。物語は、過去への情報の送信に、パラドクスが潜んでいることを浮き彫りにしている。この物語ではパラドクスは回避されるのだけれど、J・P・ホーガンの『未来からのホットライン』（一九八〇年）では、それが現実化してしまう。ある著名な物理学者が、過去に情報を送れるシステムを開発する。折しも、スコットランドの核融合炉がブラック・ホールを生み出すことを察知した主人公は、このシステムを駆使して、過去に警告を送り、核融合炉が建設されない歴史を作り出す。ただしこれも、歴史の改変ではなく、別の時間線の生成なのだけれど。

こうしたパラドクスを表現した映画に『オーロラの彼方へ[37]』（二〇〇〇年）というのがある。オーロラの出現で、無線が三十年前の世界とつながり、死んだ父と言葉を交わす息子。そのとき彼は、無線の向こうの父が、翌日に死ぬことに気づく。消防士の父は、その日に火災現場で殉職したのだった。息子は、別の逃げ方をしろと懇願する。こうして父親は奇跡的に生還するが、それによって現在の世界に変異が生じる。父親が死ななかったことで、何と母親が殺される成り行きが生まれてしまったのだ。つまりは、「歴史改変型」のスリップものということになるが、過去が改変されるごとに、関連する現在の状況（写真、調度品）が目の前で変わっていく映像は、かなり魅力的だ。

けれども、未来の情報が現在の世界を変える力を発揮するとはかぎらない。いまを生きる者たちが、現在を支配する常識と世界観に凝り固まっているなら、もたらされた情報はのれんに腕押しとなる。F・ブラウン＆M・レナルズの「未来世界から来た男」（一九五一年）では、遥か未来からきた若者が、畑で出会った娘と結ばれる。しかし彼女の兄は、妹がどこの馬の骨かわからない男と結ばれたことに怒って、若者を撃ち殺してしまう。ところが保安官は、兄を裁こうとしなかった。それは、若者が「自分の時代には人種というものが全然ない」と話したからだった。保安官は、「くだらん。ペテンだよ」(38)と反発し、事件をもみ消したのである。先入主のとらわれ人にとっては、未来の情報はホラに等しいということだろう。

T・E・D・クラインの「ルネッサンス人」（一九七四年）に登場する未来人も、現代人からさじを投げられる。「時間的虚空域」の作用を利用して、未来から一人の男を出現させた学者たち。彼らは現れた小男が、報道陣の前で未来の重大な事実を語ると期待していた。ところが男は、癌の治療法も説明できず、反重力ベルトの仕組みを聞いても修理屋からのまた聞きを披露する始末。しかも彼は、「科学者」だと自称したのだ。いつの世にも、いいかげんな人間が野放しにされていることはあるというお話。

A・E・ヴァン・ヴォークトの「フィルム・ライブラリー」（一九四六年）でも、未来からの情報は人々の反発をかう。話は、フィルム貸し出し業者が映画について苦情を受けるところから始まる。タイトルと関係がない「新型宇宙船動力装置」とか「反重力装置」とかが映っているというのだ。調べてみると、おかしいのはすべてある専門学校に貸し出したフィルムだとわかる。実は専門学校の教員は、さらなる異常にも気づいていた。同じフィルムを何度も見直すと、そのつど違った未来の映像が映し出されたのだ。物語は、その映像が六十五年後に同じ学校で上映されたものであることを明かす。時を隔てた二つの映写機がつながり、未来の情報が遠い過去のフィルムに混入したというわけである。

ところで、「異時間通信もの」には、情報の送り主と受け手が同じになる場合もある。例えばF・ブラウンの「鏡の間」（一九五三年）。この物語のマシンは、なかの事物に時間的変化を引き起こすことしかできない。つまり、過去時点を指定すると、入っていた人間が若返るのである。だが同時に、もとの記憶はすっかり失われてしまう。主人公は五十年若返ろうとした。けれども、マシンから出てきたときに事情がわからないのでは具合が悪い。そこで、マシンの前の部屋に、事情を記した自分への手紙を書き残す。それは、ある意味で未来からのメッセージと言っていいだろう。

自分からの不思議なメッセージは、電話によってもたらされる場合もある。W・S・テヴィスの「受話器の向こう側」（一九六一年）では、主人公が迂闊にも自分の番号をダイヤルしてしまう。ところが、受話器から「誰だ、そっちは？」という声が聞こえてくる。それは、二カ月未来で船に乗っている自分だった。未来の自分は、お定まりの勝ち馬情報を伝えてくれる。これで儲けた主人公は、船に電話をしつらえて優雅にクルージングとあいなる。けれども、過去の自分から電話がかかってこないのに業を煮やした彼は、自分のほうからかけてしまう。電話はつながった。けれども声の主は年配の女性。そして、家の主はメキシコ沖で水死したと明かす。確かにそれは、未来に通じる電話だったのだ。

「異時間通信もの」では、情報が異なる時代に届くところにミソがある。その意味では、時間移動を想定したうえで、過去や未来を覗き見るだけの物語も、親戚筋にあたると言っていいだろう。例えば、ウィンダムの「ポーリーののぞき穴」（一九五一年）では、未来からの見物人の一団が、プラットフォームのようなものに乗って現れ、過去の町に好奇の目を向ける。つまりは、異なる時代を訪れようとする欲望には、覗き趣味が潜んでいるという皮肉だ。しかし、町の人々も黙ってはいなかった。彼らはこの覗きツアーを逆手に取って、やってくる未来人を見物するツアーで対抗したのである。実は、W・タッカー（ハインライン）の「観光案内」（一九五一年）も同じようなストーリーになっている。ただしこの物語では、未来からの「観光客」は壁から現れる幽霊と見なされるのだけれど。あるいは、覗く側の視点から話を組み立てたものとして、豊田有恒の「タイム・ケンネル」（一九六七年）がある。経営が傾いた映画会社から解雇された主人公は、ある日「タイムマシン記録映画」を製作する未来人の来訪を受ける。マシンで過去へ行き、歴史の現実を映画にして客をとろうというわけである。つまりは、『テクニカラー・タイムマシン』とうり二つのアイデア。ただし、義経も楊貴妃も見られたものではなく、客の願望を満たすのは簡単でないというお話。

もっとブラックな皮肉をきかせたものもある。D・ナイトの「アイ・シー・ユー」（一九七六年）だ。一九九〇年に、ある男が自分の開発した「映像増倍装置」に、ぼんやりとした影が映ることに気づく。それは、異なる時間の現実だった。このことに気づいた彼は、ケネディ暗殺の現場を実見しようとする。これは、もっぱら過去を覗き見る話なのだけれども、主人公は自分の現在も未来から見れば過去であることに、十分思いをいたさなかった。過去を覗く者も、未来の誰かによって常にすでに覗かれていたのだ。同じようなオチは、H・L・ゴールドの「過去カメラ」（一九五一年）にもある。過去を見られる「バイオタイム・カメラ」で、歴史上の偉人の実情をつぶさに研究する人々。あるチームはニュートンの晩年を、また別のチームはシューマンの若き日を観察する、といった具合。ところが、このプロジェクトは突然中止になる。実は、すべてのチームが当のカメラで監視されていたからだ。

ディックの作品にも、時間的に隔たった世界を見通す装置が登場する。「ペイチェック」（一九五三年）の「タイム・スクープ」がそれだ。この装置の開発に携った腕利きのプログラマーは、その間の記憶を消去されて放り出され、警察やプロジェクトの裏組織に追われることになる。けれども彼は、記憶を消される前に、逃走と真実の解明に役立つアイテムを用意していた。それは、未来を予見したかのように、危機を乗り切る手段となる。そう、彼は完成した「タイム・スクープ」を用いて、プロジェクトが終わったあとの出来事を見通していたのだ。

時間ＳＦでは、情報を焦点としたストーリーをもっと多様に追求できると思う。人間の意識をマシンにアップロードし、ネットのなかに存続させる夢が語られている現代。こうした時代情況には、データ世界でのタイム・

スリップという新たなテーマが潜在している。そこには、時間ＳＦの新機軸の芽が胚胎しているのではないだろうか。

3　並行世界へ跳躍する物語

三つ目のくくりは、パラレル・ワールドへのジャンプが展開されるものだ。ただし、いわゆる「異次元もの」のように、時間移動の要素を含まない物語は、ここでの関心の外にある。

すでに触れたように、「タイム・スリップもの」のうちには、同じ時間世界でのジャンプという予想を裏切って、実は別の並行世界への跳躍だったことを明かすパターンがある。『リプレイ』では、主人公は繰り返される時間のなかで、まったく違う生き方をする。そこでは、リプレイして別の出来事が生起するごとに、時間世界は「枝分かれ[39]」するとされている。「時の娘」にも似たような想定がある。一九五七年へとさかのぼろうとする娘に、母はこう告げる。「おまえが一九五七年で彼をしっかりつかまえていれば、一九七七年のこの並行時空体stereochronic alternate は消滅する[40]」。ここではもとの時間世界は消滅するわけだけれど、とにかく娘は別の並行世界を生み出せると言われている。同じことは、『リプレイ』から着想を得た『リピート』にもあてはまる。

こうしたタイプの物語を「改変偽装型」と呼ぶことにしよう。過去へ時間ジャンプして、歴史を改変するという予想を喚起する構成をとっているからだ。この手のパターンでは、改変は必ずしも過去について想定されるとはかぎらない。Ｓ・バクスターの『タイム・シップ』（一九九五年）に目を向けてみよう。この作品では、物語の前半で未来の歴史の「変異」が発覚する。『タイム・マシン』の結末で、愛しいウィーナを悲劇に導いてしまった主人公。彼は、彼女を救出するためにふたたび未来へ赴く。これはまあ、ラヴ・ロマンス仕立ての「歴史改変型」の構図だと言っていい。ところが、見渡すかぎり緑が広がっているはずの未来は、一面の砂漠と化していた。

しかも、世界を統治するモーロックは、太陽を中心とした巨大な球殻（！）を建設していたのだ。主人公は、モーロックの指導者の知見に助けられながら、ことの次第を推察する。自分が最初のトラヴェルで見た事実がもとの時代に知れわたり、人々が世界の荒廃を避けようと別の歴史を生み出したのではないか、と。

しかし、終盤には「多様性発生装置」なるものが登場し、違った理解が押し出される。主人公の相棒となった指導者は、一つひとつのトラヴェルが、そのつど別の歴史の可能性を生み出すのではないかと語る。「物体が未来や過去へ移動してそれ自身に出会うと、因果律の鎖が切れて、さまざまな歴史が雨後の筍のように湧いて出る……」。(41) つまりは、主人公の眼前に展かれた別世界は、タイム・トラヴェルの結果として分岐した別の並行世界だったというわけだ。

こうした理解は、ニーヴンの『ガラスの短剣』（一九七三年）でも披露されている。これは、おバカな君主に雇われたトラヴェラーが、時間旅行でさまざまな変事を経験する物語だが、「ケージの中の幽霊」というエピソードには、幽霊のような別のトラヴェラーに出会うくだりがある。幽霊は自分の素性を明かす。自分は、人類を滅亡に向かわせた「短い戦争」を回避することに成功した。そして、新たな別の時間線を生み出したのだ、と。

雰囲気は少々違うけれど、『臨界のパラドックス』にも問題の仕掛けがある。反核活動家の主人公は、核開発にダメージを与えようと、仲間とロスアラモスの施設に忍び込む。ところが、仲間が誤って爆発を起こし、その衝撃で一九四三年の世界に跳ばされる。そこでは、原爆の開発がまさに佳境を迎えていた。主人公は過去へスリップしたと考え、出来事の推移に介入して原爆の開発を阻止しようと考える。けれども、主人公の周りで起きる出来事は、自分が知っている歴史とは大きく違っていた。戦後まで生き延びていたはずの研究者が死亡し、何とドイツがニューヨークに核爆弾を撃ち込む。かくて物語は、彼女が跳び込んだ世界が、もといた時間線とは別のものであることを明かしていく。

ディックの「ジョンの世界」（一九五四年）も忘れてはいけない。人間とロボットの戦争が展開されている近未来。主人公は、人工頭脳の技術を掌握せんとして、過去へとトラヴェルするプロジェクトを進めている。けれども、いよいよ任務遂行というときに、彼は家に急行する。息子がまた「現実の影法師[42]」を見る発作を起こしたからだ。少年は、黄色の田畑、黄と緑の交じった公園、みんなの歩く小道が続く野原が見えたと言った。主人公は、息子が落ち着きを取り戻したあと、過去にジャンプして人工頭脳の論文を奪取する。だが、もとの時代に戻ってみると、すでに戦争は終わっていた。彼は、自分たちの介入で世界が変容したのではないかと疑う。そして、真実を探ろうと未来へ向かってみると、そこに広がっていたのはのどかな田畑と公園、そして人々が歩く小道だった。そう、彼の息子が見た「幻」は、もう一つの「可能な未来」だったのである。

こうしたタイプの物語は、トラヴェラーの行動が時間線の分岐を引き起こすと想定しているように見える。けれども、同じような偽装を違った世界観から描き出すものもある。量子論的な世界理解にもとづく物語だ。例えば、M・クライトンの『タイムライン』（一九九九年）。これは、すでに「歴史不変型」で紹介した映画の原作である。ＩＴＣというハイテク企業の資金で、中世の城跡を発掘する研究者たち。彼らは、教授がＩＴＣのメカを利用して時間旅行を敢行したと推測する。けれども技術者は、「時間旅行は不可能だ」と答える。「われわれがやっているのは、多宇宙のなかの別の場所へ移動することなんだ[43]」。この量子論的な世界像では、世界は「常にすでに」無数に分岐している「多宇宙」だとされる。つまり、過去へのジャンプと見えたものは、酷似した並行宇宙への移動だったというわけだ。

同じ仕掛けを少々ぼかしぎみにしつらえているのは、『リックの量子世界』である。大事な会議をほったらかし、憑かれたように車を走らせる男。車を降りて彼が見たものは、大型トレーラーに潰された妻の車だった。一緒に乗っていた息子にはかろうじて息があったが、妻は手遅れだった。彼は心の闇に、抵抗の叫びを響かせる。すると、死んだはずの妻が、車のなかから助けを求めてくる。非現実的な感覚に包まれながら妻を抱き留めた彼は、彼女が本物であることに安堵する。

この異世界へのジャンプは、主人公の精神の爆発が引き起こした奇跡なのだろう。目の前の現実を否定せんとする精神の力が、その跳躍をもたらしたというわけだ。こうした精神のエネルギーは、ディックの『時は乱れて』（一九五九年）でも大事なしつらえになっている。主人公は、眼前の世界が溶けるような体験から、周囲の世界が真実を隠蔽する仮象ではないかと疑う。けれども、彼が発見した真実は意外なものだった。彼は、一九九八年の苛烈な戦争から逃れるために、自ら空想の五九年に閉じこもる精神を作り上げ、平穏の幻想を生きていたのだ。

『リックの量子世界』の主人公も、こうした精神の跳躍を果たしたのだろう。けれども、彼の前に展かれた世界は、決して平穏の砦ではなかった。彼は、妻が「甦った」直後に異変に気づく。息子の姿がなかったのだ。SFに親しんだ人々は、ここでやり直しによる改変を予想する。けれども、物語はその予想を覆し、彼が別の並行世界の「自分」に入り込んでしまったことを明かしていく。徐々に、量子力学の「多宇宙」論を紐解きながら。

エフィンジャーの「シュレーディンガーの子猫」（一九八八年）やJ・P・ホーガンの『量子宇宙干渉機』（一九九六年）をはじめとして、「量子世界もの」は一九八〇年代以降に数多く発表されている。この国にも、山田正紀『エイダ』（一九九四年）、八杉将司「うつろなテレポーター」（二〇〇七年）、東浩紀の『クォンタム・ファミリーズ』（二〇〇九年）、大西科学『さよならペンギン』（二〇一〇年）、など、さまざまなしつらえのストーリーがある。けれどもここでは、時間ジャンプに関わるものを紹介するにとどめよう。むしろここでの関心からすれば、「枝分かれする」可能世界の物語に注目しておいたほうがいい。

この世界理解を早い時期に打ち出したものとして、C・L・ムーアの「出会いのとき巡りきて」（一九三六年）がある。ある科学者は、タイム・トラヴェルの真相をレクチャーする。過去にも未来にも行ける可能性はあるが、たどり着いた先は同じ時空間ではない。時間の道にはいたるところに「分かれ道」があり、「どの道を進むか選択するのは自由」[44]なのだ、と。つまりは、歴史の筋道は、そのつどありうる選択可能性の数だけ無数に存在しうるというわけだ。この理解に立つと、いま現在の状況は、過去の選択可能性を積み重ねた結果にすぎず、きわめて偶然的なものに思えてくる。こうして、現在の足場がもろくはかないものであることが語り出されるとき、「偶然世界型」の物語が成り立つことになる。

例えば、アシモフの「もし万一……」（一九五二年）では、仲睦まじい夫婦が小さな、しかし深刻な危機に直面する。二人は、小男からガラスを差し出される。そこには、二人のなれそめの光景が映っていた。当然にも引き込まれる二人。けれどもその推移には、二人が知りあうきっかけがなくなっていた。それは、さまざまな分岐点で実現せずに捨ておかれた、別の可能世界を映し出す鏡だったのだ。妻は、自分たちの愛が些細な偶然の積み重ねであることに思いをいたす。かくて二人の現在は、偶然の真実によって、不確かさの渦に投げ込まれる。M・P・キュービー＝マクダウェルの『悪夢の並行世界』（一九八八年）には、この手の物語の含意がクリアーに綴られている。並行世界に対面する者は、偶然の真実を突き付けられ、「存在の必然性」がただの「幻想」にすぎないことに気づかされるのだ[45]。

些細な偶然に見えるものが、可能世界同士の重大な隔たりを生むというアイデアは、J・ウィリアムスンの『航時軍団』（一九三八年）にも見られる。この物語では、二つの可能世界、光の世界と闇の世界との相克が描き出される。この二つの世界の運命を左右する決定的な分岐点は、大昔のほんの些細な出来事にあった。一人の少年が道端で石を拾うか、マグネットを拾うか。これが幸福世界の実現と、荒んだ闇の世界の到来とを分かつポイントだったのである。実は、M・レンスター（ラインスター）の「もうひとつの今」（一九五一年）でも、ほんの小さな石が、時間世界の危うさの象徴として登場する。自分が起こした交通事故で妻を亡くしてしまった男。彼は二人が暮らした部屋で、不可思議な現象に遭遇する。あるはずのない日記帳がテーブルにあり、しかも最後のページに妻の新たな（！）書き込みがあった。そう、その部屋は妻が生きている別の世界に接触していたのだ。当初、心霊現象かと恐れていた彼も、ことの次第を悟る。あの事故のとき、一つの小さな石が車の向きを少しだけ変えていたら……。彼女ではなく、自分が死ぬことも十分にありえた。「現在の瞬間」は、「存在しえたかもしれない数限りない〝可能な今〟のうちの一つにすぎない」。そうであるなら、妻が生きている可能世界が、こちらと同等の資格で存在しても、さして不思議ではない。「実際にあったことと、あるいはあったかもしれないこととの間の微妙な差異」は、「一粒の小石[46]」のようにきわめて些細なものなのだから。

無数の些事の積み上げのなかに、決定的な分水嶺が隠れている危うさ。このことを描き出す「偶然世界型」の物語は、おおむね現在という足場のもろさと時の世界の不確かさを強調する。確かに、「もうひとつの今」のように、望むべき時間を並行世界で実現するというストーリーもなくはない。さらには、J・T・マッキントッシュの「第十時ラウンド」（一九六四年）のように、別の宇宙への意識の移送を十回も試みた男が、やっと幸福な愛を成就させるという物語もある。けれども、彼が最後に抱き留めた相手は、十回も求愛をしてきた相手とは別の女性だった。このオチは、時間世界の偶然性と不安定性を示して余りある。実際、同じような愛の「偶然世界」のストーリーは、意外な失敗と喪失を語り出すことが多い。

　フィニイの「コイン・コレクション」（一九六三年）では、夫婦生活の倦怠に悩むある男が、古銭をきっかけにして別の世界に滑り込む。そして、その世界で別の女性との甘い生活を楽しむ。ところが、数カ月たつとやっぱりすれ違いに至り着き、結局もとの世界に戻る。その後の妻との生活が充実したものになったというエンディングは、一つの皮肉である。あるいは、アシモフの「公正な交換？」（一九七八年）も、可能世界の追求がもたらす悲劇を綴っている。ある男が、心の「一時的転移」によって、歴史のうちに埋もれてしまったオペレッタを掘り起こす。ところが彼の行為は、この楽曲のスコアの出版という事態を生み出してしまった。すると、戻ってきた世界には大きな変事が見られた。妻が、事故で死んでいたのだ。それは、過去改変による歴史変調《クロノクラズム》ではない。そうではなく、問題の転移によって、世界が「別の時間分岐 time pass」(47)に滑り込んでいたのだ。

「偶然世界型」の物語は、無数の可能性によって時間世界の確かさを脅かす。だがそれは、テクストの時間世界にもあてはまる問題ではないだろうか。実際、無限に分岐する世界を論じたボルヘスの「八岐の園」（一九四一年）では、時間が分岐するイメージは、小説そのもののあり方だとされている。つまり、物語そのものが、「たえず分岐し、収斂し、並行する時間の網目」(48)をなしているということだ。確かに、エピソードのそのつどの分かれ道に、複数のテクストの可能性があることを意識するなら、物語のプロットや因果の必然性は揺らぎ、その価値が疑わしいものに見えてくる。試みに、こうした関心をもちながら、ニーヴンの「時は分かれて果てもなく」

（一九六八年）に目を向けてみればいい。意外にもそこに、一つの物語論を見ることができるはずである。

物語では、無数の人間が何かの決断をすると、そのつど世界は枝分かれし、無限に多様な宇宙が生まれていくとされている。ある日主人公の刑事は、時間旅行のパイロットが死んだ事件を知る。彼の船は、帰還のさいに二隻に分裂したうえにそれぞれが真っ二つになり、彼自身も二人になってしまったのだ。けれども彼は、身を裂かれて死んだのではない。いずれの彼も無事だったのだが、一人が自分で命を絶ったのである。

刑事は、「合わせ鏡の像のように」果てしなく並ぶ自分のイメージにとらえられる。もしそのさまざまな自分の姿が、すべて同じように現実であるなら……。例えば、飛び降り自殺をした男がいたとする。彼には、並行宇宙に無数の別バージョンがあったはずだ。ベランダで日の出を見て部屋に戻った彼と手すりを乗り越えた彼、落ちながら悔やんだ彼と笑っていた彼。そのとき、一つのヴァージョンが死んだとして、「だからどうだというんだ why not?」[49]。彼は、ふいに笑いながら立ち上がると、「バカバカしい」と首を振りながら拳銃を取り上げ、やがて引き出しにしまう。けれども、隣の世界では、彼は銃口を頭に当てて引き金を引く。ただし、撃鉄は空の薬室に落ちる。しかしさらに隣には、銃が跳ね上がる世界、あるいは頭のてっぺんが吹き飛ぶ別の世界。

もちろんそれは、無数の並行宇宙を前にした人間の、精神の眩暈《めまい》と空虚を示すテクストだろう。けれども、世界を枝分かれさせる決断にエピソードの選択を重ね、無数の多元宇宙のイメージにストーリーの多様な可能性を重ねあわせるなら……。そのとき、物語は不定形で空虚なものに思えてくる。だとすれば、主人公と同じように、「Why not?」とつぶやく者がいても不思議ではない。エピソードの展開をあれこれ選んだとして、「だからどうだというんだ？」

「偶然世界型」の作品は、ときとして物語の価値と意味が別様でありうること、あるいはどうでもかまわないことを暗示する。もちろん、テクストは、すべての点で無限の可能性に開かれているわけではない。けれども、少なくとも物語が想像的なものであるかぎり、そのエピソード構成にいくつもの可能性があるのは事実だ。「偶然世界型」の時間ＳＦには、こうした物語論的な批評が胚胎している。言わばそれは、トリックをばらす手品と同じように、シニカルな自己言及の仕掛けにもなっている。

4　自己重複の物語

時間ジャンプの物語には、しばしば跳んでいった先で自分自身と遭遇するエピソードがある。確かに、『夏の扉』の主人公は、過去に戻ったとき自分自身に会わないように注意するし、『バック・トゥ・ザ・フューチャー』では、過去の自分と対面すると致命的なことが起きると想定されている。けれども、ジャンルを俯瞰すると、むしろこの対面の驚異を綴ったものが多いことに気づかされる。それはもう、取り憑かれていると言っていいほどだ。

まずは、もう一人の自分に遭遇したときの驚きを演出する物語を挙げておこう。例えば、D・I・マッスンの「二代之間男」（一九六六年）は、トラヴェルしてきた「自分」に混乱させられる男の物語だ。十七世紀末の昔。ある男が、往来の脇に白い籠のようなものを見つける。するとそこから、挙動不審な奴が出てきて立ち去る。彼は、ゆうべ自分の部屋を荒らした盗人かなと思いながら、その籠を検分する。ところが、つるつるの床で足を滑らし……。ありがちな、ひょんなことからタイム・トラヴェルというお話だ。

さて、彼は未来の世界で親切な夫婦に歓待される。で、もてなしてくれた奥様を相手にいい思いもするというわけである。けれども、肝心なのはそこではない。夫婦は、彼に古めかしい身なりをやめ、服を新調するよう提案する。そこで男は金目のものをと自分の部屋に戻り、夜な夜な短剣や時計を取ってくるのだが、そのときにハタと気づく。あの盗人は「実に此私で有った(50)」のだ、と。そう、あの挙動不審の男も、ぐるりと時を周回してきた彼なのだった。

チャンドラーの「漂流者」も、これと似た仕掛けになっている。ただし、ストーリーはあくまでシリアス。大海を移動する主人公は、島から立ち上る煙を見つける。もちろん船は、進路を変えて救助に向かうが、もう少しというところで転覆してしまう。しかし、主人公だけは島に流れつく。そして、例の焚火の痕を見つけてあたりに声を響かせたが、どこにも人影はなかった。その代わりに、彼は川のほとりで「マンシェン推進機」を搭載したロケットを発見する。その脇には、「内と外が逆に」[51]なった死体。彼がなにげなくそれを起動させると、機械は薄気味の悪い動作を始め、何とその輪郭がぼやけ始める。彼は、怖くなって海岸まで走り戻るが、そこに焚火の痕はなかった。しばらくして、海の向こうに一隻の船が見えてくる。彼は船に知らせようと、慌てて薪を燃やす……。もうおわかりだろう。あの狼煙は、過去に戻った彼自身が上げたものだったのだ。もちろん彼は、「自分」が乗っている船のマストを目にすることになる。

別の自分との遭遇には、しばしば不気味さが漂う。どこか、ドッペルゲンガーを連想させるからかもしれない。時の隔たりはあるけれど、その存在が現在の自分に突き刺さり、自己をぐらりと揺さぶる点は確かに似ている。こうしたムードが強烈なのは、石川喬司の「五月の幽霊」(一九六六年)だろう。ある夫婦が日比谷の交差点を渡ろうとしたとき、頭から血を流す少女と、血だらけのシャツを着た若い男が絡み付いてくる。繰り返されるこの「白昼夢」は、夫婦の重い過去に淵源するものだった。「血のメーデー事件」で仲間が死んだ日、二人はあてもなくバスに揺られたすえ、ホテルで虚しい交わりにふけっていた。流血を生んだ時の流れをすり抜けた二人は、良心の呵責から、あのとき皇居前広場に居合わせる想像にとらえられたのである。そう、絡み付いてきた若い男女は、言わば彼らの精神の可能世界に生まれた、「自分たち」自身だったのだ。己れの精神の闇が、自分自身を断罪する分身を生む。それは、まさにドッペルゲンガーの物語にほかならない。

ただし、この出会いの恐ろしさは、必ずしも分身が自分に酷似していることからくるわけではない。R・F・ジョーンズの"Pete Can Fix It"(一九四七年)では、十三歳の主人公が未来からやってきたピートと出会う。彼は、十五年後に起きた核戦争を回避するために、車の修理にかこつけてその悲惨を擬似体験する装置を広めていると明かす。ただし彼は、自分の命はもう長くないとも告げた。そして、主人公の少年に、胸を開いて釣り針のような傷跡を見せる。それは、少年が落馬したときの傷だった。少年は、思わず「やめてくれ！」と叫ぶ。何の疑いもなく交わっていた他者が、実は「自分」だったという受け入れがたい真実。ここにも、対面の薄気味の悪さが、じんわりと漂っている。

とはいえ、もう一人の「自分」と、あっけらかんと意思疎通がなされる場合には、雰囲気は比較的快活なものになる。ウェルマンの「ほかにだれが頼れる？」（一九六三年）では、ある若者が未来からきた男と出会う。彼も、世界を滅亡させた戦争を回避するためにやってきたと語る。若者は、男の話を信じたが、一つだけ聞きたいことがあった。「若い頃の自分にあったらどうします？」すると男は、逆に聞き返す。「この時代に生きている人々の中から、どうしてきみを探し出したと思う？」[52]。その言葉で若者は、ハタと気がつく。重大事にあたっては、まず自分に頼るのが賢明というお話である。

『テクニカラー・タイムマシン』にも同じような場面がある。主人公は、未来の「自分」から映画完成の秘策を授かる。「お前は俺じゃないか」と驚く主人公に、別の「自分」はまるで気のおけない友人のように「お前がミスをやらかすのを止めてやったんだぜ」[53]と切り返す。あるいは、ウィンダムの「もうひとりの自分」（一九五四年）でも、主人公は分岐した隣の世界の「自分」と膝を詰めて話しあう。そして二人は、互いの境遇の隔たりを問いただす。一方は、つまらぬ諍いから愛する女と別れてしまったが、他方はそのときに寛容さを見せ、愛を膨らませていた。分岐は「その瞬間だったんだ！」[54]と納得しあう二人は、互いに心を開いているように見える。

もっと極端なのもある。L・デル・レイの“…And It Comes Out Here”（一九五一年）には、三十年未来からきて「自分自身」と対面した「私」が、相手のショックに同情するくだりがある。ただし「私」は、「きみはそれを乗り越える」と確信している。「私」も三十年前に同じように感じたのだから、二人はすぐに通じあえるというわけだ。物語は、同じ人間の間には「ある種のテレパシーのようなものが成り立つ」[55]とさえ綴っている。

こうした親密さが行くところまで行っているのは、D・ジェロルドの *The Man Who Folded Himself*（一九七三年）だろう。「タイムベルト」を駆使して、さまざまな時の「自分」と接触する主人公。彼は、未来の「自分」

から重大事を示唆される。別の時間の「自分」と、快楽を共にする関係になるというのだ。主人公は、ためらいながらもその交わりの歓楽と安らぎを知る。そしてさらに、時の分岐のなかで女性に転身した「自分」とも、自我を溶かすような性愛を経験する。ただしこの愛は、子どもをめぐるすれ違いから、もろくも崩れさるのだけれど。

もちろん、もう一人の「自分」との対面には、大いに紛糾するケースもある。例えば、W・テンの「おれと自分と私と」(一九四七年)では、同時点へのトラヴェルを繰り返すごとにトラヴェラーが「自分」(たち)に出会うストーリーが展開される。主人公は、いかがわしい老教授から、原始時代の岩を動かしてきてくれと頼まれる。百ドルほしさにそれを請け負った男は、言われたとおりにして戻る。すると、独身の教授に妻ができ、その頭も白髪からつるっぱげになっていた。教授は、歴史におかしな変調が生じたと踏んで、岩をもとに戻してくるよう命じる。かくて、お定まりのドタバタの始まりである。主人公は、岩を動かそうとしている男を発見する。もちろん、最初のときの彼だ。二人は、「動かす、動かさない」の押し問答のあげく、お互いにパンチを食らう。埒があかないと悟った主人公は、教授に会いに戻る。もちろん、彼が帰ってきたときに起きるのは、三人のバトル・ロイヤルである。これは、まさに自己重複、いや「自己増殖」のパターンの典型だろう。

確かに、歴史を一回的なものとするなら、そこには不合理がある。何度も過去にジャンプしたトラヴェラーの存在は、最初からすべて並存しているのが理屈だろう。こうした前提で複数の「自分」の衝突を描いたのは、「時の門」だ。論文を書く男の背中から、未来から戻った「自分自身」が声をかける。そして、さらにもう一人の自分が加わって、三人で組んずほぐれつの争いとなる。ただし、三人はどこか許しあっている。まあ、殴るにしても蹴るにしても、相手が自分なら致命的事態は回避されるということか。

このドタバタを極点まで推し進めているのは、S・レムの『泰平ヨンの航星日記』と筒井康隆の「チューリップ・チューリップ」(一九六五年)だろう。前者の「第七回の旅」(一九六四年)は、宇宙船が不幸にも「重力渦」に巻き込まれ、その飛行士が「現在の重複(56)」ないしは何重もの時間の重なりを体験する話である。まず彼は、月曜の夜、夢うつつの状態で自分そっくりの人間から声をかけられる。「舵のボルトを締めろ」、と。そして翌日、問題の「重力渦」を通過するさいに、危険を回避する努力をしてベッドに向かうと、何と「自分」がそこで気持ちよく寝ている。それは、月曜の「自分」だったのだ。彼は、事態を記録しようと机に向かうが、そこでまた次の「重力渦」に遭遇する。ご推察のとおり、衝撃が収まると水曜日の「自分」も加わることになる。そしてまた、渦の衝撃……。ついには、日曜日までの何人もの「自分」が入り乱れ、口論するわ、飯や宇宙服を奪いあうわ、めちゃくちゃな混乱に陥る。

後者は、ある男がタイム・マシンを作動させたときに、機械がショートし、一瞬前の「自分」が呼び寄せられる話だ。もちろん彼は、ヒューズを直して始動スイッチを入れる。けれども、またショートし、「自分」が四人になってしまう。さらに重ねてのトラブルと不手際。かくて彼は、全部で十五人に増殖する。とまあ、ここまでは『泰平ヨン』の誇張版。けれどもこの物語には、もう少し奥がある。どうやら、実在するのは十五人のうちの一人だけで、あとは「本物」の内的世界にしか存在しない分身らしいのだ。本物を含めた十五人は、自分の存続を賭けて丁々発止のやりとりを続けていく。これと似た話は、H・ファーストの“Of Time and Cats”（一九五九年）にもある。主人公は、知り合いのトランジスタ回路を「自分流に」接続してしまう。すると彼は、すさまじいショックを受け、「時間ベルト」が捩れて五時間のループにはまり込む。ここで物語は、時間が繰り返し積み重なることを想定しながら、主人公と同じ顔、同じスーツの男が、街にあふれかえる事態を綴っている。

自己重複の物語は、確かにコミカルになりやすい。けれども、『時間線を遡って』のムードはまったく違う。主人公は、あるとき重大な事件に巻き込まれる。一人の客が時間移動の装置を改造し、勝手に別時間に跳んでいってしまったのだ。主人公は、事態を収拾しようとして小刻みに時間ジャンプを繰り返すうちに、不覚にももう一人の「自分」を生み出してしまう。そのとき主人公は、対面した分身にすごむ。「俺がお前を存在させてやったんだ」。すると分身も応酬する。時間線の「混線」を生んだ原因は「お前の欠陥だらけの思考」だ、と。その後、事態はさらに深刻化する。遠い未来に戻っていった分身が、突然消えてしまったのである。それは、時間パトロール隊による矯正の結果だった。ある同僚は、残されたお前ももとの時間には戻れない、と告げる。主人公は、修正され消された時間線の「亡霊[57]」になってしまったのだ。

それは、自己の同一性と確かさを脅かす物語に見える。けれども、事柄はそう単純でもない。確かに物語は、自己が意識されないほど自明な「常態」を攪乱する。自己重複の物語とは、こうした眩暈《めまい》を上演するエンターテインメントなのだろう。けれども、それが一つの娯楽として成り立っているのなら、テクストを読む自己はさして揺らぎはしない。ホラー映画がそれを楽しむ自己を崩しはしないように、物語のなかでの自己の攪乱は、それを読む自己を解体しはしないのだ。ただし、物語が読む意識そのものを眩暈に陥れ、エンターテインメントが成り立たないほどの攪乱を生むときには、事情は違ってくる。

映画『12モンキーズ』（一九九五年）は、観る者にこうした眩暈と攪乱をもたらす。物語は、母親に手を引かれた少年が、飛行機に見とれている情景から始まる。彼は、女性の叫びとともに、一人の男が撃たれて崩折れるのを目にした。それは、物語の「テーマ旋律」となっている。遠い記憶なのか、混乱ぎみの夢なのか。主人公は何度もこの情景に引き込まれる。ことの次第が明かされるのは、エンディングである。空港で怪しい人物を追いかけていった主人公は、誰かに撃たれて崩折れる。そして、居合わせた女性の絶叫。あの情景は、幼き日の主人公が、過去にトラヴェルしてきた「自分」の死に直面するシーンだったのだ。

物語は、自身が死ぬ場面の記憶に掘り抜かれた意識を描き出している。ただしこの真相は、終幕に至るまでは伏せられている。そして、繰り返されるあの情景によって何度も断絶するストーリー。さらには、時間ジャンプを挟んで、脈絡なく展開されるエピソード。第4章で詳しく紹介するけれども、その構成は、物語を読み取ろうとする意識を幾重にも攪乱する。そのとき読む自己は、一時ではあれ分解の際に立たされる。『12モンキーズ』は、自己の自明な確かさを揺さぶるものになっていると言えるだろう。時間ＳＦは、この点でも物語論の関心を引き寄せる。「読み」に潜む自明な想定を引きずりだし、疑問に付す物語。それは、一つのメタフィクションと言うべきではないだろうか。

稀有な例をもう一つ。Ｓ・Ｒ・ディレーニの『エンパイア・スター』（一九六六年）である。「エンパイア・スター」をめざしていた宇宙船が、惑星リスに墜落する。一匹の悪魔猫と「彗星《コメット》ジョー」の異名をもつ少年は、その現場で死につつある影を見た。そのとき猫は、輝く宝石のようなものを口にくわえてくる。それは、一人の乗組員の意識を結晶させた、「マルチプレックス」多面体だった。物語は、この「宝石」の語りによって、ジョーの体験を跡づけていく。

　ところが、語りの結びで明かされる事実は、それまでの物語の流れを根本からかき乱す。少年がめざした「エンパイア・スター」の中心には、現在・過去・未来がひしめきあう時空の裂け目があった。そして、少年はその裂け目を突き抜けて、遠い過去や遥かな未来へと飛翔していたことが明かされる。そう、あの墜落現場で少年が出会った影は、時間をまたいできた彼自身だったのだ。それだけではない。長い旅の途中で少年が遭遇した詩人も、別の姿をとった彼のように思えてくる。

　詩人は、太陽に突っ込んだと旅の目的を語った。そして、少年の知人と語りあったこと、あるいは彼と同じ仕事をしたことを明かす。結びを踏まえてとらえ直せば、少年の人生を見通すこの語りには、自己重複のにおいが漂っている。しかも詩人がオカリナで奏でた曲は、少年が最初に覚えた曲だったのだ。最後に詩人は、意味深なセリフを吐く。「いつもこうだ、いつもふりだしに戻る（略）いつもいつも！[58]」。それは、少年がいつの日か、詩人として太陽に真っすぐ突入していくことを暗示しているのだろう。しかも、何度も、何度も。

　少年は時を超え、別の姿をとって「自分」と出会う。けれどもこの真実は、終幕まで浮かび上がらない。少年の体験をたどる語りでは、彼が出会ったのはあくまで別の誰かであり、いわくありげな他人でしかない。作者のディレーニは、この仕掛けについて確信犯的に語っている。「ある時点から別の時点へどのように旅をするのか、その問題はあなたがたに残しておくことにする[59]」。もろもろのエピソードは、少年が時を超えた軌跡を空白にしたまま、つながりなく並べられていたのだ。最後にこの事実に直面するとき、読者の「読み」は攪乱される。それまでの語りを、過不足がない意味の連なりととらえてきた意識は、自己重複の場面ごとに断ち切られ、つながりを失って宙に浮く。いや、自らの時間の筋道を見失い、意味が分解していく混乱に陥ると言ってもいい。

もちろん読者は、「読み」の断片をシャッフルし、隠されたストーリーを組み直すことも可能だろう。けれども、それは攪乱と眩暈のあとの自己回復の試みでしかない。この作品を読む営みは、少なくともいったんは、読者の意識を断片化と攪乱へ、そして騒がしき眩暈へと誘う。それは、ディレーニのテクスト構成のなせる業と言うべきだろう。私たちの自己を揺り動かすのは、自己重複のエピソードそのものではない。むしろ真の問題は、それを語る言説の構成と、そこからくる「読み」の攪乱ではないだろうか。

5　時間の果てをのぞむ物語

最後のまとまりは、言わば「時間の外」へと想像を膨らます物語だ。ずいぶんシュールな話だねー、などと冷たく反応することなかれ。実は、「タイム・マシンもの」にさえ、「時間の外」を垣間見るエピソードは結構あるのですから。例えば、ブラウンの「実験」は、時間世界がまるごと消えてしまう話だった。これも、ある意味で「時間の外」に触れるものと言っていいだろう。あるいは、歴史世界の瓦解という観念であれば、『時間線を遡って』や「ケージの中の幽霊」にも登場する。こうした事態は、人間が時間世界を得手勝手に操作することへのしっぺ返しと考えていい。

けれども、ここで問題としたいものは、こういうパターンではない。世界の消滅や時間の崩壊ではなく、「時間の外」に突き抜けるストーリー、あるいは時間外の世界を想像する物語だ。この反則技にも思えるパターンが、時間SFでは意外に多い。例えば、ニーヴンの『時間外世界』（一九七六年）には、人々の時間を止めてしまう「無時間監獄 zero-time jail」[60]が登場する。それは、「超人類」たちが、特殊な犯罪者を閉じ込める「場」だとされている。また、「時の脇道」も、入り乱れる多様な時間世界のあいだに、「超空間」[61]の存在を想定している。新しい世界を求めて並行世界の狭間に突撃していった教授は、ひょっとするとこの「超空間」をさまよう存在となったのかもしれない。あるいは、「ジョンの世界」に登場する「無時間」の虚無。もちろん、こうした「時間の狭間」とも言うべき表象の背景には、生を構成する当然の枠組みがなくなることへの怯えがある。

「時間の外」は、心理的な情況として発現する場合もある。一つの典型は、ブラッドベリの「日付のない夜と朝」（一九五一年）だろう。この物語では、宇宙の狭間を漂う人間精神の異様が語り出される。地球から十億マイルも航行してきた宇宙船。その乗組員の一人が、やや高ぶった調子で仲間に言う。「宇宙空間には、朝なんてない」。あるいは、地球も多くの星も、体で触れられないから存在を実感できないとこぼす。そして、隕石との衝突の後、彼は精神の錯乱を進行させ、「もう手がない。（略）足がない。はじめからなかった」とつぶやきながら、ハッチの外へと消える。宇宙の航行は、彼にとって「ひたすら無からなる中間」[62]をさまようことだったのだ。生きられる時間を奪われることが、精神の根本を掘り崩すのは想像するにかたくない。

もし、こうした虚無の世界に生きる者がいるとしたら……。それはないでしょ、などと言わずにSFの想像力に耳を傾けていただきたい。実はこの理解を絶するところにこそ、不気味さのポイントがあるのだから。例えば、『時間外世界』に「死神」の風情で登場する老婆。彼女は、三百万年の時を放浪している。けれども、おぞましいのはその容貌だけではない。身体がぼろぼろになりながらも、飽くことなく「不死の薬」を探索する精神こそ、彼女が半ば「時間の外」に逸脱している証しなのだ。それは、あの『ガラスの短剣』の「幽霊」に酷似している。彼も、時間線の狭間に追いやられ、いまにも消え入りそうな存在だった。あるいは、『タイム・シップ』のトラヴェラーを、マシンの外から凝視する奇怪な「観察者」。それは、すさまじい速度で航行するマシンの数ヤード先に、浮いているように出現する。その「低く泡立つような」[63]つぶやきは、時間の他界からの恐ろしき誘いなのだろう。

この恐ろしさが極みに達しているのは、M・ジュリの『不安定な時間』（一九七三年）だろう。「溶時剤」を注射され、「時間溶解」の状態に滑り込む一人の学者。それは、映画『ラ・ジュテ』（一九六二年）と同じく意識世界内でのトラヴェルであり、「不安定時間界 le Temps incertain」へと潜行することだった。けれども彼は、この試みの最中に「時間事故」に見舞われ、時間の混乱と喪失を経験する。

主人公は、車を走らせて研究所に向かい、ある研究者に接触しようとする。ところが、怪しげな人物の妨害や、自分のミスで目的を果たせず、何度も車を走らせる場面に引き戻される。つまりは、「反復世界」の牢獄だ。ところが彼は、その混乱した「溶時界 univers chronolytique」のなかでも忌まわしい薬剤を投与され、もう一段深い「時間溶解」に至る。そして、この幾重にも入り組んだ世界のなかで、「時間の完全な崩壊」に陥ったと告げられる。さらには、この異世界に住まう別の人格との融合さえ経験したあとに、もとの世界からの声が響く。「きみは(略)「不安定時間」の産物なのだ[64]」、と。

しかし主人公は、最後にはこの存在の融解を受け入れる。果てしなき精神の迷宮に、一種の「主観的永遠性[65]」を見いだしたからだ。ここには、「時間の外」という表象に潜む、永遠への憧れがある。それは、「出会いのとき巡りきて」にも感じられるものだ。中世の魔女裁判、ローマの闘技場、太古の供犠の場など、歴史のそこここに何度も出現する、スモーク・ブルーの瞳の女。主人公は、彼女と結ばれることを夢見て、何度も時間を跳躍する。そして、ついに二人が一つになる瞬間がやってくると、主人公は二人の愛が「時から溢れ出して宇宙を満たした」のを知る。それは、「形ある生を終えて、時空の桎梏から解き放たれ[66]」ること、つまり魂の永遠に到達することだった。

こうしたテーマを語るとき、恩田陸の『ライオンハート』(二〇〇〇年)に言及しないわけにはいかないだろう。エドワードは、さまざまな時代を行き来しながら、繰り返し謎の女と出会う。第二次世界大戦前夜の飛行場で死んだ幼い娘、あるいは十九世紀のシェルブールでまみえた人妻、そして二十世紀初頭のパナマで病の床につく老女。彼にとってこの不思議な邂逅は、なぜか運命のようであり、世界をまぶしく輝かせるものだった。物語は、時を超えるこの絆が、悲劇の女王エリザベスの思いから生まれたことを明かしている。権力をめぐる策略の犠牲者となった幼い弟への愛、そして自らの境遇への無念が、彼女の死とともに、永遠の魂となって飛翔したのだ。

時の流れに翻弄された無垢な魂が、変わらぬ絆を永久に反復する物語。それはまさに、魂の永遠への憧憬を謳い上げるものだと言っていい。

小松左京の『果しなき流れの果に』（一九六六年）も、終局で永遠の相を描き出している。主人公は、過去改変の禁を犯すエージェントとして自己の超越を繰り返すうち、「遠い昔における、魂のあり方に対する記憶」を感じ取る。そして彼が最後の「上昇」の果てに至り着いたのは、すでに体としての存在がなく、もはや時が「時として存在することをやめ」た状態だった。ただ「意識として」だけそこにあるという「超時空間」[67]。彼はこの次元で、「超意識」がおのずと成長し、のたうち、まぐわう、宇宙の真実在を感得し、燃え尽きていく。

ただし、小松が綴った動的な永遠のイメージは、必ずしも一般的なものではない。むしろ、時間を超えた魂の永遠は、一つの静止、あるいは存在の凍結としてイメージされる場合が多い。例えば、F・ライバーの *Destiny Times Three*（一九四五年）でも、多数の可能世界がめくるめく旋回をとげた先に、「永遠の終端から到来した、大いなる静寂と沈黙の現在[68]」が立ち現れる。しかし、もっと典型的なのは、C・プリーストの「限りなき夏」（一九七六年）だろう。

主人公は、ある夏の日に、灰色の服の男の「カメラ」にとらえられ、恋人とともに凍結させられる。けれども三十年が経過すると、彼だけが「凍結」を解かれる。そして、静止した活人画のような存在を横目に、過去へ未来へと移動する。その世界は、「凍結者 freezer」たちが生み出したものだった。ところがあるとき、恋人の活人画の周辺で火災が起こる。「現在」の戦争が、静止した世界に侵入してきたのだ。彼女の凍り付いた体は、煙に包まれる。しかし、うろたえる主人公に「凍結者」が近づくと、凝固していた夏の時が揺らぎ始める。「凍結」を解かれた娘は、いぶかしげに彼の名を呼んだ。けれども、二人は流れる時間のなかに戻りはしなかった。灰色の影が微かに動くと、二人はふたたび活人画と化す。「永遠の生[69]」が、そこに静止したのだ。

「凍結」した世界と言えば、『スローターハウス５』も想起すべきだろう。そこでは、時間のうちに在るとは、「瞬間という琥珀に閉じ込められて」「常に存在し続ける」ことであり、だからこそ「あらゆる瞬間は不滅」だとされていたのだ。この琥珀の世界では、死者も過去で永遠に生き続けられる。だから、死者を悼む人々はこう願う。「彼らを凍りつかせろ（略）彼らが消え去らないように！」[70]

けれども、存在の凍結は、何の抵抗もなく受け入れられることではない。そこには、静謐な怖れも湧き上がる。この点では、何と言ってもJ・G・バラードの語りに耳を傾けるべきだろう。まずは、時が静止した空間を描き出す「永遠の一日」（一九六六年）。アフリカのコロンビーヌは、薄暮線の上にとどまり続けていた。いつまでも夕暮れが人々を包み、いくつもの時計が停止している不気味な状況。それは、『チョウたちの時間』のクライマックスに登場するイメージによく似ている。惑星の回転を相殺するように大地が滑り、「常に同じ時間、同じ紫色のたそがれ」のなかにある「時間の墓場」[71]。そして、時間を固定された数千人の人間が眠るピラミッド。バラード自身の「時間の墓標」（一九六三年）とも通じあうこのイメージには、索漠とした闇のムードが漂っている。「永遠の一日」の世界も、こうした闇へと沈んでいく。コロンビーヌは、少しずつ薄暮線からずれ、永続する夜へと滑り込んだのだ。そうしたなかで主人公は、妖しい魅力をたたえた女性と出会い、果てしない夜に沈潜する夢を見るようになる。それは、彼が闇の世界へと誘われつつあることを暗示しているのだろう。かくて「内的世界と外的世界の境界は溶け去り」、「古い時間の観念」[72]は失われていく。

しかし、極め付きは『結晶世界』（一九六六年）だろう。時間が凍り付き、水晶のような輝きに包まれていく森。物語は、この森の信じがたい変貌を軸に展開されている。主人公は知人の夫婦に会うためにその森に近づき、驚異の状景を目にする。「弧を描いて水面に垂れ下がっている樹々が、何百万というプリズムでしたたり、煌めいている」。そして、「木の葉があたかも潮解しつつある宝石をちりばめたかのように輝く」[73]。

森は、異様にも水晶化しつつあった。主人公は、過飽和によって「漏出」した時間が、過去の「空間的再現物」を結晶させているのではないかと考える。その変異は、人間の体にもおよぶ。彼は、一人の兵士が水晶化した体を横たえているのを発見した。胸と肩には宝石のような板、腕と顔には光り輝くプリズム。異様に美しいだけに、冷たい恐怖を喚起する現象。それは、まちがいなく死の状景なのだが、数日後に息を吹き返した兵士は、主人公に懇願する。「私を（略）もとのところへ戻してくれ！」[74]。彼は、あの森のなかで、凍結した時間に溶け込むことを望んだのだ。

水晶がきらめく森は、ただ恐ろしきものとして語られているのではない。主人公は、あるカップルが水晶の森に住んでいることを知る。彼が二人の家を訪ねると、女性のほうは病の床に臥せっていた。けれども、傍らの男が森で見つけてきた「宝石」を首に押し当てると、彼女は不思議にも活力を取り戻す。森の水晶は、彼女の病の時間をも凍結させ、その生を結晶のように持続させるのだろう。時間を凍結させる森は、この二人にとっては、むしろ愛を永遠へと導く理想郷なのかもしれない。

主人公がやっと出会えた友人の妻も、森に恐れを抱いてはいなかった。彼女は、あの森の結晶化からかろうじて逃れてきた主人公に、意外な言葉を投げかける。「こんな恵みを与えてくれた森に感謝すべきじゃないかしら」、と。そして主人公は、森を去る前に彼女の神々しい姿を目にする。彼女は、結晶化が極みに達した森のなかで、癩病者たちを引き連れ、水晶の世界へ消えていったのだ。そこには、静かな狂気があると言っていい。生を構成する時間の枠組みの消失が、乞い願われているのだから。ただし物語は、この狂気に時間の檻から脱却する夢を重ねている。「わたしたち一人一人が、各自の肉体的および時間的同一性、あるいは時間的な素性を手放せば、その直接の結果として、不死性という贈り物がすぐに手に入るのです」[75]

G・ベンフォードの「時空と大河のほとり」（一九八五年）も、こうした狂気を発散している。古代エジプトの遺跡を観ようと、恋人とともにカイロに降り立つ文学研究者。彼らが訪れたナイルの周辺は、クァゼックスという昆虫型エイリアンが穏やかに治める土地となっていた。ところが、二人の旅行が三週間目に入ろうとしたとき、ナイル周辺で地震が起きる。アスワンのダムは消失し、その空にはオレンジ色と金色の光が奇妙な模様を織りなしていく。するとそのなかを、多数のクァゼックスがすさまじいスピードで上昇し、一つの光の点を旋回しては落下してナイルに飛び込む。彼らは、何かに興奮し、狂った蜜蜂のように飛び回っているのだ。

その後二人は、トキやライオンの頭をした者に出会う。それは、象形文字に登場する古代の神々だった。神々は、生き物を死から甦らせているのだと語る。クァゼックスたちの狂ったような飛翔は、この永遠の到来を言祝ぐダンスだったのだろう。真実を知った彼らは、静かに永遠へと滑り込んでいく。ただしテクストは、彼らの飛翔について語ってはいない。けれども、おそらく彼らも、「古い死んだ時間[76]」を振り捨てる狂気へと誘われていったに違いない。

　こうした物語の焦点は、永遠への信仰にあるのだろう。『逆まわりの世界』には、この信仰の声がはっきりと刻まれている。物語は、時間が逆行してこの世の存在がすべて消滅していくさまを予告する。生き物がすべて消失する世界の終わり。主人公に掘り出された宗教者は、それが神の御心によるものだと語る。時の終焉は、時間を超えた神があらゆる存在を永遠のうちに抱くこと、つまり「あらゆる魂の未来永劫における融合[77]」とされている。

　けれども、そこに至り着くことは、およそありふれた精神には不可能だろう。実際、この永遠への道程には、すべての人間が赤子に戻り、女の子宮に潜り込むという、想像を絶する事態が織り込まれているのだから。やはり、時間を超えた永遠なるものは、常軌を逸した精神にほどこされる恩寵と言うほかない。

　さて、ジャンルの俯瞰はそろそろ終わりにしなければならない。振り返ってみると、紹介がやや思弁的なテーマに傾いていることに気づく。時間世界のとらえ方、あるいは物語論の諸問題。けれどもそれは、決して不自然な偏りではないと思う。時間ＳＦ（もちろんＳＦ全体ではない）に関して言えば、まちがいなくこうした思弁的なテイストこそが、魅力の基盤になっているのだから。

　とはいえ、こうしたテーマについて語るとき、常に眉間に皺を寄せる必要はない。しばしばＳＦのテクストは、ヘヴィーな思弁的主題を、ときに軽妙に、あるいはコミカルに語り出す。そして、ハチャメチャな設定とユーモラスな展開、さらには叙情的なテイストや耽美的なムード。こうしたものが思弁的なテーマと合体している点も、時間ＳＦのもつ魅力の一つなのだ。しかし、そんな離れ業がおいそれとできるのか……。百聞は一見に如かず。以降の本格的な議論で、できるだけこの魅力を浮かび上がらせていくことにしよう。

注

(1) R・シルヴァーバーグ『時間線を遡って』八六、二七八ページ（原書 no.828, 2711.）
(2)『パチャカマに落ちる陽』（一九七八年）に収載された「チキン・ラン」「マヤに咆える象」「アステカに吹く嵐」がこれにあたる（ただし、『モンゴルの残光』〔一九七三年〕や『退魔戦記』〔一九七六年〕にも、カメオ的にヴィンス・エベレットが登場する）。
(3) I・アシモフ『永遠の終り』一九九ページ（原書 p.114.）
(4) F・ブラウン「実験」三三五ページ（原書 p.228.）
(5) R・シルヴァーバーグ「時間層の中の針」三七ページ（原書 p.325.）
(6) C・L・ハーネス「時の娘」二三一ページ（原書 p.162.）
(7) 梶尾真治『クロノス・ジョウンターの伝説』二五八―二五九ページ
(8) B・K・ファイラー「時のいたみ」一四〇ページ（原書 p.111.）
(9) R・A・ハインライン「時の門」一〇一―一〇二ページ（原書 pp.895-896.）
(10) P・アンダースン『時の歩廊』一九四、九七ページ（原書 no.2056, 992.）
(11) 光瀬龍『寛永無明剣』三五三ページ
(12) G・A・エフィンジャー「時の鳥」二一〇ページ
(13) A・ベスター「選り好みなし」一四三ページ（原書 p.80.）
(14) J・フィニイ『フロム・タイム・トゥ・タイム』一一二ページ（原書 p.78.）
(15) 星新一「午後の恐竜」三一ページ
(16) R・ソウヤー『フラッシュフォワード』七三ページ（原書 p.53.）
(17) 同書九三ページ（原書 p.67.）
(18) 同書三五九ページ（原書 p.250.）
(19) F・K・ディック「時間飛行士へのささやかな贈物」四七六ページ（原書 p.260.）

(20)I・ワトスン「夕方、はやく」三九八ページ
(21)K・ヴォネガット・ジュニア『スローターハウス5』三九ページ(原書 p.23.)
(22)P・K・ディック『逆まわりの世界』一六三、一三八ページ(原書 pp.123,105.)
(23)B・W・オールディス『隠生代』二一一、一九、二一四、二一九ページ(原書 pp.150, 14, 152, 155.)
(24)F・ライバー「若くならない男」一九三、一九七ページ(原書 pp.59,61.)、P・K・ディック『逆まわりの世界』七五ページ(原書 p.57.)
(25)P・K・ディック『逆まわりの世界』六一ページ(原書 p.46.)
(26)D・ナイト「むかしをいまに」五五ページ(原書 p.183.)
(27)R・ゼラズニー「聖なる狂気」三七八ページ(原書 p.198.)
(28)B・J・ベイリー『時間衝突』九一ページ(原書 p.46.)
(29)R・A・ルポフ「12：01PM」三五〇ページ(原書 p.136.)
(30)山田正紀『チョウたちの時間』九〇ページ
(31)梶尾真治「時尼に関する覚え書」二一三、二一八ページ
(32)I・ワトスン「超低速時間移行機」一二四、一二一ページ(原書 pp.386, 384.)
(33)J・ティプトリー・ジュニア「故郷へ歩いた男」二五五、二七七ページ(原書 pp.139, 153.)
(34)D・レイク「逆行する時間」三二二、三二〇ページ(原書 pp.199, 198.)
(35)W・M・リー「チャリティのことづて」四七ページ(原書 p.151.)
(36)J・ブリッシュ「ビープ」四四ページ(原書 p.134.)
(37)この映画の脚本(T・エメリッヒ)はノヴェライズされている(石田亨『オーロラの彼方へ』竹書房文庫)。
(38)F・ブラウン「未来世界から来た男」七八、七九ページ(原書 p.428.)
(39)K・グリムウッド『リプレイ』二四八ページ(原書 p.146.)
(40)C・L・ハーネス「時の娘」二三五ページ(原書 p.164.)
(41)S・バクスター『タイム・シップ』下、二二八、二三〇ページ(原書 pp.413, 414.)

（42）P・K・ディック「ジョンの世界」一三一ページ（原書 p.69.）
（43）M・クライトン『タイムライン』上、一八八—一八九ページ（原書 pp.123-124.）
（44）C・L・ムーア「出会いのとき巡りきて」二五五ページ（原書 p.248.）
（45）M・P・キュービー＝マクダウェル『悪夢の並行世界』上、三五二—三五三ページ（原書 p.201.）
（46）M・レンスター「もうひとつの今」一八八、一九五ページ（原書 pp.107, 110.）
（47）I・アシモフ「公正な交換？」一一一ページ（原書 p.58.）
（48）J・L・ボルヘス「八岐の園」一〇五、一〇八—一〇九ページ
（49）L・ニーヴン「時は分かれて果てもなく」一八、二四ページ（原書 pp.60, 63.）
（50）D・I・マッスン「二代之間男」一三八ページ（原書 p.37.）
（51）B・チャンドラー「漂流者」三〇〇、三〇一ページ（原書 pp.78, 79.）
（52）M・W・ウェルマン「ほかにだれが頼れる？」二九ページ（原書 p.194.）
（53）H・ハリスン『テクニカラー・タイムマシン』二四六ページ（原書 p.161.）
（54）J・ウィンダム「もうひとりの自分」二六六ページ（原書 p.133.）
（55）L. del Rey, "…And It Comes Out Here," p.56.
（56）S・レム『泰平ヨンの航星日記〔改訳版〕』二三、二四ページ
（57）R・シルヴァーバーグ『時間線を遡って』三一六—三一七、三五五—三五六、三八〇ページ（原書 no.3104, 3506, 3751.）
（58）S・ディレーニ『エンパイア・スター』一〇二、一〇四ページ（原書 pp.62, 63.）
（59）同書一五四ページ（原書 p.92.）
（60）L・ニーヴン『時間外世界』一八六ページ（原書 p.93.）
（61）M・ラインスター「時の脇道」一四九ページ（原書 p.70.）
（62）R・ブラッドベリ「日付のない夜と朝」二四四、二六一、二四八ページ（原書 pp.136, 148, 139.）
（63）S・バクスター『タイム・シップ』上、四八、一九五ページ（原書 pp.16, 126.）

(64) M・ジュリ『不安定な時間』九七、三二〇ページ(原書 pp.79, 254.)
(65) 同書二九四ページ(原書 p.232.)
(66) C・L・ムーア「出会いのとき巡りきて」二八九ページ(原書 p.265.)
(67) 小松左京『果しなき流れの果に』三五二、四〇六—四〇九ページ
(68) F. Leiber, *Destiny Times Three*, p.118.
(69) C・プリースト「限りなき夏」六五、九九ページ(原書 pp.4, 24.)
(70) K・ヴォネガット・ジュニア『スローターハウス5』一〇六、四三、三六ページ(原書 pp.77, 27, 21.)
(71) 山田正紀『チョウたちの時間』二二四ページ
(72) J・G・バラード「永遠の一日」一四四—一四五ページ(原書 p.676.)
(73) J・G・バラード『結晶世界』九〇—九一ページ(原書 pp.75-76.)
(74) 同書一一〇、一五八ページ(原書 pp.96, 138.)
(75) 同書一六九、二三二ページ(原書 pp.147, 202-203.)
(76) G・ベンフォード「時空と大河のほとり」四一三ページ(原書 p.227.)
(77) P・K・ディック『逆まわりの世界』一七〇ページ(原書 p.129.)

第2章　タイム・パラドクスと決定論的世界

あらゆる瞬間が、他のあらゆる瞬間とたえず共存しているはずなんだ（略）もしすべてがまるごと存在するなら、時間は静止している。

H・B・パイパー「いまひとたびの」(1)

1　連なる氷河のような世界

時間SFは、しばしば時間に関するシュールな理解を打ち出す。正直、トンデモに思えるほどだ。けれども、その毒気にやられて、話を受け流してはいけない。その異様さの奥には、いくつかのシリアスな関心が潜んでいるからだ。だからまずは、常識的な観念と比較しながら、その時間理解の異様さをクローズアップすることから始めよう。

普通、時はとめどなく流れ去り、常に移り変わるものとして観念される。これは、日常の生を営む者が抱く、ごくありふれたイメージだろう。ところがそこには、なかなかやっかいな問題が潜んでいる。

木々の葉がこぼれ落ち、鳥が彼方から飛来し、魚が川を遡上する。こうした現象から時の推移を感じ取ることは、もちろん可能だろう。けれども、そのときに推移するのは木々の姿であり、鳥や魚の所在である。人が時の推移として観念しているものの内実は、事物の変化であり運動であって、「事象の経過(つまり事象の生起)が時の流れを構成する」[2]。だから、時間なるものが「流れている」というのは、実は奇妙な話だと言っていい[3]。

とはいえ、常識には常識となるだけの理由もある。「時の流れ」という観念は、私たちの生の実情をとらえてもいる。変化や推移を避けられない者にとって、世界は絶えず「流れ去る」ものでしかないからだ。事態の推移を早回しで示す映像を思い起こしてほしい。例えば、ウェルズの孫が監督した『タイム・マシン』(二〇〇二年)には、時間移動のさいに、一つの都市が変化していく長大なシークエンスがある。十九世紀末のノスタルジックな風景はあっと言う間に消え去り、未来都市の摩天楼がたちどころに現れる。あるいは、大惨事で廃墟と化した大地に山河が生まれ、たちまちのうちに草木が成長して、豊かな森が広がっていく。

ここで映画を引きあいに出したのには、わけがある。「流れ去る」時間のイメージは、フィルムの連なりに似ているからだ。さまざまな出来事の状景が、順次映像コマのように通り過ぎていく系列。この類推にもとづきながら、出来事の推移は一つの「流れ」としてイメージされうる。もちろん、大森荘蔵が繰り返し強調したように、実はそれは、記憶として想起された経験の系列であって、「いま現在」において知覚されている生きた経験とは質的に異なるだろう。だとすれば、「今経験の最中の知覚がそっくりそのまま過去の方にずれる」ような関係は想定できない。だから、この想起される過去の系列を逆に展開しても、その流れは現実世界の時間と同じではない[4]。

けれども逆に言えば、過去を想起する意識のうちでは、「流れ」のイメージがリアルだということにもなる。映画『ペイチェック』(二〇〇三年)には、このことを隠喩的に示す映像がある。主人公の意識に、いくつもの記憶がラッシュのように現れては消えるシーン。切れ切れの場面が、閃きのように次々と迫り、遠のいていく。これが、過去の出来事について抱く印象に似ていることは否定できない。つまりそこでは、出来事は常に逃げ去っていき、つかみおくことができないということが、イメージ化されているわけだ。

「時の流れ」のイメージは、ひとまず過去を想起する意識がおのずと思い浮かべる形象だと言っていい。けれどもそれは、過去ばかりでなく、「いま現在」にもあてはめられる。順次遠のいていく状景は、かつては「いま現在」だった事柄にほかならない。だとすれば、「いま現在」も、あらかじめ必ず逃げ去ってしまうものと観念されるのは自然だろう。

このように、時が「流れる」という観念には、打ち消しがたい通用力がある。だからそれは、SFの世界にも当たり前のように登場する。例えば、巨匠R・シルヴァーバーグは、名作『時間線を遡って』（一九六九年）で歴史の経過を時間線 time line ととらえ、タイム・トラヴェルを「時間の風 time-winds に乗る」ことと表現した（彼は「時間層の針」〔一九八三年〕でも、時間は「直線的な流れ[5]」だと綴っている）。また、独特のウィットにあふれるS・レムの『泰平ヨンの航星日記』（一九六四年）でも、「重力渦」による「時間の流れ」の歪みが想定されている[6]。さらには、刺激的な思弁に長けたB・J・ベイリーも、『時間衝突』（一九七三年）という作品で、生物世界は「時間流」に乗っていると綴っている（ただしこれはある種の「エネルギーの流れ[7]」だが）。あるいは、P・アンダースンの「タイム・パトロール」（一九五五年）や、J・フィニイの『ふりだしに戻る』（一九七〇年）、そしてG・ベンフォードの「時空と大河のほとり」（一九八五年）やI・ワトスンの「バビロンの記憶」（一九八五年）では、時が大河の流れに比されている[8]。

それだけではない。あの「早送り」的な「流れ」のイメージは、タイム・トラヴェル小説の草創期からすでにテクストを彩っていた。そもそも、映画『タイム・マシン』のあのシーンの原型は、祖父の小説言語のうちに確認できる[9]。あるいは、R・カミングスの『時間を征服した男』（一九二四年）にも、ニューヨークのビル群が「溶けて」いき、大地や大河のうねりが目まぐるしく変貌していく推移が、ヴィヴィッドに描かれている[10]。しかし、極め付きはR・ブラッドベリの「雷のような音」（一九五二年）の一節だろう。そこでは、過去にさかのぼっていくとき、「時間は巻き戻されるフィルムのようだった」と語られている。そして、L・ジョーンズの『レンズの眼』（一九六八年）でも、時間は映画のフィルムに喩えられている[11]。

常識的な時間イメージは、こういったものだ。しかし、時間ＳＦにはこれとはまったく違う異様な時間理解がしばしば登場する。そのなかでもっとも「非常識」なのは、過去・現在・未来が共存する時間世界のイメージだろう。冒頭で引いた「いまひとたびの」（一九四七年）の一節は、その典型と言っていい。そこに示されているのは、すべての出来事が凍り付き、静止的に広がる氷河のような連なりである。

確かにそれは、トンデモに思える。けれども、この想定がシュールな空想だとしても、その空想から膨らんでいく仮構的な出来事や体験が、物語として無意味だということにはならない。これは、しばしばＳＦを読むときに欠かせないことなのだけれど、反発や嫌悪をいったんは括弧にくくって、しなやかな感覚でテクストと戯れてみる必要があるということだ。

そこで、ひとまず問題の時間イメージの要点を踏まえることにしよう。ポイントは、大きく分けて二つある。一つは、「いま現在」と並んで、過去や未来も連続的な広がりのうちに在るとされている点だ。実はこの異様な想定の背景には、物語構成の事情がある。タイム・トラヴェルの物語は、現在を生きる者が、過去や未来にアクセスできる状況を描き出す。こうした物語構成をとるかぎり、過去や未来が現在と「隣りあわせ[12]」に存在しているという理解がどうしても必要となる。それは、Ｋ・ヴォネガット・ジュニアのテクストでも明言されている。「あらゆる瞬間は、過去、現在、未来を問わず、常に存在してきたのだし、常に存在し続けるのである[13]」

この理解は、しばしばアインシュタインの相対性理論に由来するものとされる。例えば、Ｐ・Ｓ・ミラーの「時の砂」（一九三七年）で恐竜時代にトラヴェルした男は言う。「あなたは、アインシュタインの宇宙像をご存知でしょう……空間と時間は、ある種の四次元的連続体 four-dimensional continuum として繋がりあっており[14]（略）」。この手の理解は時間ＳＦではお定まりとも言えるもので、『時間を征服した男』、Ｒ・Ａ・ハインラインの「時の門」（一九四一年）、そしてＪ・ウィンダムの「時間の縫い目」（一九六一年）や『時間衝突』など、数多くの作品で反復されている[15]。

けれども、こうした理解の源が、アインシュタインにあるかどうかについては、大いに疑問がある。序章で紹介した『タイム・マシン』の主人公の説明を思い起こしてほしい。そこにはすでに、問題の時間イメージとうり二つのものが語られている。しかし『タイム・マシン』は、アインシュタインが特殊相対性理論を発表する十年前に刊行されたものだ。つまり、問題の理解は相対性理論に由来するとは言えない。実際、『時間を征服した男』では、それは相対性理論が公けになる「だいぶ以前から[16]」知られていたと語られている。

むしろそれは、当時の数学的な知見に由来するようだ。三次元の座標空間に、ほかの軸と対等なものとして時間という次元を追加し、「四次元的連続体」をダイアグラム的にイメージすること。こうした数学的想念は、すでに十九世紀の末から公にされていた。実際、『タイム・マシン』はこの理解が「四次元幾何学」の成果だと語っているし、ウェルズは別の著作でそれが「数理物理学の認識[17]」に由来するものだとも記している。[18] あるいは、冒頭に引用した「いまひとたびの」は、J・W・ダンの *An Experiment with Time* に言及している。この著作は記憶を軸としてユニークな時間論を展開したものだけれど、そこにはC・H・ヒントンという数学者の *What is the Fourth Dimension* の紹介がある。[19] ヒントンの著作は、『タイム・マシン』の十一年前に発表されたものだが、幾何学を中心とした数学的な議論を展開し、「かつて存在したすべて、そしてこれから共存することになるすべて[20]」を、「四次元存在」として「想定」している。やはり問題の時間イメージの大本は、十九世紀末の数学的な知見にあると言うべきだろう。

それは、生起する事象を四次元的空間の座標として表現している点で、「ミンコフスキー時空 Minkowski space-time[21]」に似ている。ミンコフスキーの整理は、よく知られているように、アインシュタインの理論への一つの解釈にほかならない。この点からすれば、多くの作品がアインシュタインの名を持ち出すのもわからないではない。けれども、少なくとも時空を四次元的な関連として整理したのは、ミンコフスキーが先である。[22] だからやっぱり、問題の時間イメージをアインシュタインに帰するのは正確ではない。

ところで、ミンコフスキー的な「四次元連続体」の一つのポイントは、時間の次元を三次元の空間座標に合体させ、四次元のダイアグラムとして時空を表象することにある。ここでもっとも重要なのは、合体される時間の次元がほかの三次元と対等なものとして位置づけられている点だろう。[23]言い換えれば、「時間と空間のある意味での融合[24]」が想定されているということだ。こうした理解は、『時間を征服した男』にもはっきりと確認できる。「われわれは時間が空間の一属性であることを知っている[25]」。座標空間、そしてダイアグラム。それはまちがいなく、時間を空間の理解に取り込む言説だと言っていい。

そこで、第二のポイントが浮かび上がってくる。観念的に想定された座標空間の一次元として表現されるかぎり、時間はもはや「流れ去る」動的なものではなく、座標上の位置の関係になる。こうした理解は、space-time theory[26]とも呼ばれるのだけれど、その含意をはっきりさせるために、「空間的時間論」という訳語を当ててもいいだろう。つまり、あのシュールな時間イメージでは、時は「空間化[27]」され、静止的な配置として観念されているのだ。このことを端的に語っているのは、『ふりだしに戻る』に登場するダンジガー博士だろう。「われわれはオールなしで曲がりくねった川を漂流するボートに乗っているようなものだ（略）背後に去ったカーヴや曲がり角の向こうの過去を見ることはできない。だが過去は現にそこにある[28]」

注意されたい。時間は川の流れではなく、次々と目にする景色に喩えられ、常にそこにある空間的配備と見なされている。「いまひとたびの」はこのことを語っていたのだ。ヴォネガットにしたがって、「ロッキー山脈を眺めるのと同じように、あらゆる異なる瞬間を一望のうちにおさめる[29]」と言ってもいい。そこでは時間は、移りゆく我々に次々と近づいてくる環界であり、順次遠のいていく状景である。G・ベンフォードの『タイムスケープ』（一九八〇年）に登場する、「悲しいかな、時は留まり、我々が進む[30]」という詩句も想起される。

氷河のように出来事が延々と広がる時間世界。「凍結」した「静的四次元マトリクス[31]」。この世界のなかにある人間を、ヴォネガットは、「琥珀に閉じ込められた昆虫[32]」に喩えた。まさに言いえて妙だろう。昆虫を閉じ込めている琥珀は、地層の下で昆虫の過去を凍り付かせ、その時を停止させているのだから。けれどもそうであるなら、昆虫と同様に人間たちも、琥珀ならぬ氷河のような出来事の広がりに押し込められ、その動きを固められていることになる。実際、いくつかの作品では、時間は不変のもの、あるいは不動のものとされている[33]。そう、まちがいなくそれは、決定論的な世界なのである。

ここには一つの逆説があるように思える。前章でも触れたように、タイム・トラヴェルの物語には、「いまここ」の縛りから解き放たれ、別の世界へ飛翔することの魅力を描き出す傾向がある。遠い過去のリアルな存在感を求め、憧れの歴史的状景を実見するのをめざす。あるいは、まだ見ぬ未来を洞見し、想像を絶する驚異の体感を希求する。そこには、人間を縛っている時空の網目を断ち切り、存在する時と場所を自ら切り替える自由の称揚がある。例えばＪ・フィニイは、過去の甘い郷愁に誘われながら、「いま現在」の現実感が遠ざかり、氷解していくことに、一つの解放感を見いだしている[34]。いやそもそも『タイム・マシン』にも、計り知れぬ未来を見ようとする「好奇心」の、「熱っぽい陽気さ」が漂っている。ところがどうだろう。時間ＳＦには、こうした自由の称揚とは真っ向から対立する、決定論的な時間世界が数多く見られる。そして場合によっては、この拮抗しあう二つの要素が、一つの作品のうちに並存する。

「時間を制覇する自由に見えるこの事態は、逆説的なことに、純粋な自由を一切閉め出すことになる」[35]。これは、注目すべきＳＦ研究を発表したＥ・ゴメルの整理である。おそらくは、この逆説は時間ＳＦについて考えるときに、はずしてはならない問題なのだろう。いや、それだけではない。彼女が、ポストモダンと時間ＳＦの関連を探求していることを踏まえるなら、この問題は、いま現在の文化意識の状況とつながっているのかもしれない。自由から拘束への存在状態の反転、未然から完了へのテンスの転換。この奇妙な捩れの背景と理由を探っていくと、時間ＳＦと現代との接点が見えてくるのではないだろうか。

2　愛による過去の改変——パラドクスの浮上

まずは、時間に対する途方もない自由を求める物語に目を向けよう。もちろん、焦点となるのは「過去改変型」のパターンだ。そのなかでも、この目的と願望をもっとも鮮烈に描き出しているのは、愛する者を救出し、取り戻すために過去を改変する物語だろう。

こうした物語には、時間の壁を溶かそうとする愛の甘さとともに、直面する困難からくるほろ苦い味わいがある。例えば、『ふりだしに戻る』のサイは、一八八二年冬のニューヨークにタイム・トラヴェルし、ダコタ・アパートの娘に魅せられてしまう。そのきらめくようなほほ笑みが彼の心をとらえたのだ。けれども、ジュリアには婚約者がいた。彼女のアパートに住む市職員ジェイクである。実は彼は、ある財産家への恐喝という悪事をはたらいていた。サイは、ジェイクが身を滅ぼしたあとの彼女の不幸について、真剣に思い悩む。(36) そして、何度も逡巡したすえに、ついに二人の婚約を破談にし、ジュリアを人生の悲劇から救おうと決心する。遥か未来の世界から割り込んできた「部外者」であるにもかかわらず。

愛に駆られた過去への干渉はいかにもドラマティックだが、『ふりだしに戻る』には、この干渉の資格と責任を問うくだりがある。たとえジュリアへの愛が本物でも、しょせんサイは、もとの時間世界に戻らざるをえない身なのだから。(37) これに対して、こうした逡巡や懐疑を脇にやり、過去の世界での愛を燃え立たせる物語もある。R・マシスンの『ある日どこかで』（一九九二年）などはその典型だろう。治癒不能な脳腫瘍が見つかり、さまようようにサンディエゴのホテルに泊まるリチャード。悶々とした夜をすごした翌日、彼はなにげなく足を踏み入れた展示スペースで、古の女優の写真に目をとめる。比類なき輝きをたたえた愛らしいエリーズ。その「優しく誠実で甘美な表情」に、彼は即座に心を奪われた。

さらに彼は、別の写真を見たときに、一つの使命感にとらえられる。「魂がひとかけらも残っていない」、悲哀に貫かれた表情。そして空虚を映す生気のない瞳[38]。リチャードは、エリーズを深い悲しみから救うために、彼女がかつてホテルに滞在していたときに赴こうと決意する。ある劇作家の時間論に導かれ、彼は一八九六年のコロナード・ホテルにいるという自己暗示を延々と繰り返した。そしてついに「時間転移 transition」に成功し、過去の世界へと「流されていく」。

サイとリチャードの時間旅行は、いずれも愛する人を救うために時間をさかのぼり、「歴史の書きかえ changing」[39]に挑む試みだ。物語は、明らかにこの改変の願望を焦点としている。けれども、こうした熱き思いは、しばしば大いなる困難に直面する。過去を改変する試みは、凍り付いた時間の壁によって跳ね返されてしまうのだ。こうした困難を強烈な形で描いているのは、梶尾真治の『クロノス・ジョウンターの伝説』(一九九九年)である。

これから恋が始まろうとしたときに、吹原和彦は思いを寄せていた来美子を失う。タンクローリーが彼女のフラワーショップに突っ込み、爆発・炎上したのだ。陰惨な現場の近くで、彼は来美子に贈った銀のブローチを見つける。それは無惨にも、半ば溶けてしまっていた[40]。和彦は、職場で開発中だった「物質過去射出機」を使って事故直前に跳び、彼女を救おうとする。彼は、真っ白い光をくぐり抜け、事故の四十四分前にたどりつく。そして、脱兎のごとく来美子の店へ走り込み、すぐに逃げろと彼女を説得した。しかし、「ぼくを信じて!」と叫ぶ彼の体に、異様な変調が起きる。身の奥の深みごと、どこかに引っ張られるような感覚。彼は、虚無を突き抜け、職場の実験室に引き戻された。

和彦は諦めなかった。今度は事故を報じた新聞を握り締め、一度目の直後の時間に跳ぶ。もちろん、未来の新聞を見せられた来美子は驚き、戸惑う。言葉に窮した和彦は、「時間を跳ぶ機械を造っている」ことを打ち明ける。だがまた、あの「時間流の重圧」が彼を未来へと跳ね返してしまう[41]。愛の熱は、またしても過去の氷壁を溶かせなかった。

過去の改変は「自然の法則」への反逆であり、だから「時の神《クロノス》」(42)によって頑強に拒まれるということなのだろう。和彦は、三度目の挑戦でも、「私、和彦さんを信じる」と言う来美子を置き去りにして、未来へと引き戻される。氷河に固められた過去の悲劇。それをなきものにしようとする試みは、時間世界を統べる神に反逆し、愛をめざす個の自由を実現しようとする暴挙なのだ。

確かに、この物語の結末には和彦の自由の成就が暗示されている。何と五十六年後、彼が四度目のジャンプをしたとき、クロノス・ジョウンターのそばには小さく光るものが転がっていた。半ば溶けていたあの銀の塊。それが、ゆっくりともとのブローチに戻っていったのである。しかし、この自由がクロノスの掟に反する「不自然」であることを、作品は隠そうとはしていない。物語は、一人の男の真っすぐな愛の熱を浮き彫りにするために、この「不自然さ」からくる困難をむしろ際立たせている。

実はそこには、過去改変のストーリーが避けがたく抱え込む、物語構成の裂け目がある。一方で改変する自由が熱っぽく綴られると同時に、他方では時の「自然法則」に反逆する困難も強調されるという緊張関係。一貫性の問題を考えると、それは作品のまとまりを崩すことにもなりかねない。もちろん、愛による改変の物語の多くは、むしろこの緊張を糧として、スリリングな魅力を成り立たせてはいる。けれども、時間SFがscienceという冠を戴く以上、この問題がテーマ化されるのも理の当然だろう。過去の改変ははたしてありうることなのか、そしてそれを想定する時間理解はどれだけ説得的なのか。この理論的とも言える問題が、おのずと浮上してくる。

3　タイム・パラドクスとhappen twice論

時間SFには、過去の改変からくる不合理と矛盾を、一つの不思議として提示するものがある。「祖父殺しのパラドクス」を問題にする物語は、その一つの代表だろう。ただし、このネタの出自についてはあまり知られていないように思う。時間SFに関する大著をものしたP・J・ネイヒンによれば、トラヴェラーが祖父を殺す物語でもっとも古いのは、一九三四年に発表されたR・A・パーマーの *The Time Tragedy* のようだ(43)。

このパラドクスの不合理と矛盾については、ことさら説明するまでもないだろう。要するに問題は、祖父殺しという行為が、その行為の前提となるトラヴェラーの存在を否定してしまう点にある。つまりそれは、論理的に成り立ちえない話なのだ。この点は、初期のSFファンの強く意識するところだった。タイム・トラヴェルものが台頭し始めた当時、一部のファンは、このパラドクスを指摘しながら作品に疑いを向けたのである(44)。

作品自体のなかでも、この不合理と矛盾は繰り返し問題にされてきた。第1章で紹介したアシモフの『永遠の終わり』（一九五五年）をはじめ、P・S・ミラーの「時の砂」、J・ウィンダムの「クロノクラズム」（一九五三年）、P・アンダースンの『タイム・パトロール』（一九六〇年）、M・ラインスターの『タイム・トンネル』（一九六七年）、などなど。とはいえ、理屈としてオカシイということは、必ずしも作品を拒絶する理由とはならない。実際には、問題の不合理と矛盾が、むしろ興味の対象となってきたとも言える。パラドクスの問題を踏まえながらも、人々は物語の奇妙さと混乱自体がもたらす sense of wonder に、常に引き寄せられてきたのだ。

前振りはこのへんにして、本題に入ることにしよう。実は、過去改変の問題を考えるときに、「祖父殺しのパラドクス」に焦点をあてるのはあまり適切ではない。このパラドクスを焦点にすると、トラヴェラーの存在が抹消されたり、人々の命が奪われる悲劇とかに目がいってしまう。けれどもすでに触れたように、そのパラドクスたるゆえんは、影響の悲惨さではなく、論理的な不合理と矛盾にある。だから、人の生き死にに関係がないごく些細な改変だとしても、問題の本質に変わりはないのだ。

例えば、R・ブラッドベリの「雷のような音」（一九五二年）では、トラヴェラーが一匹の生物について改変を引き起こしてしまう。恐竜時代にトラヴェルした主人公は、ガイドの厳命にもかかわらず、恐怖のあまり予定の道をはずれて蝶を踏み潰したのだ(45)。この些細な改変が、未来に奇妙なスペルの言葉をもたらす事態は、文字どおり「バタフライ・エフェクト」と呼ぶべきものではある。とはいえ、その変容はあくまで微妙なものにすぎない。

あるいは、シルヴァーバーグの「時間層の針」では、恨みがましい旧友によって、妻と結ばれた過去を消去されてしまう男の話が展開されている。飼い猫の名前の記憶が怪しくなり、新たな猫までが登場する。そして、親友が自分のことを忘れ、その結婚相手も変わってしまう(46)。

そこに重大な惨劇はない。けれども、重大な不合理と矛盾があることに変わりはない。タイム・パラドクスの核心は、過去の出来事について、「あった」と「なかった」、あるいは「かくあった」と「別様にあった」が、並立することの不合理ないしは矛盾にある(47)。過去改変の「不可思議」を主題とする作品が問題にしているのは、この点なのだ。ただし物語のなかでは、些細な改変ならさしたる影響はないとされ、しばしば問題が曖昧化されたりする。この点は、タイム・パラドクスの根本をとらえそこねることになりかねないので、要注意だろう。

例えば『ふりだしに戻る』。サイのトラヴェルには、「過去の事実にはいかなる干渉も許されない」という条件が付けられていた。にもかかわらず、過去への訪問が成功して以降は、大河に落ちた一本の小枝で歴史は変わらない、という理解がストーリーを支配していく。この「川のなかの小枝」理論(48)は、過去改変の矛盾を棚上げしていると言わざるをえない。

あるいは、別のパターンの曖昧化もある。それは、『タイム・パトロール』のように、過去の改変を監視し、時間世界の攪乱を防ぐという話である。タイム・パトロールが、矛盾を生んだ事実と存在を「抹消することによって矯正をはかる(49)」というわけだ。確かに、矛盾した事態の排除が徹底されるなら、現在の状態が揺らぐことはないだろう。けれども本当の問題は、過去の改変が論理的にありえない事態を成り立たせるという点にある。歴史を変えた行動や出来事が抹消されるにせよ、その矯正自体が、「あった」と「なかった」の矛盾をさらに生み出してしまう。つまり矯正とは、問題を増幅するものでしかないのだ。

むしろ注目すべきは、過去の改変をめぐる不可思議な事態を、妨げや抑制なしに提示する作品だろう。改変を想定する物語の難点を明らかにするには、まずは過去改変の不合理と矛盾を正面からとらえておく必要があるからだ。この点で真っ先に目を向けるべきは、『時間線を遡って』である。この作品のなかでシルヴァーバーグは、過去への時間旅行が引き起こすパラドクスをいくつも開陳している。

お堅い事務仕事に辟易とし、「ニューワー・ヨーク」のアンダーグラウンドにさまよい込んだジャッド。彼は、意気投合したサムに導かれて、「時間サーヴィス公社」の仕事につく。それは、往古の文化に触れ、歴史的事件を目の当たりにするツアーのガイドだった。物語は、時間航行や過去の改変がたやすく実現される状況を設定している。けれどもそれは、「潜在的パラドクス」と言うべきパンドラの箱を開けることにもなった。ジャッドは講習で、旅行者がマホメットを暗殺すると、歴史からイスラム文化も十字軍も消えてしまうと聞かされる。あるいはまた、精神錯乱者がキリストを毒殺するという暴挙があったことも紹介される。[50]

確かにそれは、真逆への反転とも言えるような、決定的なパラドクスに違いない。ただし、事の大きさに惑わされて、問題のポイントをつかみそこねてはいけない。タイム・パラドクスとは、現在を生きる者たちにとっての不都合や悲劇、あるいはたんなる「歴史変調《クロノクラズム》」[51]による混乱ではない。繰り返しになるけれども、それは論理的に両立不可能な事態であって、歴史と時間世界の根本的な「分裂破壊」につながりかねないものなのだ。

物語には、この破滅と危険のにおいが漂っている。確かに、ここでも時間パトロールが想定されてはいるが、ジャッドの同僚たちは、掟破りのダーティーな美学をむしろ誇りとしている。過去から民芸品を分捕ってくる者、古銭の売買や過去時間の女との情事を繰り返す者。しかし極め付きは、系図をたどるように自分の先祖の女をやり倒していくメタクサスだろう[52]。自分と同じ顔形の女たち。無限の彼方へと続くその列を串刺しにして、彼は時間の世界を制覇しようとする。「神の目玉に指を突っ込め！」と悪態をつく彼の欲望は、時の秩序を足蹴にしようとする「虚無主義」に彩られている。

ここに描かれているのは、過去改変に否応なくつきまとう、時間世界崩壊の可能性だと言っていい。そして、自らその危険な深淵に飛び込もうとするさいのエロスには、自己破滅への傾きがあるように見える。この点では、カピストラーノという同僚のどす黒い求めがもっともすさまじい。何と彼は、自分の先祖を一人また一人とたどり、殺していたのだ。何人ものトラヴェラーが「過去を変えるもっとも面白い自滅的な方法 self-destructive way」を模索している状況。そこには、個々の人間の「自己抹殺」だけでなく、時間世界全体が自壊する危険が暗示されている[53]。

『時間線を遡って』には、過去改変によって時間世界そのものが崩壊する危険が胚胎している。とはいえ、時間そのもの、あるいは歴史が崩壊し霧消する現実を想定するのは、無理筋にも思える。だから物語は、そもそも過去改変など可能なのか、という疑問を否応なく喚起する。そしてまた、そこで前提されている時間理解についても、当然疑いが浮上してくる。けれども『時間線を遡って』は、この疑問に答えようとはしていない。その主眼が、過去改変をめぐる「不思議」を示すことにあるからだ。ただしそこには、問題を浮き彫りにするエピソードが潜んではいる。

物語は、さまざまなパラドクスに言及している。例えば、トラヴェラーが過去で会った友人が、自分を知らない「別人」になっている「不連続パラドクス」。あるいは、過去の「自分自身」と対面してしまう「重複パラドクス」。ただしこれらは、奇妙な事態ではあるけれども、パラドクスというほどのことではない。しかし残りのもう一つ、「時間累積パラドクス the Paradox of Temporal Accumulation」[54]には、重大な問題が潜んでいる。

物語のなかのツアーは、人気の事件や出来事については、何度も繰り返し催される。そしてその結果として、ある奇妙なことが起こるとされる。同じツアーを反復するガイドは、前にきたときの「自分」を目にするのだ。つまり、特定の事件の現場には、ツアーの回数分だけガイドの姿が積み重なっていくというわけである。同じことは、ツアーに参加した客についても言える。だから、キリストが磔にされるゴルゴダの丘には、時間旅行者が群れをなしてひしめきあう[55]。

ここで問題なのは、同じガイドの姿が順次「累積」していくという点だ。物語では、ガイドは繰り返し同じ時点にトラヴェルすると想定されている。しかし、到着時点が同一なら、トラヴェルするごとに状況が違うというのは不合理だろう。すべての回のガイドが、一つの時点に到着するのであれば、むしろ「最初」の回から、「将来」のすべての回の「自分」がすでに居合わせていなければならない。つまり、ガイドがそのつど増えていくという時の経緯はありえないのだ。

「累積」を想定する物語は、トラヴェラーがなす歴史改変を、すでに一度起きた事象の「書き換え」または「上書き」と理解している。実際、物語にはこのことを裏打ちするエピソードがある。ジャッドは、ビザンチンの十字軍を観るツアーをガイドしていた。そのとき、軍を指揮する武将に憧れていた女性客が、兵士の隊列に向かって突進する。そして、警護の騎士の刃で体を真っ二つにされてしまう。しかしジャッドは、素早く二分前にジャンプし、行進に見入る自分の姿を尻目に、彼女の体を両の手で押さえて「動くんじゃない[56]」と一喝した。そう、過去の事実の改変によって、彼は一度起きた事件をなかったことにしたのだ。

それは、一度目の経緯のやり直し、「繰り返し」における改変と理解されている。しかし、同じ一つの歴史のなかで「繰り返し」や「リプレイ」はありえない。「過去の改変というのは（略）単一の時間線として成り立つ世界においては、論理的に不可能なのである[57]」。確かに、語りの推移のなかでは、同じ時点の出来事が二度三度と叙述されうる。けれども、歴史的な時間のなかの事実は一度しか生起しない。つまり、歴史のやり直しを想定する理解は、綴られるテクストの時間の推移を、客観的な時間のありようと取り違える錯誤だと言っていい。

もちろんそれは、過去改変の物語が破綻しているということではない。むしろ、ある意味ではまったく逆だろう。女が怪しげな動きをすると、もう一人のジャッドが制止した、というのではほとんどドラマにならない。そもそも、物語の読み手は、話に疑問があったとしても、「ひとまずそうだとしよう」と鷹揚に構え、そこからの展開を受け入れるものだ。だから、不合理や矛盾があるからといって、物語に価値がないと即断すべきではない。とはいえ他方で、この不合理が自覚され、論理的に問題とされるのも当然のことだろう。それは、タイム・パラドクスをめぐる認識の転換、ひいては作品が前提とする時間理解のとらえ直しをうながすことになる。では、時間理解はどのようにとらえ直され、転換されることになるのか？　そしてそれは、どんな構成の物語を構想することにつながるのか。

過去の改変という不合理を排する時間理解。それは、過去の時間世界を、すべてのタイム・トラヴェルがすでに織り込まれた、一度だけのものと想定する。歴史世界には、「上書き」も「やり直し」もないということだ。ただし、誤解しやすいので注意してほしい。それは、過去への介入は不可能で、トラヴェラーは歴史の観察しかできなくなる、という話ではない。トラヴェラーによる歴史への介入は想定される。けれども、その介入がなされた時間世界が唯一の歴史であって、介入がなかった歴史は存在しないということだ。

例えば、ケネディ暗殺の回避というのを考えてみよう。これは、時間SFが好むモチーフだけれども[58]、かりにトラヴェラーが暗殺を企てた者（たち）を未然に取り押さえるとしても、必ずしも改変や矛盾は生じない。確かに、ケネディが暗殺されなかったら、彼が再選され、ジョンソンやニクソンの大統領就任がなくなることもありうるだろう。けれどもこの前提のもとでは、時間世界にはこの経緯しかないのであって、ジョンソンによるベトナムへの積極介入やウォーターゲイト事件ははじめから存在しないのだ。そこには、一度成り立った歴史が改変されるという事態はない。

ただし、時間世界が単一でないと想定する場合には、話は違ってくる。つまり、過去へのトラヴェルを、そっくりな別の時間世界（並行世界）へのジャンプと理解するなら、ケネディが暗殺を免れた歴史が、私たちの知る歴史とは別に成り立つことになるだろう。けれどもそのときには、「あった」と「なかった」は、それぞれ別の時間世界での事象であって、そもそもパラドクスは生じない。L・ニーヴンは、こうした「多時間の理論 the theory of multiple time tracks[59]」によってパラドクスを回避する手法について論評しているが、この点は第3章で詳しく扱うので、ここではこのくらいにしておこう。

もう一つ、改変のパラドクスがありえないパターンを紹介しておこう。それは、記憶世界としての過去にジャンプしていく物語だ。例えば、A・ベスターの「マホメットを殺した男たち」（一九五八年）では、複数のトラヴェラーが別々の時点でマホメットを殺していたことが発覚する。けれども、各人が経験した過去は、個人的な記憶の連続体でしかなく、「同じボールに入れられた沢山のスパゲッティ[60]」のようなものだとされている。これは結局、トラヴェラーにとっては「客観的な時間」などないという話なので、ここでは考慮する必要はないだろう。

トラヴェラーによる歴史への介入がなされたとしても、必ずしも時間世界に矛盾は生まれない。Ｉ・ノヴィコフが論じたように、その場合でも物理学の「自己整合性原理 the principle of self-consistency」[61]にしたがって、歴史が一つの整合的な全体であることを想定できる。その場合の歴史とは、トラヴェラーによる介入が「常に、すでに」織り込まれた、ただ一つの経過なのである。こうした理解は、「歴史改変型」とは真逆のストーリー構成を引き寄せる。それは、あの『クロノス・ジョウンターの伝説』を例にとると、わかりやすいだろう。論理的に考えるなら、来美子を逃がそうとした和彦は、過去をやり直したのではない。タンクローリーが衝突する前に、彼はすでに彼女を説得していたはずであり、過去ははじめからこの介入を織り込みずみのものとして生起していたのだ。そして、来美子が実際に救い出されたのなら、あの銀のブローチは、一度も溶けることなく彼女の胸で光っていなければならない。

過去への介入から生じるパラドクス。その前提には、問題の介入を、誤ってやり直しによる「書き換え」ととらえる思考がある。つまりそれは、「同じ」時点の再現 happen twice を想定することに由来する、[62]一つの擬似問題《シャイン・プロブレーム》なのだ。科学の名を冠するジャンルが、この思考に安住できないのは言うまでもない。かくて、だいたい一九六〇年あたりを境に、歴史への介入を織り込んだ、ただ一度の過去世界を描く物語が、数多く出現することになる。

もちろん、こうした新たな物語群は、時間についての理論的な関心だけで成り立っているわけではない。むしろ、時間に関するこの科学的関心は、新たな想像的刺激と物語の魅力に通じていたために、決定的な旋回軸となったのだ。では、この想像的刺激と物語の魅力とはどんなものなのだろうか。

新たな物語構成は、過去の時間世界を、タイム・トラヴェルによる介入がすでに織り込まれたものとして描き出す。するとそこには、不可避的に奇妙な事態が成り立つ。例えば、和彦の介入が、はじめから過去の事実の推移に織り込まれていたと考えよう。そうだとすれば、和彦の過去へのジャンプは、彼が事故現場を目の当たりにしたとき、すでに既定の事実だったことになる。ある時点から見た未来のタイム・トラヴェルが、同じ時点から見た過去の事実とセットになって、動かしえない「既定」のものとなる！　あるいは、介入がなされた過去の時点から、トラヴェルがなされる未来の時点までの経緯が、「すでに確定した」過程としてある！　出来事の時間的な順序の捩れ、経緯をめぐる因果関係の換骨奪胎、そして行動を選択する自由意思の雲散霧消。ここには、あの決定論のにおいが漂っている。「タイム・トラヴェルは、決定論的な時間構造を必然的に想定する[63]」

　そこには、過去改変の「驚異」を突き付ける物語とは別の、新たな「不思議」が潜んでいる。時間理解の刷新をめざした作品群は、この異質な「不思議」と、その刺激的な魅力を追求するものなのだ。実は、『ある日どこかで』にも、この特徴は見られる。物語は、ひとまず過去の改変に向かうような体裁をとるが、実は半ばを過ぎたところで予想を覆すエピソードを語り出す。リチャードは、時間遡行について半信半疑になり、自分がトラヴェルした証しがあればとホテルの資料をあさる。すると何と、七十五年前の宿泊者名簿に、紛れもない自分の署名を発見したのである[64]。未だ実行されていないタイム・トラヴェルが、遠い過去の既定の事実となっているという「不思議」。

　物語は、エリーズの写真に刻まれた深い哀しみも、動かしえないものだったことを確認している。リチャードは、エリーズと心をかよわせたあとに、ふとしたミスで現在に引き戻され、彼女をあの悲しみのなかに置き去りにしてしまう。「もはや誰も資料の記述を変更することはない。（略）しょせん、歴史を変えることは無理だったのだ[65]」。リチャードの愛の冒険は、ひたすら既定の進路をなぞるように、定めの円環を描いている。物語は、こうした「不思議」を描き出すことで、「歴史改変型」とは別の驚きへと読者を誘っている。

　サンドラ・ブロック主演の『シャッフル』（二〇〇七年）も、同様の驚きを喚起する。主人公の夫は、交通事故で悲惨な死を遂げる。その知らせを聞き、失意のうちに眠ったときから、彼女の時間は狂い始める。事故の日を挟む七日間が、シャッフルして展開されたのである。このことに気づいた彼女は、ついにやってきた事故の日に、彼の行動を変えようとする。夫の車を追いかけ、携帯を使って彼に危険を訴えたのだ。けれども、彼女の説得で夫が車をUターンさせたところに、タンクローリーが突っ込んでしまう。タイム・スリップした彼女の介入は、過去の既定の事実のうちに、すでに動かぬものとして織り込まれていたのだ。

　こうした作品群が仮構する新たな「不思議」と「驚異」。そこには、読み手を惹き付ける、また別の想像的価値があるのだろう。おのずと関心は、この想像的価値の問題に向けられることになる。けれども、そのためには、決定論的な物語の実状をもう少し掘り下げておくほうがいいだろう。

4　決定論的な時間世界――時間旅行者をとらえる不可避の円環

　まずは、過去の改変という枠組みからの脱却を、直接の主題とした物語を踏まえておこう。過去にトラヴェルした者が、歴史のなかにすでに自分たちの介入が織り込まれていたことを発見する、というパターンだ。少々軽めのものだけれど、M・ラインスターの『タイム・トンネル』（一九六七年）は、この点を明快に示している。

　アメリカ政府は、時間移動の極秘プロジェクトを進めていた。そのメンバーであるトニーは、議会に対する懐柔策を担当する。だが、実験場を視察にきた上院議員は、タイム・パラドクスを持ち出してプロジェクトの中止を主張する。業を煮やしたトニーは、時間移動の現実を見せつけようと、実験途中の航時装置で過去にトラヴェルしてしまう。彼がジャンプした先は、一八八九年のペンシルヴァニアだった。ところが彼は、現在との交信を通じて、自分のいる町が数時間後に大洪水にのまれることを知らされる。五千人の死者を出した大水害。そのときトニーは、目の前で多くの人々が死んでいくのを放ってはおけないと考える。

　しかし、彼は一つの難問を抱え込む。「起こるはずの事件を変化させれば、彼のやってきた未来も変化するかもしれない」[66]。そして、あの上院議員がしゃしゃり出て、「何もするな」と恫喝する。明らかに物語は、タイム・パラドクスという壁をトニーの前に屹立させている。けれども彼は、意を決して川の流れを変えようとし、馬を走らせ警告の叫びを響かせる。ところが、洪水は記録のとおりに起きてしまう。トニーは、あとから時間移動してきた同僚の力を借りて逃げた。ただし二人は、恐ろしき濁流を前にして一人の少女を救い出す。たった一人の人間の救命。貴重だが、しかしほんの些細な過去への介入。

　ところが、それはパラドクスを生みはしなかった。助けられた少女は、あの上院議員の祖母だったのである。彼は、祖母を奇妙な服装の男たちが助けた事実を明かす。しかしそうであるなら、トニーたちの介入はトラヴェルする前から既定の事実だったことになる。上院議員の存在は、祖母の救出という過去を前提としているのだから。物語は、パラドクスの壁を真正面から打ち砕いていると言っていい。トニーは、上院議員にこう断言する。「われわれがやったことは、一八八九年の出来事であり、その結果は、あなたをも含めて八九年に起こった事件がもたらした、まったく正常な結果であるわけです[67]」。タイム・トラヴェルは過去を改変しない。それは、すでに既定の事実として歴史にビルト・インされていたのである。

　新たな時間理解に立った物語は、トラヴェルに赴く遥か前の時点に、その痕跡がすでに埋め込まれている歴史を描き出す。しかしそうなると、もう一つの「不思議」も浮かび上がる。すなわち、逆に過去から見た場合には、未来（現在）におけるタイム・トラヴェルが既定の前提になっているという点だ。そして、その出来事に関係していく経緯も確定しているという「不思議」。このことを、やや怪しげなムードを漂わせながら語るのは、P・アンダースンの『時の歩廊』（一九六五年）だろう。

　物語は、悠久の古代にまでさかのぼり、時間世界の支配をめざして画策しあう「監理者《ウォードン》」と「巡察者《レインジャー》」の闘いを描いている。主人公のマルカムは、ウォードンの「女王」であるストームにうながされ、「時間門」を利用した戦闘に加わることになる。そのとき彼は、ストームに素朴な質問をぶつけた。「あなたがたは過去を変えているというのか」、と。すると彼女は「そんなことは不可能だわ」「時は不変なのよ」と答える。タイム・トラヴェルは、動かしえない時の経緯に埋め込まれている。「かつてそうあったことは、常にそうある。われわれ時間旅行者も、結局はその織目の一つにすぎない[68]」

　マルカムは、北欧の村で敵に捕らえられたとき、初めてこの真実に気づかされる。敵の頭目ブランが、彼に思いもよらぬことを告げたのだ。お前たちが隠れている「時空域」を教えたのは、自分たちの時代にやってきたお前自身だ、と。[69]物語の展開は、この奇妙な断言が真実だったことを示す。マルカムは、敵をおびき出すために未来に赴いてブランに会い、ストームらの居所を漏らしたのだ。未来での出来事が、過去の時点で確定的なものとして告げられるという「不思議」。ウォードンの仲間は、マルカムが決定論的な世界に巻き込まれていることをほのめかしている。

きみが彼〔ブラン〕に会うだろうことは、既知の事実だからな（略）それ以上は教えないほうがいい。変えようのないドラマのなかの操り人形だということを強調しすぎるのは、君にとってハンディキャップだ。[70]

マルカムは、奇妙な「運命感」[71]に駆られながら計画を遂行した。しかし、事後に彼は、ストームの「時間戦争」が無垢な民を虐げていることに気づく。そんな矢先、イギリスから正体不明の船団が襲来し、ウォードンの本拠地を襲う。マルカムは、この混乱に乗じて遥か彼方のイギリスへと逃亡し、ウォードン打倒の闘いを決意する。もう察しがつくだろう。そう、この逃亡を可能にした突然の敵襲とは、のちにイギリスで基盤を固め直し、時間門をくぐってきたマルカム自身の仕業だったのだ。

タイム・トラヴェルが前提される世界では、循環的な因果が成り立ちうる。未来からきた者の介入が過去の出来事を成り立たせ、その過去の出来事が将来のトラヴェルと介入を条件づけるという関係。それは、自己の状況をあとから自分自身で変えるといった、自己原因的循環をも成り立たせる。そこには、ずいぶんと便利で、恣意的な自由があるようにも思える。例えば、キアヌ・リーヴスがお間抜けな少年役で登場する『ビルとテッドの大冒険』（一九八九年）では、二人がピンチになったときに、こんなものがあれば切り抜けられるのにと考えると、実際にそのアイテムが出現する。けれども、それは決して万能の自由の実現ではない。二人は、ことがすんでから過去に戻るのを忘れたら大変だぞと戒めあう。それは、将来の行為をすでになされたものとして確定し、過去の出来事によって自らの行動を拘束することなのだ。

過去に戻ってウォードンのキャンプを制圧したマルカムに、ストームは意味深な問いを投げかける。「これがあなたの望む運命なの？」。そのとき彼は、目を逸らしながらこう答える。「私にはこれしかなかった」[72]。因果の循環は、主体が生きる時間の推移を決定論的に凍結させる。

こうしたパターンの代表例を、もう一つ見ておこう。前章で紹介した、ハインラインの「時の門」である。論文を執筆するボブ・ウィルソン。彼の背後に浮いた不思議な環から男が現れる。ジョーと名乗ったその男は、自分が出てきた「時の門」について熱心に説明し、ボブがそれをくぐり抜けることが「たいそう重要なことだ」[73]と説得する。ボブがあきれて寝ようとすると、男は彼の腕をつかんだ。そのとき、「放してやれ！」と叫ぶ声がした。ボブが「門」をくぐるのを止めるために、別の男がやってきたのだった。三人は口論のすえ揉みあいになり、ボブは二人目の男が放ったパンチで環の向こうへと弾き飛ばされる。

男たちの突然の登場、そしてコミカルな渉りあい。そこに、「自己重複」のパターンを推察するのは難しくない。そう、現れた二人の男は、いずれも別時間から戻ったウィルソンなのだ。ところで、環を通って別の時間世界へ跳ばされた彼は、ディクトールと名乗る人物に出会う。そして、論文を書く自分を連れてくることを請けあう。かくて部屋に戻った彼は、自分自身と対面する。作品はここで、環をくぐってきた彼の視点から、過去のあのやりとりをほぼ完全に繰り返す。口をついて出る言葉さえ、過去とまったく同じだったのだ。

主人公は、自分自身に対する行為を循環的因果連鎖のなかでこなしていて、過去だけでなく未来の行為も「不可避性の直中にある」[74]。よくよく考えてみれば、三人目の彼が居合わせている以上、彼がもう一度「門」から戻ってくることはすでに確定している。ただし今度は、この忌まわしき循環を止めるために。そして、三度目の「避けがたいクライマックス」[75]。物語は、実はディクトールも彼自身の未来の姿であり、その行為も循環的因果連鎖の一環をなしていることを明かしている。

ハインラインは、「輪廻の蛇」（一九五九年）でも同様の連鎖を描いている。確かに、そこに見られる「因果ループ」[76]には不可解な点があり、独自に考察すべき問題が潜んでいる。けれども、こうした循環的な連鎖が、巻き込まれた主体にとって決定論的な世界となることは、理の当然だと言っていい。タイム・トラヴェルを想定すると、こうした過去・現在・未来の「同時的」な相互拘束的決定の関係が成り立つ。それはもはや、因果関係と言うのがためらわれるほど、私たちの常識を超えている。実際、J・ブリッシュは「ビープ」（一九五四年）のあるくだりで、「決定論的な宇宙」には「原因というようなものはないし、結果というようなものもない[77]」と綴っている。確かにそこでは、ことの経過がなぜそうなるか、という問題は雲散霧消してしまう。

ここで見逃してならないのは、未来もこの関係に縛られるという点だ。「いくらなんでも」と反発する前に、とにかく論理を詰めてみていただきたい。例えば、二人目、三人目のウィルソンが別時間から戻ってくる事態は、論文を書いていた彼にとって未来に属している。けれどもそれは、あの格闘の場面のはじめからすでに決定されている。このことは、遥か未来にまであてはまる。遠い過去へのトラヴェルがずっと将来までなされると考えてほしい。そのとき、トラヴェラーがなす介入は、すでに不動の過去に織り込まれていることになる。だとすれば、未来のジャンプまでの経緯も確定されていなければならない。

実のところそれは、あの「過去未来並存論」が語っていたことだ。未来も現在と並んで存在するということは、遥か未来の出来事もすでに確定されているということを意味する。「タイム・トラヴェルの観念それ自体に時間の空間化が含み込まれている。時間と空間は、凍り付いた単一の時空 spacetime となる[78]」。冒頭に紹介した氷河のように連なる時間世界は、こうしたロジックを背景として成り立っている。

しかし、まちがいなくこの時間世界には、人間にとって深刻な問題が潜んでいる。もちろんそれは、個としての意志と自由が否定されるという点だ。確かに物語は、一瞬一瞬の行為がそのつど個によって選択されることを、必ずしも否定してはいない。けれども世界は、過去も未来も「同時に」洞見する見地からすれば、既定のものとして現れる。そのかぎりでは、彼／彼女たちの一瞬一瞬の選択も、確定されていると言わなければならない。自由の通念と人間性の理念を跳ね返す、氷河のような「四次元マトリクス」の壁。

この人間の自己否定とも言えるような世界が、なぜ物語として表現され、読み継がれているのだろうか。そこには、一九八〇年代以降の文化意識の状況と、怪しく共鳴しあうものがあるのではないだろうか。もちろんそれは、たんに実在的現実と物語との一致という話ではない。そうではなく、問題とすべき共鳴は、物語が喚起する想像的印象と、現実世界を生きる者の心情的な感覚とのあいだに生じる。つまりは、事実に関する客観的真理ではなく、あくまで想像的な意味づけの場面で、決定論的な世界観は現在の時代意識と通じあっているのだ。

では、この共鳴の焦点はどこにあるのか。このことを考えるさいに重要なのは、決定論的な物語に潜む神的な次元だと思う。あるいは、現代における人間の救済への求めと言ってもいい。

5　決定論への帰依と「救済」

ＳＦの物語に、神と救済の次元を読み取るなどという話は、社会的常識からすればうさん臭く思えるかもしれない。けれども意外なことに、かなり有名な時間ＳＦにも、こうした次元ははっきりと読み取れる。決定論的な世界を生きる者は、出来事の氷河のなかで手足を固められ、延々と連なる氷の模様となる。そこには、世界を統べる全知全能の神を前にした人間のイメージと重なるものがある。実際あの『時の歩廊』には、こうしたイメージが見え隠れしている。マルカムは、最大の窮地に陥ったとき、一千年の未来を統治する「守護者」から、「時間戦争は人類の堕落の極限だ」と諭される。そして彼は、「時は確定されている fixed」[79]という理解が、神に通じることを悟る。

それは、あの中世神学の巨人アウグスティヌスの理解と、意外なほど重なりあう。彼は、世界の創造以前に神は何をしていたのかという疑念から論を起こす。彼の答えは明快だ。時間そのものが神によって創造されたのだから、神のありようについて時間的な経緯を想定することには、そもそも意味がない。神が時間の生成に先行する以上、神の存在に時間をあてはめることはできないというわけだ。ここから彼は、神に関する決定的な理解を語り出す。

あなたは常に現在である永遠の高さによってすべての過ぎ去った時間に先立ち、またすべての未来の時間を追い越します。（略）あなたの年はすべて同時に存続しています。なぜならすべてが存続しているからです。往く年が来る年によって排除されることはありません。なぜなら、あなたの年は移り変わらないからです。

この理解は、あの「過去未来並存論」と驚くほど似ている。神にとって世界は、「永遠の現在」のようなものとして、一挙に全体としてある。つまり神は、「あるときはこれ、あるときはあれを知る」のではなく「時間の推移なしに同時に知る」。この知性にとっては、時間世界は過去・現在・未来の「同時的」な相互拘束の構造だと言っていい。数々の時間ＳＦに見いだされる決定論的な時間世界は、まちがいなくこの神的な時間像と通じあっている。

それだけではない。神を前にした人間のありようも、時間の氷河に身を固められた者に酷似している。「確かに今あなたが私たちのうちで働いているように、ちょうどそのようにその時でもあなたは私たちのなかで憩います。ちょうどあなたの業が私たちを通してあなたの業であるように、あなたの憩いは私たちを通してあなたの憩いとなるでしょう(80)」

アウグスティヌスは、この個体的自由の否定、神への全的依存に自ら「憩う」ことを望む。人は、神の存在を「己れの中に永久に宿し、自らを照らしてもらえる」ことに、「至福」を見いだすべきだと言うのだ(81)。これは、決定論的な物語に潜む、想像的価値を考えるさいのヒントとなるだろう。人は、決定論的な世界に、一つの「憩い」と「至福」を見いだすというのだから。現代文化を生きる主体にとっての、ある種の「救済」。しかし、それはどのような想像を通じて、どのような「至福」へと誘うのだろうか。

この点について考えるには、『スローターハウス５』（一九六九年）に耳を傾けるといいだろう。そこには、時間世界の真実によって、魂が「救済」されうることが語られているからだ。ヨーロッパ戦線の生き残りであるビリーは「時間発作の病をもって spastic in time」いて、ランダムに人生のさまざまな場面へと跳び、繰り返しその断片的な時間を体験する。その境遇は、決定論的な世界に縛られ翻弄される、人間の無力を体現していると言っていい。彼に時間世界の真実を明かすトラファマドール星人は、「ロッキー山脈を眺めるのと同じように、すべての時間を見る」と言う。そしてビリーは、この不動の、まったく「変えることのできない」過去・現在・未来を、繰り返し断続的に経験していく(82)。

人間のこうした実情は、「琥珀に閉じ込められた虫」に等しいとされる。けれども、そうだからこそ、人間には救いがあるとビリーは語る。彼が思いを馳せるのは、死者たちのことだ。ドレスデンの大空襲で肉の山と化した子どもたち。凍傷で足を腐らせて死んだ兵士。墓からポットを持ち出して銃殺された捕虜仲間。人は、死者たちの生は過去のものとして消え去り、二度と取り戻せないと言う。けれども、時間世界の真実がそれとは別のものだとしたら……。「あらゆる瞬間が不滅であり」、過去が「常に存在し続ける」とすれば、彼／彼女らの存在は永遠に失われないだろう。「凍りつかせろ……そこで、その場所に……もはや彼らが消え去らないように！(83)」。氷河のような琥珀の連なりは、彼／彼女の生を変わることなく抱きしめ、保存する。

時間が、静止した決定論的な世界であるなら、死者は消失の悲しみから救われる。いや、むしろ癒されるのは、死者の悲劇によってかき乱された生者の魂なのだろう。悲惨と非道への反発と怒りが強ければ強いほど、なすすべもなく無力に流される自己の情況は、いっそう耐えがたいものとなる。そのとき、人は決定論的な世界了解に引き寄せられる。

悲劇を動かしがたい時間の宿命ととらえ、死者の存在の永続を見通すこと。決定論的な世界観は、非道に呻吟する心を鎮め、精神に平安の足場を提供する。『スローターハウス５』は、こうした「救済」の核心を、一つのフレーズに凝縮させている。ビリーは、講演の最中に、かつての捕虜仲間に撃たれて死ぬとわかっていた。けれども彼は、この死の瞬間さえも、「ただ在る」ものとして安らかに受け入れる。「つぎの瞬間、ビリー・ピルグリムは死ぬ。そういうものだ So it goes」[84]。ここに凝縮されているのは、人を出来事に対する価値判断から解放する、定めの意識だと言っていい。

　こうした「救済」がもっとも切実に求められるのは、人が出来事の推移に対して後悔と責任の意識を抱く場合だろう。T・チャンの「商人と錬金術師の門」（二〇〇七年）には、この点が鮮やかに見て取れる。バグダッドの商人アッバスは、金物細工の店で時をまたぐ「門」を紹介され、ぜひ過去に行かせてくれと頼む。彼は、二十年前の出来事について、深い苦悩を覚えていたのだ。彼の心を常にかき乱していたもの、それは、愛する妻を死なせてしまったことへの深い自責の念だった。

　アッバスは、優雅な肢体と愛情を兼ねそなえた女と結婚したあと、彼女とともにバスラを旅行するが、その地を離れる朝に彼女とつまらないことで口論をした。彼は、罵りの言葉を吐き、怒りに駆られて独りで出発してしまう。ところが、哀れにも捨ておかれた妻は、数日後にバグダッドの礼拝堂で壁の倒壊に巻き込まれ、あっけなく逝ってしまう。その後、別れの朝に見せた妻の悲しい表情は常に彼の心を乱し続けた。

　店の主人は、過去は決して変えられないと説明したが、それでもアッバスはカイロまで赴き「歳月の門」で二十年前へたどりつく。ところが、バグダッドへ向かう彼の前に、すさまじい砂嵐が立ちはだかる。ついには、追い剝ぎにもあって路頭に迷ううちに、礼拝堂が倒壊した日がきてしまう。このとき彼は、「偶然も故意も一枚のつづれ織りの表と裏」[85]だと自覚し始める。そう、不思議な「門」に出会ったのも、砂嵐に妨げられたのも、「アラーの御心」によるのではないか、と。

　一日遅れで事故の現場を目の当たりにした彼は、あてどなくさまよい、気がつくとかつてのわが家の前に立っていた。そのとき、若い女が声をかける。妻の最期を看取った女性が、妻の最後の言葉を伝えにきたのだ。アッバスは、心安らぐ言葉を聞く。「死の間際に思っていたのはあなたのことだった。（略）あなたと過ごした時間のおかげで幸せな人生だった」[86]。彼の目には、「解放の涙」があった。その言葉が、狂おしいほどの自責と悔恨の念から彼を救ったのだ。

決定論的な時間世界は、ここでも人間の魂を「救済」へと導く。根本には、出来事はすべて「こうでしかありえなかった」という運命の認識、つまり「アラーの御心」に服する定めの意識がある。「救済」の根源はここにあるのだろう。

So it goes――すべてが運命でしかないのなら、思い悩み苦しむのは詮ないことだ。自らの卑小な存在を全的にアラーに預けること、それは心の静穏（アタラクシア）をもたらす。「過去と未来は同じものであり、わたしたちにはどちらも変えられません」「そこには悔悛があり、償いがあり、赦しがあります。ただそれだけです。けれども、それだけで十分なのです」。人々の人生は「アラーの語る物語」であり、人間は「その聞き手であると同時に登場人物でもある」[87]。決定論的な世界観は、個の意志や願望と引き換えに、心の静寂を約束する。

それは、精神のある種の静止によって購われる平安だろう。そのとき人は、人間的な時間が無化する境位を求めているように見える。最後にこの点を確認するために、P・K・ディックの『逆まわりの世界』（一九六七年）を踏まえることにしよう。この物語には、まさに時間の終焉による「救済」のムードが漂っている。

墓に埋められていた者を掘り出す仕事に携わるセバスチャン。と言っても、彼は墓泥棒でもエクソシストでもない。世界は、「ホバート・フェイズ」と呼ばれる時間の逆行現象に巻き込まれていた。死者は息を吹き返し、やがては次第に幼くなっていく。セバスチャンの仕事は、こうした蘇生者の手助けなのだ。実は彼自身も蘇生経験者であり、「知覚と時空間の範疇の外に出た」[88]ときの不思議な記憶を心に秘めている。

ある日彼は、新興宗教の教祖を墓から救い出す。教祖は、神が手をかざして「とどめられた」のを見たと語る。それは、天国への道が閉ざされ、魂が生の世界へと追い返されることを意味する。そして人々はみな、やがては女たちの子宮に消え入る定めを負わされる[89]。恐ろしき拒絶と深い絶望。その先にあるものは、すべての生物が海の深き懐に消え入る未来だろう。この世界は、神の「御心」によってすべての生命の消失へと逆行するよう決定されているのだ。

この消失点のありようは、蘇生者が経験した死の深淵に暗示されている。「生きている心が（略）死体のなかに閉じ込められている。（略）まるで永久に待たねばならないかのように」。世界の終末には、これと同じように無限の静止と虚無がすべてをのみ込む。そこでは、「時間はもはや経過しない」[90]。しかし物語は、この恐ろしき無限に、魂の「救済」があることをにおわせている。

　では、それはなぜ、どのように魂を「救済」へと導くのだろうか。その答えは、教祖が毒殺されたときのセバスチャンの言葉に示されている。「どのみち彼はちぢんで、消えてしまうのだ――ゆっくりと何年にもわたって、あるいは一瞬の間か。みんないっしょに」。So it goes――ここでも時間の推移は、「そうでしかありえないもの」となる。そしてこの定めの意識が、魂を一つの静穏へと導く。

　ただし、物語が示す静止的無限は、たんに時間の消失であるだけではない。それは、神の恩寵の下で、人間を振り回してきた仮象が消失する真実の世界でもある。あの教祖は、死のうちで啓示された真理を言い残す。過ぎ去る時は死と同じく一つの幻影であって、「存在するようになった瞬間は決して過ぎ去りはしない。（略）それは常にそこにあった」[91]。継起的に展開するかに見える世界は一つの仮象であり、真の「絶対的リアリティ」においては静止的な無限だとされている。だから、やがてくる終末の静止は、あらゆる事物を覆う幻惑的な仮象からの解放なのだ。

　ディックは、中世神学の泰斗エリウゲナによりながら、この「救済」の核心を披瀝している。「愛とは、すべて動く者の、自然界のあらゆる動きの終焉、静かなる停止であり、それを超える動きというのはありえない」[92]。もちろんこの愛とは、魂を救済へと誘う、いと高き神の愛にほかならない。

　この「神の啓示する神秘の時間」[93]は、もはや時間世界とは呼べないものだろう。むしろそれは、時間と世界の終焉と言ったほうがいいかもしれない。実際、ディックが引くエリウゲナの思想は、はっきりとこの世の終わりを求めている。「静なる動にして動なる静であるすべてのものにおいて始源と終極とは異ならず」、「世界の始源が、世界がそこから生じた原因であるとすれば（略）世界の運動が終わるときには、世界は無になるのではなく

て、世界の諸原因において永続的に救われ、休息するであろう」(94)

世界の「諸原因」、それは神の「御心」であり、存在の神的な本質だと言っていい。時間の終焉は、あらゆる存在を神的な真実在に溶け込ませることなのだ。存在はそのとき、生に苦悩と混迷をもたらす虚偽の仮象から解放され、裸の真実に安らうアタラクシアを得る。

こうした終焉と「救済」への求めが、現代を生きる人々の信仰となっているとは言えないだろう。けれどもそれは、無限の静止と偽装の払拭を求めている点で、現代の精神状況と共鳴しあう。ビリーが So it goes と受け流す戦争の悲惨、アッバスを苦悩させた罪深き人間の実情、そして歴史を支配しようとするストームやブランの愚劣。それらは、私たちが現実に経験してきた歴史の事実と重ならないだろうか。その暗澹たる歴史の闇は、常に世界に満ち満ちている。

確かに、歴史は常に新たに見える出来事と、未知の印象を与える文化を積み重ねてきたように見える。けれどもそうした装いのもとで、やはり同じような悲惨と愚劣が繰り返され、一向に歴史の闇は消え去らない。こうして時間世界は、少なくとも時代意識のムードのなかでは、「そうでしかありえないもの」と受け止められる。前進や進歩に期待しても虚しさが深まるばかりだ。いっそ、すべての進展と変動が停止し、歴史と時間が静止したほうが、人間はよほど「救済」されるのではないか。時間の静かなる凍結のうちに安らおうとする意識は、現代の文化の密やかな傾きとなりうる。

ただし、ここで重要なのは、客観的な出来事の悲惨さや愚劣さだけではない。そうではなく、むしろより深刻なのは、その悲惨と愚劣を飽くことなく繰り返す人間の性だろう。そう、それはルネッサンス以来ずっと称揚されてきた人間性というものに、深い懐疑を抱かせるのだ。

近代の扉が押し開かれて以降、人々が追求してきた自由と自律、そして平等。これらの理念の名の下に追求された歴史の経緯が、逆説的にその理念の否定としか言いようがない帰結をもたらし、それでもふたたび、同じ理念のもとに新たな前進が叫ばれていく。それは、ビリーが突き回されるように経験する、循環的な時間世界に似てはいないだろうか。だから、人々はこの循環に織り込まれた自由と自律、平等という理念が、大いなる仮象ではないかと疑わずにはいられない。そして、その懐疑が現実の拒絶へと傾くとき、人々はそうした理念によって動かされない決定論的な時間世界に、真実性を予感し、静謐な確かさを期待する。

決定論的な時間理解は、こうした意味で、現代文化を生きる者たちの想像的な求めとシンクロしているように思う。確かにそれは、ニーチェが「消極的ニヒリズム」[95]として断罪した精神の萎縮へと通じており、文化をエネルギッシュに動かす魅力を欠いている。けれどもそこに、私たちの文化と精神の実情について、深い反省をうながす価値が潜んでいることは否定できない。

ここには、SFの時間理解と時代の意識状況との共鳴がある。確かにそれは、迂遠で潜在的なものでしかないだろう。けれども、時代の意識は、しばしば暗い水底から湧き上がる泡沫のように、じわじわと世界のうちに広がりながら、突然に空気を一変させる。だとすれば、何とはなしのムードの感覚からくる思考も、あながち無視できないように思う。

とはいえ、時間SFと時代意識との共鳴は、決定論的な時間理解を焦点としたものだけではない。このジャンルの作品が時代意識と重なりあうポイントは、実はこれ以外にもあるということだ。しかもそこでは、問題の共鳴はより鮮明に、そしてストレートな形で感じ取られる。ではその別のポイントとは何なのか。時間SFの現代的な意義をより鮮明にとらえるために、章を変えて敷衍していくことにしよう。

注

（1）H・B・パイパー「いまひとたびの」三二七―三二八ページ（原書 p.339.）

（2）P・J・ズワルト『時間について』六二ページ

（3）中村秀吉『時間のパラドックス』四ページ、参照

（4）大森荘蔵『時間と自我』二三―二四、四一、一二一ページ
（5）R・シルヴァーバーグ『時間線を遡って』三一、七ページ（原書 no.289, 76.）、同「時間層の中の針」三六ページ（原書 p.324.）
（6）S・レム『泰平ヨンの航星日記〔改訳版〕』二四ページ
（7）B・J・ベイリー『時間衝突』九一、一九二ページ（原書 pp.46, 104.）
（8）P・アンダースン『タイム・パトロール』二九ページ（原書 p.19.）、J・フィニイ『ふりだしに戻る』上、二四一ページ（原書 p.139.）、G・ベンフォード『時空と大河のほとり』三七五、四一三ページ（原書 pp.204, 227.）、I・ワトスン「バビロンの記憶」四六五ページ（原書 p.67.）
（9）H・G・ウェルズ『タイム・マシン』三〇ページ（原書 p.18.）
（10）R・カミングス『時間を征服した男』五一―五八ページ（原書 pp.31-36.）
（11）R・ブラッドベリ「雷のような音」一八〇ページ（原書 p.205.）、L・ジョーンズ『レンズの眼』一五二ページ（原書 p.101.）
（12）P・S・ミラー「時の砂」九八ページ（原書 p.125.）。なお、ほぼ同じ理解は、J・フィニイの「二度目のチャンス」（八九ページ、原書 p.192.）にも見られる。
（13）K・ヴォネガット・ジュニア『スローターハウス5』四三ページ（原書 p.27.）
（14）P・S・ミラー「時の砂」九七ページ（原書 p.124.）
（15）R・カミングス『時間を征服した男』一一ページ（原書 p.6.）、R・A・ハインライン「時の門」一五三ページ（原書 pp.923-924.）、J・ウィンダム「時間の縫い目」九ページ（原書 p.117.）、B・J・ベイリー『時間衝突』六七ページ（原書 p.33.）
（16）H・G・ウェルズ『タイム・マシン』九―一〇ページ（原書 pp.4-5.）、R・カミングス『時間を征服した男』一一ページ（原書 p.6.）
（17）H・G・ウェルズ『現代世界文明の展望』下、七九ページ
（18）H・B・パイパー「いまひとたびの」三二六ページ（原書 p.339.）。なお、中村融は『時の娘』の「編者あとが

き」(三五五―三五六ページ)で、R・ネイサンの『ジェニーの肖像』やベイリーの『時間衝突』も、ダンの時間理論の影響のもとに書かれたものだと指摘している。

(19) J.W. Dunne, *An Experiment with Time*, p.113.
(20) C.H. Hinton, *What is the Fourth Dimension*, p.24.
(21) P・J・ズワルト『時間について』二三四―二三五ページ、参照
(22) B・グリーン『エレガントな宇宙』七九ページ、伏見康治/柳瀬睦男『時間とは何か』三五ページ
(23) P・J・ズワルト『時間について』二三五ページ
(24) 渡辺慧『時間の歴史』一八〇ページ
(25) R・カミングス『時間を征服した男』二四ページ(原書 p.13.)
(26) T. Sider, "Time," p.299.
(27) E. Gomel, *Postmodern Science Fiction and Temporal Imagination*, p.17.
(28) J・フィニイ『ふりだしに戻る』上、八七ページ(原書 p.52.)
(29) K・ヴォネガット・ジュニア『スローターハウス5』四三ページ(原書 p.27.)
(30) G・ベンフォード『タイムスケープ』三七九ページ(原書 p.430.)
(31) 同書九八ページ(原書 p.102.)、B・J・ベイリー『時間衝突』六七ページ(原書 p.33.)
(32) K・ヴォネガット・ジュニア『スローターハウス5』一〇六ページ(原書 p.77.)
(33) P・アンダースン『時の歩廊』六二、八三ページ(原書 no.616, 850.)、K・ヴォネガット・ジュニア『スローターハウス5』八六、一一七ページ(原書 pp.60, 86.)、参照
(34) J・フィニイ『ふりだしに戻る』上、一九六―一九七ページ(原書 pp.113-114.)
(35) Gomel, *op.cit.*, p.17.
(36) J・フィニイ『ふりだしに戻る』下、九四―九六ページ(原書 pp.254-255.)
(37) J・フィニイ『ふりだしに戻る』上、二八九ページ(原書 p.167.)
(38) R・マシスン『ある日どこかで』五四―五五、八七―八八ページ(原書 pp.37-38, 58.)

（39）同書一〇四ページ（原書 p.68.）
（40）梶尾真治『クロノス・ジョウンターの伝説』四八ページ
（41）同書七八、七九ページ
（42）同書六六ページ
（43）P.J. Nahin, *Time Machines*, p.286.
（44）こうした反応は、H・ガーンズバックが *Amazing Stories* などに掲載した読者投稿に見ることができる（Cf., P.J. Nahin, *op.cit.*, pp.252-256.）。これらのなかには、「祖父殺しのパラドクス」を指摘するものだけでなく、過去の自分に出会う可能性に疑問を呈するものもあった。
（45）R・ブラッドベリ「雷のような音」一九六ページ（原書 p.215.）
（46）R・シルヴァーバーグ「時間層の中の針」四〇、四二ページ（原書 pp.326, 327.）
（47）P・アンダースン『タイム・パトロール』二一ページ（原書 p.13.）
（48）J・フィニイ『ふりだしに戻る』上、一二二、二四一ページ（原書 pp.73, 139-140.）、同『ふりだしに戻る』下、三一三ページ（原書 p.383.）
（49）P・アンダースン「タイム・パトロール」七〇—七一ページ（原書 p.44.）
（50）R・シルヴァーバーグ『時間線を遡って』四六—四七、五七ページ（原書 no.447, 553.）
（51）J・ウィンダム「クロノクラズム」一八九ページ（原書 p.22.）
（52）R・シルヴァーバーグ『時間線を遡って』六七、八七、九一、一五九ページ（原書 no.646, 836, 871, 881, 1545.）
（53）同書一六〇、一五七、一二二—一二三ページ（原書 no.1552, 1532, 1195.）
（54）同書一三五、三一四、五三ページ（原書 no.1314, 3071, 509.）
（55）同書五〇ページ（原書 no.478.）
（56）同書二四〇ページ（原書 no.2335.）
（57）P.J. Nahin, *op.cit.*, p.266.
（58）K・グリムウッド『リプレイ』九二—一〇四ページ（原書 pp.56-62.）、S・シャピロ『J・F・ケネディを救え』、

J・フィニイ『フロム・タイム・トゥ・タイム』一六―一七ページ（原書 pp.19-20.）。さらに、ミステリーにも目を配れば、巨匠S・キングの『11／22／63』がある。
(59) L・ニーヴン「タイム・トラベルの理論と実際」二〇四―二〇五ページ（原書 no.1930, 1940.）
(60) A・ベスター「マホメットを殺した男たち」三〇三ページ（原書 p.280.）
(61) Cf., Nahin, *op.cit.*, p.272.
(62) Cf., *ibid.*, p.260.
(63) Gomel, *op.cit.*, p.17.
(64) R・マシスン『ある日どこかで』一三八ページ（原書 p.90.）
(65) 同書四四七ページ（原書 p.311.）
(66) M・ラインスター『タイム・トンネル』五〇ページ
(67) 同書八九ページ
(68) P・アンダースン『時の歩廊』五四、六二、八三ページ（原書 no.533, 616, 850.）
(69) 同書一〇三ページ（原書 no.1060.）
(70) 同書一九四ページ（原書 no.2056.）
(71) 同書一一七、一二四ページ（原書 no.1204, 1283.）
(72) 同書三〇七ページ（原書 no.3276.）
(73) R・A・ハインライン「時の門」七九ページ（原書 p.885.）
(74) 同書一〇一―一〇二、一二八ページ（原書 pp.896, 909.）
(75) 同書一二五ページ（原書 p.907.）
(76) この点は、第3章の「因果ループの空虚」の項で論じている。
(77) J・ブリッシュ「ビープ」四二ページ（原書 p.132.）
(78) Gomel, *op.cit.*, p.17.
(79) P・アンダースン『時の歩廊』二一七ページ（原書 no.2292.）

(80)『アウグスティヌス著作集　第五巻　告白録（上）』二二六、二九〇、四一三ページ
(81)同書四一五、二八六ページ
(82)K・ヴォネガット・ジュニア『スローターハウス5』三九、一一七、八六ページ（原書pp.23, 85-86, 60.）
(83)同書三六ページ（原書p.21.）
(84)同書一九一ページ（原書p.143.）
(85)T・チャン「商人と錬金術師の門」四五、五二ページ（原書pp.215, 217.）
(86)同書五六―五七ページ（原書p.219.）
(87)同書五七、五九ページ（原書pp.219, 220.）
(88)P・K・ディック『逆まわりの世界』一四三ページ（原書p.109.）
(89)同書九九、一六、一三八ページ（原書pp.74-75, 9, 105.）
(90)同書二四七、一四三ページ（原書pp.188, 109.）
(91)同書二八九、二六七ページ（原書pp.219, 203.）
(92)同書五四ページ（原書p.41.）
(93)Gomel, *op.cit.*, p.77.
(94)J・エリウゲナ「ペリフュセオン」六一三ページ
(95)F・ニーチェ『権力への意志』上、三七ページ（原書p.20.）

第3章　時間SFとニヒリズム——価値意識の惑乱

重要なものなんか何もない（略）自由と解放の幻想を抱いていても、しばらくすればすべてが滲んでわけが分からなくなってしまう。いろいろな人間、都会、観念、顔……それらはすべて、決して明瞭な焦点を結ばないまま、まったくあてどなく移ろう現実の一部なのよ。

K・グリムウッド『リプレイ』[1]

1　反復する時間世界——意味と価値の無化

ＳＦは、ポストモダン論のなかで、そこそこの関心を集めている。例えばE・ゴメルは、F・ジェイムスンを下敷きにしながら、時間ＳＦの現代的な意義を探求する著作を発表している。そのなかで彼女は、『タイム・マシン』を筆頭とする時間ＳＦは、ポストモダンにおける主要な三つの時間様態 time shapes を描き出していると論じた。その三つの時間様態とは、「決定論的時間、偶然的時間、そして終末の時[2]」である。

実を言えば、時間ＳＦが扱う時間のありようを、この三つに整理しきることには少し無理がある。けれども、そこにかなりの多様性があるのはゴメルが言うとおりだ。となれば、その時間理解の違いに応じて、現在の時代意識と切り結ぶポイントが違ってきてもおかしくはないだろう。現在を生きる人々の感覚と共鳴する要素は、決定論的な世界像だけではないということだ。では、そのほかに注目すべき要素には、どんなものがあるのだろうか。

まずは、時代の閉塞感とピッタリと重なりあう、「反復世界もの」に目を向けることにしよう。第1章で紹介したように、これは、登場人物（たち）が否応なく過去へスリップし、同じ時間を繰り返すことを強いられる物語だ。もちろんその特徴は、循環に閉じ込められた世界の閉塞感にある。

出発点としては、R・A・ルポフの「12：01PM」（一九七三年）がふさわしいだろう。昼休みが終わろうとするとき、突然「真空管が内破する」ような音が感じられる。すると世界は、ちょうど一時間前の12時01分へと「跳ね返って」しまう。街を行き交う人々は、前の記憶を失って、まったく同じ経緯を繰り返す。ところがキャッスルマンだけは、何度もセントラル・タワーの下に引き戻されることに気づいていた。物語は、この現象の基盤に、「反宇宙」との衝突があることをにおわせている。対極的なエネルギーをもつ二つの宇宙が衝突しあうと、両者が過去へと跳ね返る（！）というわけだ。

「宇宙全体が（略）一時間の出来事を永遠に繰り返している」。それは、少なくともキャッスルマンにとっては、一つの地獄でしかない。そこで彼は、何とか循環を脱却しようとして、「跳ね返り」を予言した学者に状況を訴えた。しかし学者は、一度の「跳ね返り」で衝突するエネルギーが解消されるはずだから、繰り返しはありえないと突っぱねる。しかもその訴えさえ、何度も「再開」によってやり直しを強いられる。

「地獄の苦しみ」は、ついに頂点に達する。「こんな不死は嫌だ！（略）同じ一時間を何度も何度も永遠に生き続けることなんかできない！」[3]。彼は、「狂気」から逃れるために死を選び、「完全な忘却」に身を投げる。しかしそれでも、やはり「真空管が内破する音」を耳にし、タワーの下に立たされる。この「地獄」の根底にあるもの、それは、時間世界からの意味の剝奪だろう。

実は、筒井康隆にもよく似た作品がある。「12：01ＰＭ」よりも前に発表された「しゃっくり」（一九六五年）だ。ただし、少しだけ設定は違っている。何と十分の時間が目まぐるしく繰り返され、この反復をすべての人間が自覚しているという点だ。

出勤時にバイクを飛ばしていた男は、ちょっとした違反で警官に止められる。数分ののち、彼は小言から解放され、通りを抜けてポストの角を右折しようと……断絶。突然彼は、あの警官の前に立っていた。同じく十分前に引き戻された人々はしばし呆然とし、それぞれに狼狽する。しかし、懐疑と戸惑いの静寂のあと、行動を再開する。男もふたたびバイクを発進させ、ポストの辻までやってくるが、またしても世界は途絶する。そして彼は、また見たくもない警官の顔を拝んでいた。ただし今度は、少々ばつの悪い表情をしていたけれども。

この物語では、反復は十一回（！）なされたあと、終わりを迎える。とはいえ、描かれる世界の要点は同じだと言っていい。「十分ごとに寸断された（略）ブツ切りの過去」に閉じ込められた者たち。彼／彼女たちは、どうあがいても時間を帳消しにされる「檻」のなかで、狂気の寸前まで追い込まれる。感電したように飛び上がり、大声をあげながら走っていく学生。憑かれたように前方を凝視する女事務員。本屋の女店員を犯そうとする男。そして、この暴虐を止めに入った主人公も、次の十分には自分を嘲弄した女事務員を襲ってしまう。人々は、「すべての行為が無意味になる」事態のなかで、自暴自棄的な暴力に走り、理不尽な世界に抗おうとする。だが主人公は、空しい抵抗を繰り返したすえに、「何をする気もしなくなった」。

意味の無化と価値の空洞化。循環する異常な時間世界の核心は、ここにあると言っていい。街に佇むものどもは「灰色に変色し」、「人間たちも、人間以外の何かに変貌しているように見えた」(4)。筒井が綴る街の情景には、主題の核心がじんわりと滲み出ている。そこには、人々の行動が同じサイクルに服従させられる、決定論の彩りがある。

この彩りがもっと鮮明な作品を紹介しよう。Ｓ・スチャリトクルの「しばし天の祝福より遠ざかり……」（一九八一年）だ。『ハムレット』の公演で、名優が「しばし天の……」とセリフを謳い上げたとき、唐突に異星人の呼びかけが聞こえてくる。子どもたちに見学させるために、地球人にしばらく同じ日を繰り返してもらうことにした、と。ギルデンスターン役のジョンは、夜が明けると一度目と同じように、恋人のゲイルとベッドのなかにいた。そして、「レコードの溝を行く針」のように愛しあう。だがそのあと、彼はゲイルから別の男のところに行くと告げられ、怒りにまかせて彼女を平手打ちにする。すると胸に突き刺さるセリフを叩き付けられる。「だから、あなたはこの先も一生ギルデンスターンなのよ」[5]

これを恋人から言われたら、たいていの男は腐るしかない。しかもそれは、すでに前の朝にも突き付けられたセリフだった。いやそれどころか、ジョンはこの一撃を、異星人が飽きるまで何度も食らうことになる。そして、この惨めな別れを予定しながら、ジョンとゲイルは繰り返し愛しあう。二人は「機械的に」愛することを強いられ、その「宿命的な動き」は思考や意志とは無関係なものとなる。人々は、見えない糸に操られる「マネキン人形」[6]でしかない。それは、行為と出来事がシナリオどおりに展開する、決定論的な時間世界である。ジョンは、舞台の外でも脚本どおりの芝居をやらされている。「時間のおもちゃにすぎないこの絶望の人生」[7]

決定論的な枠組みに閉じ込められた時間の循環。「反復世界もの」は、現代文化に広がるある意識状況と共振してはいないだろうか。それは、ある種のポスト・ヒューマニズム的な自己認識だ。私たちは、あたかも自動人形のように、与えられた行動をお定まりのやり方で繰り返していないだろうか、しかも人間性の理念に反するこの現実を、避けがたい宿命であるかのように甘受してはいないだろうか。何をバカなと考える向きも、静かに顧みてほしい。はたして自分は、キャッスルマンの周囲の人間たちと違うと言えるか、と。

映画『恋はデジャ・ブ』（一九九三年）には、問題の意識状況を浮き彫りにするシーンがある。地方のある奇祭をリポートしに出かけたフィルは、同じ一日の反復を二百回（！）も繰り返すはめに陥る。あるときフィルは、酒場で二人の与太者に、自分の窮状を告白する。実は、同じ日の循環から逃れられなくなっているんだ、と。すると痩せぎすの男が、独り言のようにつぶやく。「まるで俺の人生のようだな」。時間の反復を描く物語は、新たな時間を迎えても同じことを繰り返す、現実の苦役の比喩として受け止められる。

この国の表象文化にあふれる「反復世界もの」にも、しばしばこうしたムードが漂っている。下田正美監督の『ゼーガペイン』（二〇〇六年）、押井守監督の『イノセンス』（二〇〇四年）の「キムの館」のシークエンス、そして『劇場版　空の境界』（二〇〇四年）の「矛盾螺旋」、川崎美羽の『.hack// 黄昏の碑文』（二〇〇七年）（ただし、谷川流『涼宮ハルヒの暴走』〔二〇〇三年〕のように、モラトリアムとして反復を求める物語は性格が違う）。オーディエンスは、そこに描かれた地獄に、日常の不毛と無意味を重ねる。多様なルールとパターンを次々と繰り出す社会に適応し、システムの駒となり歯車となることへの違和感。そして、日々新たな思考と行為を重ねたとしても、自己の意志と目的の追求を常に先送りしながら、根本的な意味の不在のなかで旋回する精神の眩暈。「反復」の牢獄を突き付ける物語は、こうした時代の意識状況と通じあっている。

もちろん、人々はこの牢獄からの脱出を夢見ないわけではない。「しばし天の祝福より遠ざかり……」のジョンは、異星人に対して自由意志と人間性の理念を突き付ける。「おれたちは（略）物事を変えられるんだ」。彼は、機械のように役を演じる現実をぶち壊すと宣言する。「おれは闘うぜ。人間であるためにな」[8]。しかし物語は、循環する時間の超越性を暗示して終わっている。循環の檻が鉄壁であるなら、キャッスルマンのように自死によって意志の自由を実証するしかない。ただし「12：01」は、この勇敢な抵抗さえ空転する虚しさを綴っている。

こうした描写は、近代的人間を支える自由の理念が、根本的に疑われている意識状況と重なりあう。システムの歯車として同じようなことの反復を強いられる毎日。そのなかで私たちは、いちばん肝心な目的と願望に関して、自由意志の理念を棚上げするしかない現実に直面する。しょせん理念は、理念でしかないという諦め。確かに、自死や自暴自棄的な破壊という逃げ道が頭をよぎることもある。けれども、他者への迷惑と社会的責任を考えてしまうかぎり、空しさと徒労感のなかで本当の自由は捨てておくほかない。いや、自由が常に潰される定めにあるのなら、そんな理念ははじめからなかったことにするほうがいい。そのとき、矛盾と苦悩を回避しようとする者は、人間的な精神を凍らせ、無感覚な人形になろうとしても不思議ではない。

ただし、ちょっとだけ注意すべきことがある。「反復世界もの」には、回が改まると思考や行動を変えられると想定するものもある。このパターンでは、時間の繰り返しは、過去を「自由に」やり直すチャンスともとらえられる。確かに、「12：01」のように一時間が反復されるのでは、できることに限りがある。けれども、西澤保彦の『七回死んだ男』（一九九五年）のように、一日全部が繰り返されるとなれば、過去の失敗を帳消しにし、蓄えられた知識で望みを叶える自由が夢想されるのは当然だろう。あるいは、乾くるみの『リピート』（二〇〇四年）でも、「リピーター」が競馬で儲けたり、失敗した試験をやり直すという、改変の自由が描かれている。[9]

けれども、話はお軽い幸福に終始してはいない。改変の自由が想定されても、重要な目的と願望に関しては時間の氷河が立ち塞がる。そこには、自由意志を称揚する思考と決定論的な枠組みとの軋みあいがある。[10]例えば、『七回死んだ男』では、オリジナルの推移を大々的に変更しようとすると、「抑止力」がはたらくとされている。あるいは『リピート』でも、根本的な改変は「リピーター」を危険にさらすと言われているし、過去への介入には「歴史の復元力」がはたらくという理解も登場する。いや、そればかりではない。主人公は、他のリピーターと命を賭けた闘いを繰り広げ、薄氷を踏みながらやっとやり直しの世界に滑り込む。ところが……。彼はその世界に入り込んだ瞬間に、車のヘッドライトを目にし、「本当のブラックアウト」に溶け込んでしまう。[11]

実は、こうした筋立てをとる「反復世界もの」は、意外に多い。桜坂洋の『All You Need Is Kill』（二〇〇四年）では、圧倒的な力を誇る「ギタイ」との闘いに百六十回も挑み、そのつど死んでは再生する悪夢が展開される。あるいは、『劇場版 魔法少女まどか☆マギカ［後編］』（二〇一二年）では、まどかを救おうとするほむらが、時間を何度リセットしても魔女の超絶的な力に圧倒され、ついに力尽きる。そこには、各回の行動を選択する自由が、大枠の時間世界に対してはまったく瑣末なものでしかないことが暗示されている。

『恋はデジャ・ブ』では、この点がもっと印象的だ。同じ日を繰り返し経験するフィルは、周囲で起こる出来事を熟知している。だから、現金輸送車の警備員の隙を見て金を失敬したり、前の回の情報を駆使してカワイコちゃんを射止めたりする。ところが、ひそかに思いを寄せるリタからは、繰り返し最後のところで肘鉄をくらう。ここにも、自由の理念に対する深刻な懐疑が漂っている。自己の目的と願望を追求する自由は、思考と行為を翻弄する社会と時間の複雑な波にのみ込まれ、大海のしぶきのように飛散する。やはり反復する時間の物語は、人間性の理念に対する不信感を呼び寄せ、その空しさを痛感させる。

しかし、物語は思わぬところに光明を見いだそうとする。反復の地獄に耐えきれなくなったフィルは、何度も自殺を試みるが、やっぱり同じ朝に引き戻される。彼は、明らかに限界に達していた。そのとき、リタがこう語りかける。「前向きに考えるのよ」。この言葉をきっかけに、フィルは繰り返す日々を有意義に過ごそうと思い直す。周囲の人々を思いやり、手助けをすることに生の意味を見いだしたのだ。木から転落する子どもや喉にものを詰まらせた老人を助け、一から学んだピアノで人々を楽しませる。同じ時間が繰り返されても、他者からの価値づけを支えにすれば一つひとつの瞬間が意味の輝きを放つということだろう。現在を将来のための階段として積み上げていくのではなく、現在の瞬間それ自体に潜む意味と価値を自己目的として享受すること。確かにそこには、時間を資源ととらえる者が忘れがちな、生の奥行きがある。

このことに目覚めたとき、フィルはついにリタの心をとらえ、彼女と結ばれる。けれどもこのストーリーには、見過ごすことのできない危うさが潜んでいる。「いま現在」の価値という聞こえのいいレトリックの陰に、底なしと言っていいほどの暗闇が隠されているからだ。この点について考えるとき、やはり「反復世界もの」の代表格、Ｋ・グリムウッドの『リプレイ』（一九八七年）に触れないわけにはいかない。

物語には、沈鬱な空気が漂っている。その根っこには、家族生活の挫折と解体がある。主人公のジェフは、醒めた生活感しかない妻と電話で話しているとき、心臓発作に見舞われる。ところが、その先に待っていたのは死の暗闇ではなく、二十五年前の世界だった。オリジナルの人生で得た知識を利用し、賭け事や投資で大成功、そして妖艶なセフレとの快楽の時間。だが、ジェフは家庭の幸福に飢えていた。最初の人生で子どもに恵まれなかったことを悔やんでいたのだ。だから彼は、やり直しの人生で子どもをもうけた。そして、三度目の人生でも二人の養子を育てる。けれども、四十三歳のある日がやってくると必ず心臓発作に襲われ、「自分自身でも理解できない力によって」過去へ送り戻されてしまう。

愛も幸福も、「全てが無に帰してしまい、やはり孤独で、無力で、手のなかも心のなかも空虚になってしまった」。ジェフは生の目的と願望を見失い、抜け殻のようになっていく。その悲しみは、一人のセフレのつぶやきに表されている。「多くの人生（略）多くの苦しみ」。否応なく反復する時間は、まちがいなく人を「無意味」の奈落に突き落とす。彼は、この空虚をごまかすために、放蕩の生活を送ってもみた。けれどもそれは、空しさを増幅させただけだった。ついにジェフは、山奥で自然との静穏な「和合」を求めるようになる。それは、「孤独のうちに魂を少しずつ死滅させる[12]」ような時間だった。

　ところが三度目の生で、彼の時間はもう一度輝きを取り戻す。時の偶然が、同じリピーターであるパメラとの出会いを用意したのだ。ほかにもいるかもしれないリピーターを探してみよう、リプレイが明かす生の真実を人々に伝えていこう。パメラとの心の絆によって、ふたたび彼は生の目的と願望を取り戻す。しかし二人は、何度も生をともにするうちに、次第にリプレイ期間が短くなっていくことに気づく。リプレイには終わりがあったのだ。まずパメラが先に最後の死を迎え、ついにはジェフも、呪わしい小刻みな反復に襲われる。再生して十一分で心臓発作。次には六分後。そして三分、一分……。

　そのおぞましき循環は、リプレイに翻弄され、意味の無化を強制された者の眩暈を象徴的に示している。ジェフは、「生でもなく死でもない恐ろしい暗黒のなかに（略）間断なく宙吊りになっていた」。ところが、物語は設定を反転させ、二人が一度きりの生に復帰したことを告げる。喜びに包まれたジェフの心は、やり直しのきかない生への畏怖と感謝にあふれていた。「この時間しかない。（略）一瞬間も無駄にしないことにしよう。当然のことと見なすのをやめよう[13]」。ここでも物語は、すべての「いま現在」、つまりあらゆる瞬間に潜む輝きを享受することに、地獄からの脱出口を見いだしている。

　それは、未来の希望が無に帰したときに、否応なく引き寄せられる存在の構えだろう。確かにそれは、未来のための手段に成り下がった時間とは違う、時の豊かさを浮かび上がらせる。そのとき、人は自らを諭すこともできる。「辛いにしろ楽しいにしろ、不安に満ちているにしろ平穏にしろ、今日という日が自分にふさわしい唯一の日[14]」なのだ、と。

けれども人間は、こうした時間に安住できるだろうか。いや、時間に対するこの態度には、実のところきれいごとではすまない困難が潜んでいる。確かに、せせらぎに映える午後の陽光が満ち足りた感じをもたらし、ふとしたときに感じた他者との触れあいが心を震わせることはある。そのとき私たちは、その瞬間の価値を、過去や未来との結び付きなしに享受している。とはいえ、そうして「いま現在」を大切にする生とは、あらゆる瞬間の出来事、他者との関わりを、おしなべて価値ある輝きとして享受することを意味しないだろうか。

事実上それは、特定の他者との関係を大切にし、特定の事柄に意を注ぐ態度を放棄することになる。このことは、ジェフの決意にもはっきり表れている。「仕事も、友情も、女性との関係も（略）人生を方向付けるべきものではない[15]」。そう、自らが関与すべき他者と出来事について価値的な選択をせず、「あるがままの生を受け入れること[16]」。これがすべての瞬間に意味を見いだす生き方だろう。誰でもカンゲ〜、何でもござれ〜、というわけだ。意外にもそれは、時間の空虚に翻弄される情況と大差ないものではないだろうか。そう、「重要なものなんか何もない」だ。すべてに意味を見いだし、あらゆることを価値づける態度、それは全体的な人生についての価値選択を、事実上放棄することになる。

ただし、「いま現在」の価値を称揚する語りは、物語全体を貫く主調音ではない。実のところそれは、ストーリーを結びに向かわせる「下げ」の手法にすぎない。これに対して、物語の主調音は、ハッピーエンドとは不相応な暗く重いリアリティにある。そしてそこにこそ、私たちの人生の実情と通じあうポイントがある。人は、すべての瞬間に価値を見いだす生き方はできず、人生における価値選択に血道を上げずにはいられない。けれどもその努力は、ジェフたちがいやというほど経験したように、しばしば意図と願望を踏みにじる結果に終わる。彼は達観しながら、自らの歩みをこう振り返る。人生において「常に未来の選択に夢中になる」私たちは、「偽りの快楽[17]」にふけっているのだ、と。

物語は、人生の目的と願望にもとづく価値選択が、虚しい空回りでしかないことを浮き彫りにしている。すべての瞬間を価値づけようとする言説は、この絶望的な暗闇にのみ込まれた者への慰めとはなるだろう。けれども、あくまでそれは、時間世界の意味の空洞化と背中合わせのものでしかない。思考と行為を翻弄する時間の複雑な波のなかで、目的と願望の追求を骨抜きにされ、自由の理念を棚上げせざるをえない私たちの実情。これこそが、「反復世界もの」を貫くメイン・テーマなのである。

2 「枝分かれする世界」——価値の相対化と自由意志の無力

二つ目のポイントに移るにあたって、『リプレイ』をもう一度振り返っておこう。実はそこには、次の話題につながる問題が隠れているからだ。物語は、リピーターが各回の経緯を変えられる設定になっていた。そうなると、前の章で触れたタイム・パラドクスが気になってくる。同じ時間世界のなかで、あったことをなしにし、出来事を変更することは、論理的にはありえないからだ。『リプレイ』は、この不用意な時間理解に立っているのだろうか。実は、そうではない。つぶさに読むとわかるのだけれど、ジェフとパメラは、再生が起きると「新しい現実の線が枝分かれして[18]」いくと推測している。だとすれば、意外にも『リプレイ』は、並行する「多世界」の物語であることになる。

時間SFには、こうした並行する「別時間」への跳躍を描くものがかなりある。L・ニーヴンは、このパターンの核心をタイム・パラドクスが回避される点に見た[19]。ただし、事柄はそう単純ではない。確かに、ジャンプして行った先が別の時間世界であれば、過去に介入してもパラドクスは生じないと語る作品もある。J・S・ミラーの「存在の環」(一九四四年)やJ・ウィンダムの「もうひとりの自分」(一九五四年)、あるいはC・L・ムーアの「出会いのとき巡りきて」(一九三六年)やS・バクスターの『タイム・シップ』(一九九五年[20])。けれども問題の「並行世界もの」には、同一の時間線をトラヴェルする物語とは別筋のテーマも潜んでいる。だからそこには、また違った形で現代の意識状況と共鳴するポイントがある。

まずはＪ・ウィリアムスンの『航時軍団』（一九三八年）を見ることにしよう。これが「並行世界もの」の嚆矢とされているからだ。[21]ただし、未来に通じる道が複数に分岐するというアイデアは、すでにＭ・ラインスターの「時の脇道」（一九三四年）に登場しているし、時の推移のなかで世界が多元的に分立するという理解も、Ｄ・Ｒ・ダニエルの *Branches of Time*（一九三五年）やＣ・Ｌ・ムーアの「出会いのとき巡りきて」のほうが先をいっている。[22]だから正確には、「多世界」の拮抗を初めて本格的に扱ったのが『航時軍団』だと言うべきだろう。

さて最初に、この作品が描く「多世界」の成り立ちを確認しておく必要がある。物語は、時の「通廊」には「無数の分岐」があるという想定をとっている。つまり、一つひとつの出来事の有無によって、あるいはその内容の違いによって、世界は微妙に右へ行ったり左へ行ったりするということだ。けれどもそこに、特有の想定が重ねられる。分かれ目で世界の道行きが決まるとき、選ばれなかった道は途絶し、断ち消えると考えられてはいない。道行きがどちらに決まるにせよ、分岐する道のいずれもが、可能的なもの、「ありうべき世界」として、常に存在するとされるのだ。[23]あくまで想定にすぎないけれども、この世界のとらえ方に、現代の意識状況とひそかに共鳴するものがある以上、いささか飛躍があっても検討すべき価値はある。

ここでは、可能世界として複数的に分立する時間世界の構成を、「枝分かれする世界 branching worlds」と呼ぶことにしよう。『航時軍団』は、出来事をめぐる分岐に即して「存在しうるかぎりの可能性がすべて存在している」とする点で、この世界像の基本型を示している。ただしそこには、やや特異な要素もある。無数の分岐する「通廊」は、出来事ごとに順次生起するのではなく、「常にすでに」存在しているとされる。それぞれの道は、通過する私たちの主観が照らす光によって、確定的な存在となったり暗闇のうちに永久に取り残されたりするのだ。ここには、あの静的な四次元連続体に通じるところがある。[24]確かに、「時の脇道」[25]のように、こうした時間理解を想定する作品もあるけれど、少なくともそれは「多世界もの」の常道ではない。

こうしたしつらえのなかで、物語は存在可能な二つの世界の熾烈な闘争を描き出している。それは、豊田有恒の『モンゴルの残光』（一九七三年）にも見られるような、並存する複数の可能世界の衝突である。[26]デニス・ランニングは、「運命」に導かれてこの闘いに巻き込まれる。ミンコフスキーの時空論に思いを馳せていたとき、彼の前に微笑する美女が現れ、自分の世界を救うよう懇願する。彼女は、「ジョン・バール」と呼ばれる幸福の世界の女王だった。一方、暗黒の世界の女王も、彼をその魅力で籠絡し、敵を抹殺しようと画策してくる。ここまでは、安易な勧善懲悪パターンに見えるけれど、物語はエピソードの進展のなかで、そこそこの深みを見せる。

デニスは、親友とともに中国で爆発に巻き込まれたとき、奇妙な船に迎えられる。それは、「ジョン・バール」を救おうとする、死者たちの戦艦だった。彼は、この幽霊のような戦士たちとともに、二つの世界を「枝分かれ」させる出来事を突き止める。その出来事が左右いずれに傾くかで、一方の存在が確定され、他方が抹殺されてしまうというわけだ。

デニスとその仲間は、「時間透視機《クロノスコープ》」で遥か過去の分岐点を覗き込む。現れたのは、ジョン・バールという少年だった。ジョンは、母にせかされ農場の坂を下りていく。そのとき、道端にあった何かを手にするという、「たったそれだけのこと」[27]。それがマグネットの欠片であれば、ジョンの知的好奇心が膨らみ、彼が原子エネルギー技術を開花させる。そして、彼の名を冠した幸福の世界の誕生につながる。だが、彼が拾ったのがただの奇麗な石なら、テクノロジーは開花せず、暗黒の世界が確立され「ジョン・バール」は霧消する。最終的には、デニスたちの命を賭した闘いによって、マグネットを拾った歴史が確定される。

それにしても、世界の推移を左右する出来事の些細なこと。そして、それがその後の世界の推移を決定するという時間世界の危うさ。多くの「多世界もの」に共通するテーマは、こうした「いま現在」をめぐる実在的確実性の揺らぎにある。それは、R・シルヴァーバーグが「旅」（一九七四年）で語り出したような、精神の漂流へと誘う。主人公は、蒙古族の戦士が馬を駆る世界、生きている死者の世界、ジョンソンとケネディの地位が逆転したアメリカ、彼の妻が独身を貫いている世界、などを延々と遍歴する。決定がなされるごとに、時は「何度も枝分かれする」。それは、「遷移相 transitional phase」にある宇宙とも言えるだろう。常に新しき世界への前進、そして前進。ところが、物語の結びはこのムードとは縁遠いものになっている。主人公はある「前進」のあと、見覚えのある家に吸い込まれる。それは、もとの世界のわが家だった。彼は「本当の」妻に迎えられる。けれども、互いに再会を喜んでいたときに、もう一人の彼が現れる。それは、「ここ とたいへんよく似ている[28]」別世界の男だった。「遷移相」にある「多世界」では、いずれの世界もほかから攪乱されて変移する。

並行世界へと旅する者は、定かなる現実を捨て去るべき運命にあるのだろう。こうした主題がより鮮明なのは、幻のような可能世界と、もともとの実在世界の地位が、ある意味で逆転してしまう物語である。Ｆ・ブラウンの『発狂した宇宙』（一九四九年）は、その代表格だと言っていい。

ＳＦ雑誌の編集に携わるキースは、週末に社長の別荘に招かれる。投稿欄の仕事を速攻でやっつけた彼は、食事までの時間を庭のベンチで過ごすことにし、ある読者の変わった要望に思いをめぐらしていた。そのとき、月ロケットが彼の目前に墜落する。強烈な光の閃き。その瞬間、キースには何の感覚もなかった。気がつくと、地面にひっくり返り、呆然と宵の空を見上げていた。

正気を取り戻したキースは、社長の別荘をめざして歩き出す。ところが……。近くには人家などなく、道で会った農夫に聞いても、別荘など知らないと言う。そう、墜落の「電気的効果」で、彼は「異なった組合せ」の別世界に跳躍してしまったのだ。ところがこの別世界は、「あまりにも突飛[29]」だった。貨幣単位が「クレジット」で、Ｔ型フォードが目につくのは序の口である。何と街では紫色（！）の怪物が平然と闊歩し、地球はアルクトゥールスという異星からの侵略にさらされている。

キースは、もとの世界の硬貨を使ってしまい、侵略者のスパイとして追われる。そして、あの紫色の怪物の攻撃を受け、闇の街で冷酷な殺人システムに追いつめられる。彼が、この世界は「とても現実とは考えにくい」とあきれるのは当然だろう。けれども、「即射殺」という指名手配の網を張りめぐらされ、この世のものとは思えない怪物に囲まれたとき、彼のとらえ方に転換が起きる。

キースは自問する。これは、自分が狂っているからなのか？　しかしそうであるなら、もとの世界のほうが自分の狂気の産物である可能性はないのか？　「いったいどっちが妄想なのだろう」。彼の精神は、一寸先は死という切迫のなかで、「狂った世界」に否応なく存在の根を張り始めたのだ。こうして彼は、真の実在をめぐる撹乱に陥る。「この世界こそが、生まれてこのかたずっと暮らしてきた場所であって、自分で親しんできたと思っている世界、自分の記憶にある世界は、すべて頭脳の描き出した幻覚ではなかったのか[30]」

作品の終盤で、人工頭脳メッキーが、ことの次第を解き明かす。無限数の宇宙が同時に存在している。この宇宙ももとの宇宙も、みな「同様ニ現実デアリ、真実デモアル」。それは、あらゆる組合わせの世界が実在するということだ。つまり、どんな奇想天外なフィクションでも、「ドコカノ宇宙デハ、ソノ通リノコトガ実際ニ起コッテイル[31]」。これは、出来事が起きるたびに「枝分かれする世界」とはやや趣を異にしている。むしろ、人が想像的にこしらえた幻想や夢想が、それぞれどこかに実在し、「多世界」をなしているという話だろう。

幻想と夢想の世界の並行的な実在性。メッキーは、目の前の世界が、爆発のさいにキースの頭にあった想念の実在化なのだと明かす。それは、山田正紀の『エイダ』（一九九四年）と同様に、現実と幻想をめぐる撹乱を展開し、生きられる世界の実在的確実性を揺るがす物語なのだ。ただし、『発狂する宇宙』は、この撹乱がもとの現実世界に何をもたらすかを語り出してはいない。

キースは、ロケットに乗り込みアルクトゥールスの怪物艦めざして突っ込んでいく。ふたたびすさまじい閃光。彼は、あの電気的な効果を再現したのだ。しかし、跳躍していった先は、もとの世界ではなかった。彼は閃光のなかで、愛しい女性について考えてしまったのである。さらに別の夢想が実在している世界。そこは、自らが出版社の社長となり、憧れの女性と結ばれている世界だった。確かに作品は、もとの現実とは異質な並行世界が無数に実在することを綴っている。けれどもそれらは、決して互いに触れあうことはなく、もとの世界の生に食い込むこともない。『発狂した宇宙』は、現実と幻想が混交しあう撹乱の手前で旋回している。

この点では、ニーヴンの『ガラスの短剣』（一九七三年）のほうが、撹乱の度合いが強いだろう。この著作の「スヴェッツ・シリーズ」では、並行世界へのスリップを通じて、もとの世界の足場が脅かされるエピソードが展開されているからだ。

雇われトラヴェラーのスヴェッツは、「時間研究所」の太っちょ所長の命を受け、中世の馬や太古のリヴァイアサンの捕獲に奔走する。あるとき彼は、人間らしき存在が、何やら違った姿をとっている世界に入り込む。スヴェッツは元来の「時間線」を離れ、並行世界へと「横向きにそれて[32]」いたのだ。

物語は、「時間的連続体が延びてゆく線をまたいで移動する move across[33]」ことを想定している。この想定は、R・F・ジョーンズの“Pete Can Fix It”（一九四七年）にも登場するもので、さほど独特というわけではない。けれども、スヴェッツが迷い込んだ世界の設定は、実に異様なものになっている。彼は、人々の容貌に懐疑を抱く。彼らには狼の面影があったのだ。その世界では、狼の末裔が進化をとげ、人間まがいの文明を築き上げていたのである。では、人間はどうなったのか。スヴェッツは、庭に飼われる猿のような動物に気づく。異なる進化の枝分かれをへたこの世界では、人間もどきのその小柄な動物は、狼を祖先とする種族に支配されていた。

ここで肝心なのは、生物進化上の「枝分かれ」が微妙にずれることで、異なる可能世界が成り立つ、という設定だろう。それは、R・ソウヤーの『ホミニッド』（二〇〇二年）でも採用されているアイデアだ。ネアンデルタール人とクロマニヨン人の境遇が逆転した世界。偶然的要素も抱え込みながら、しかし決定的に世界を左右する「枝分かれ」によって、まったく別の世界が実在となるという時間の妙。

この異質な世界は、人間を決定的な危機に投げ込む。スヴェッツの体は、異様に変化し始めていた。目の上の骨が大きく突き出し、長さを増した眉は毛虫のようになり、顎先も消失する。そう、彼の体はこの世界の「歴史線に適応して[34]」、猿へと変貌しつつあったのだ。文明人として生きてきた現実が、雪崩をうって解体していく恐怖。物語は、人間世界の現実なるものを、辛みがきいたアイロニーでぐらりと揺り動かしている。

『ガラスの短剣』には、もっと攪乱的なエピソードもある。スヴェッツは、あるミッションの帰りに制御盤のあたりで靄のようなものを目にする。それは、頭巾をかぶった幽霊のようだったが、彼が直視すると消え去った。ところが、この出来事を報告すると、ワンマン所長は捕まえてこいとラッパを吹く。いやいやながら、スヴェッツがもとのポイントに行くと、骨だけの姿をした幽霊が実体化して現れ、彼に語りかけてきた。「わたしは世界最初のタイム・トラヴェラー」だ、「きみのタイム・マシンをハイジャックする」、と。

幽霊は、全面的核戦争が勃発した過去を改変したと明かす。人類がほぼ滅亡した時代からさかのぼり、キューバのミサイルが発射されない歴史を「リテイク」[35]したと言うのだ。ところが、そのあとで動力源を失い、時間線の狭間を漂う存在になってしまった。だから、スヴェッツのマシンを乗っ取り、もとの世界に戻るというわけである。ただし、誤解してはならない。ここで想定されているのは、歴史のやり直しではない。そうではなく、幽霊の介入によって、「別の歴史線」が生まれたという話だ。そして、この「枝分かれ」した時間線こそ、スヴェッツが生きる世界なのだった。

ところが、考えを変えた幽霊は、自分が九歳だったときのオーストラリアに行けと命じる。つまりは、世界が「枝分かれ」する前の過去へとジャンプしろということだ。二人がめざした場所にたどりつくと、そこには放射能の影響で体が不自由になった子どもたちが遊んでいた。すると幽霊は、骸骨のような男の子に向けて発砲する。それは、九歳の幽霊自身だった。彼は、異なる時間線を漂流し、靄のようにぼやけてしまった自分の存在に終止符を打ったのである。実はそれは、きわめて重大な事態だった。スヴェッツが生きる時間線を「枝分かれ」させたのは幽霊だ。だとすれば、彼の死によって、その時間線全体が起源と根拠のないものになってしまう。

それは、時間世界の実在性を掘り崩す事態だと言っていい。ところがスヴェッツは、なぜかもとの世界に無事帰還し、所長にいきさつを報告する。すると所長は、常日頃の押しの強さなど忘れ、何かに憑かれたように不安を吐露する。「われわれにはもう過去の歴史がないのなら……」。けれども、スヴェッツは自分の動揺を隠すように、強い口調で応える。「われわれが実在でなかったとしても、それがどうだというのです！　あなたは自分が実在だと感じているでしょう?」[36]。それは、己れの感覚だけを支えに、自分を言いくるめろということだ。常に忍び寄る実在性の不安を、生きる者の思い込みで糊塗せずにはいられない世界。やはり「多世界」を想定する物語は、世界の確かさが掘り崩される事態を描き出す。

けれども、一つの世界がそっくり覆る危険というのは、いささか生の実感から隔たっている。そこには、私たちの現実に引き寄せて考えられる要素が乏しいからだ。この点ではむしろ、もっとありふれた設定の物語のほうが、意外なインパクトをもつように思う。例えば、アシモフの「もし万一……」（一九五二年）などはその典型と言っていい。

結婚五周年を祝ってニューヨークに出かけるノーマンとリヴィ。二人は、旅のムードを盛り上げるかのように、列車のなかで会話に興じていた。リヴィは、二人の出会いに思いを馳せる。あの日、あなたが停留所に着くのが一分でも遅かったら、私たちはどうなっていたか……。その日彼女は、市電が急停車したときに、そばに座っていたノーマンの膝にお尻を乗せてしまったのだ。稀有ななれそめには、偶然の危うさがつきまとっている。

そのとき、優しい目の小男が向かいに座り、一つの箱を横に置く。そこには、小さな文字で What if と書かれていた。男は、箱からおもむろに板ガラスを取り出す。それを見たリヴィは驚きをあらわにした。「私たちが映っている」。そこに見えたのは、二人が出会った市電の状景だった。リヴィは友人のジョーゼットの先に立ち、窮屈な車内を移動していく。そして市電がカーブにさしかかり、突然大きく揺れた。ところが、である。リヴィは懸命に吊り革をつかみ、何とか体を支えた。そして、ノーマンは彼女には目もくれず、横のジョーゼットに話しかけたのである。

そのガラスは、「もしも」の可能世界を見る窓だった。さらにガラスは、リヴィの動揺に追い打ちをかけるように、ノーマンとジョーゼットの結婚式を映し出す。リヴィは、しばし呆然とし、少しだけノーマンを追及したあとで塞ぎ込む。それでも、二人が結ばれる必然を確信するノーマンは、ガラスの世界の現在を見ようと提案する。意外なことに、その結末はハッピーエンドだった。ぴったりと寄り添う二人。そして、いまいる列車の同じ席、ひび割れた同じ窓。

出会いもプロポーズも、「あのときでなければ、別のときに起こっていた」んだ。ノーマンは、その「必然」を自分に言い聞かすように語る。そしてリヴィも、「ほかの可能性なんて私たちとは関係ないのよ」とうそぶく。

けれども、語りの真実はしばしばその裏にある。彼女の反省の弁には、落着の危うさも透かし見える。「もし万一を考え始めたら、きりがないわ（略）私もう二度と「もし万一」なんて言いません」[37]。暗に彼女は、別の可能性がどうやっても消去できないことを吐露している。それはどこまでも現在につきまとい、その確かさを揺さぶる。だからこそリヴィは、考えないという規律を自らに課したのだ。

別の過去の可能性は、現在の確かさを脅かす。もちろん、とにかく成り立った現在は、想像のなかでしか消失することはない。けれども、「いま現在」に先立つ些細な分岐に思いをいたすとき、目の前の現実も「可能性の幻」[38]を重ねた砂上の楼閣に見えてくる。しかし、もっと重要なのは、「いま現在」にもズレを生み出す分岐が潜んでいることだろう。いまなにげなく起きること、何とはなしの言動、それら一つひとつが未来の世界を決定的に左右する分岐点でありうるという事実。人々の意識と意志をあざ笑うような、はかない「偶然」がひしめきあう現在。確かだと思い込んでいる世界は、実は位置と方向性の定まらぬ、不確定な種子の渦でしかないのだ。『航時軍団』や「スヴェッツ・シリーズ」に登場する「幽霊」のような現在、そしてそれが現実世界を左右するという時の構図。それは、私たちが生きる世界のメタファだと言っていい。

「いま現在」にあふれる些細な「枝分かれ」の可能性は、自分を思わぬところに運び去るかもしれない。けれども、それらを数え上げることに没頭していては、仕事も恋人も逃げていってしまう。それなら、せめて決定的な分かれ道はずすまいと構えても、どれがそれに当たるのかを見定めるのは難しい。にもかかわらず、私たちは自由という理念を意識しながら、日々数えきれないほどの「枝分かれ」を生み出す。いや、ここが笑えないところなのだけれど、実は選択の自覚がなくとも、なにげない行動で枝を選び取ってしまう。この些細な「枝分かれ」の積み重ねが、時をなし現実世界の配備を形づくっていく。時の推移とは、「酔漢の歩みであり、来し方行く末のわからぬ当て推量の過程なのだ」[39]。ところがこの選択の堆積は、結果的に私たちの生を条件づけるだけでなく、しばしば理不尽な抑圧と悲惨に行き着いてしまう。日々、なにげなく積み上げていくものが、自分たち自身を押し潰しかねない時の重圧となる。

だから人は、「いま現在」にとらえどころがない不確かさを感じ取り、時の「魔力」に不安と恐れを抱かざるをえない。もちろんそれは、現代に固有なことではない。けれども、このことが強く意識され、不安と恐れが瀰漫していく事態は、やはり現代の情況と深く関わっていると思う。この点で考えるべきは、社会的に処理しきれないほどの情報の膨張だろう。

日々世界で生起する多くの出来事の情報。それらは、無数の可能性が分岐するポイントだと言っていい。現代の情報社会は、こうした多様な可能性の束を、意識し問題にできる条件を初めて築き上げた。けれどもそれは、可能性の拡大と言ってただ喜んでいられる話ではない。ギデンズが語るように、現代ではこうした「選択の複数性」が自己を構築する「再帰的プロジェクト」の条件となっていて、この選択肢に秩序を与えなければ「存在論的安心[40]」が得られない情況がある。だから私たちは、無数の可能性の配置をしっかりつかまなければならない。ところが、ウェブで調べものをしながら情報の海に溺れてしまうように、膨大な情報の量と速度にはついていけず、多数の分岐のつながりと配備をとらえるなど夢のまた夢だろう。選択の分岐点が増殖する情況は、私たちを不確実性の迷路に直面させている[41]。

人は、あふれる情報の渦によって、何かが決まる可能性を意識させられるだけで、「枝分かれ」の帰趨をつかむことはできない。現代の文化状況は、現実を確かなものにしようとする求めを生み出すと同時に、その求めを実現不可能にする壁もしつらえているというわけだ。無数の可能世界が現実世界を攪乱する物語は、膨大な情報の海のなかで、不安と恐れを抱く私たちの実情とほぼ重なりあっている。

ところで、「多世界」の物語について語るなら、もう一つ忘れてはならないパターンがある。それは、一九八〇年代から目立ち始めた「量子論的並行世界」の物語だ。ただし、この手の発想は、かなり以前から芽吹いていた。Ｊ・ウィンダムの「もうひとりの自分」はその一例だろう。これは、「重複パラドクス」の物語ではない。主人公が出会ったもう一人の「自分」は、「量子の放射作用に似たもの」によって分岐した世界の人間だった。

もう一人の「自分」は、時間を究めた老人の説を語る。時間というものは、「放射性のある原子と異類ではありません（略）「瞬間」ごとに時間の原子は二つに分裂していきます。二つに分裂したそれぞれの半分は、各々別の方向で分裂し続けて、分岐するにつれてそれぞれ別の影響を受けます[42]」。ウィンダムは、似たような理解を“Random Quest”（一九六一年）でも披露している。「時間の原子は、不規則に存在するニュートロンによって分岐し」、その結果として「私たちにはとらえられない次元で無数の地平を存在させる[43]」。おそらくは核分裂を意識したこの想定には、「量子論的並行世界」の萌芽があると言っていい。

この世界像は、厳密に言えば『航時軍団』や「もし万一……」とはちょっと違う。「原子の放射作用」といった物理現象から「多世界」をイメージする場合は、人の選択や行為に関わりなく、世界は常にすでに多数並列していることになるからだ。言い換えれば、人々の選択がなかったとしても、世界は複数的にあるという理解になる。実際、J・R・パースの“Mr. Kinkaid's Pasts”（一九五三年）では、過去も複数的なものとされ、「無限数の過去があり[44]」、どれも実在的なのだと語られている。過去であれ未来であれ、すべての時点で世界は、常にすでに多岐的なものとしてあるという話だ。

しかし、本格的な「多世界もの」が発表され出したのは、一九八〇年代以降のことである。例えば、G・A・エフィンジャーの「シュレディンガーの子猫」（一九八八年）は、時代を画する作品だろう。まだベールをかぶってもいないジハーンが、ブダイーンの街角で少年に陵辱される世界、逆に彼女がその少年を短刀で刺し殺す世界、あるいは殺人の罪に問われて斬首の刑に処せられる世界と、すんでのところで一人の西洋人に助けられる世界。物語は、同じ名の女性を軸に、異なる世界をパラレルに描き出す。それは、彼女の多様な幻想のようでもあり、似たような構成をもつ並行世界のようでもある。

しかし、何と言っても作品の特徴は、彼女と量子力学の巨人たちの関わりを通じて、「多世界」の成り立ちが浮き彫りになる点にある。ジハーンが若き物理学者となった世界。そこで彼女は、一九二五年にハイゼンベルクに同行して北海の小島に赴く。ややスランプの大物理学者は、量子の遷移現象に関するボーアの学説をくさす。そのときジハーンは、窓の外の波を指さして、「あの波をお創りになったのはアッラーです。あの波の何を、あなたは知っています！」と問う。けれども彼は、「波（略）粒子。そこには何の違いもない[45]」とつぶやき、量子をめぐる思考から離れようとしなかった。

ここには、あらゆる粒子には同時に波動の性質が認められるという「波―粒子二重性[46]」の問題が埋め込まれている。アインシュタインやド・ブロイが公にしたこの知見は、少しあとで紹介する「二重スリット実験」ともリンクするもので、量子力学で言う「多世界」の大本になっている。もちろん、いきなり波だ粒子だと言われても……という感想もあるだろう。しかしここでは、二つのことの重なりという点に注目していただくだけでいい。つまり、潜在的ではあるけれども、そこに一つに確定しがたい世界の基盤があるということだ。

続いて物語は、シュレディンガーのエピソードに切り替わる。言うまでもなく、シュレディンガーは、量子の運動を波動関数で表現した人である。ここでも話は、同じ「二重性」の問題とつながっていると言っていい。けれども、物語が彼を登場させて想起させようとしているのは、「シュレディンガーの猫」と呼ばれる思考実験だろう。

鉄の箱にラジウムと、放射線検出器に連動するように青酸ガス発生器をしつらえ、子猫を一時間閉じ込める。確率論的な理解では、原子核の崩壊は確率の問題として考えられるので、アルファ粒子が放射される率が五〇パーセントなら、子猫が生きている場合と死んでいる場合はいずれも確率五〇パーセントとなる。そのとき、猫が生きている状態と死んでいる状態は「共存している[47]」ことになる！　実はシュレディンガーの意図は、確率論的理解がパラドクスに陥ることを示す点にあったのだけれど、ＳＦ的想像はこの「重なりあい」という解釈に跳躍力を得て、猫が生きている世界と死んでいる世界の並立という理解を引き寄せた。ラジウムの状態に関する曖昧さと「揺らぎ」を通じて、一つの現実という世界像がミクロな次元から攪乱されたのだ。

ジハーンは、この世界像の攪乱から「多世界」の理解が膨らんでいく現場にも立ち会う。五十七歳になった彼女は、プリンストン大学で若きエヴェレット三世の「多世界解釈」を耳にしたのである。彼が説いたのは一つのメタ理論であって、その趣旨を簡略化するのは難しい。けれども、あえて猫の実験になぞらえて、それを噛み砕いてみよう。彼は、生死の重なりあいに異を唱えたシュレディンガーとは違い、箱を開けると実在的状態が一つに収束するという理解に疑問を差し挟んだ。つまり、死んでいる猫が発見されたとしても、猫が生きている状態が「もう一つの現実として独自に存在して[48]」いるというわけである。いささかトンデモに聞こえるだろうが、彼の解釈は「観測問題」という量子力学のアキレス腱を衝くものだった。

波動方程式が示すところでは、粒子の運動は一定の広がりの確率分布としてある。それは、粒子が確率論的な「重ね合わせ[49]」の状態にあるという話だ。だが実験的に観測すると、粒子の場所が確定的にとらえられてしまう。波動と粒子の「二重性」が観測によって単一の状態に収斂する？　コペンハーゲン学派は、これを波動関数の「収縮」と言うが、それは猫のケースで言えば、箱を開けたときに生死が決定されるということだ。観測が波動としてのあり方を消し去る？　そこには、量子力学がいまも引きずる難問がある。エヴェレットは、この「観測問題」にある理論的な解決を与えようとしたのである。

観測という行為が、一つの状態への収束を生み出すと考えるべきではない。観測で特定された粒子の場所は、観測者と対象との相対的な状態に依存するのであって、この相対的な状態が異なれば、粒子は別の場所に観測されうる。だから、こうした可能な諸状態を全体として俯瞰すれば、「枝分かれ」したさまざまな状態を並行的に想定できる[50]。つまり、もう一度猫の実験に引き寄せて言えば、猫が死んでいる状態が観測されても、論理的には「もう一つの現実」も存在していると考えるべきではないか。これがエヴェレットの説の含意だった。

ジハーンは、この論理に「解放感」を味わった。エヴェレットの解釈が、彼女の幻を解き明かし、疑念の闇を晴らしてくれたからだ。彼女が垣間見たのは、ただの幻ではなく、「別の世界の自己」のありようであり、無数のパラレル・ワールドの自己だった。疑念の闇は去り、清々しい光が降りそそぐ。そのとき、彼女は世界の光景を見た。「無限の合わせ鏡のなかの無数のジハーンが、一緒にその一歩を踏み出し、そして同じく無数のジハーンが、その一歩を踏み出さずにいることだろう[51]」

実はこの光景が、物語そのものの構成と重なることを忘れてはいけない。ブダイーンの町で展開される違ったヴァージョンの光景、そして何人かの量子力学の大物が登場する複数のエピソードは、それぞれ断片的に切断されている。しかも、単一の因果に収束することなく、隔たりをもったまま並べられている。パラレル・ストーリーと呼ぶべきこの形式は、相並んで枝葉を広げる「多世界」の光景を体現していると言っていい。それは、物語を「多世界」としてとらえ、読み解くことをうながす。そして、ここにこそ、時代を画するポイントがある。「多世界論」の話が少し膨らみすぎたかもしれない。本筋に戻って、時間ＳＦの要素を織り込んだ物語を問題にしよう。例えばＭ・クライトンの『タイムライン』（一九九九年）。この作品は、映画化された大作だが、量子論的な時間ＳＦを代表するものである。

ＩＴＣ社の巨大プロジェクト、ドルドーニュの観光村。ジョンストン教授のチームは、そこで中世の城の発掘を進めていた。けれども、城の再現計画はさまざまな困難に直面し、遅々として進まなかった。そこで、社長の腹心が教授の尻を叩きにやってくる。ところが、彼女が手にしていた図面には、まだ発掘されていない修道院の構造が詳細に記されていた。

ＩＴＣが何かを隠していると睨んだジョンストンは、急遽本社に赴く。そして、とんでもない事実をつかむ。すでにＩＴＣのスタッフは、中世に跳んで問題の城を実見し、詳細な調査をしていたのだ。ただし、それを可能にしたのはタイム・マシンではない。彼らを中世に運んだのは、量子テクノロジーで「多元宇宙 multiverse」を移動する装置だった。つまり、ＩＴＣは、「量子の泡にワームホールの通路をあけ(52)」、人や物を並行世界へと移送していたのである。

物語は、この「多宇宙」の信憑性を補強すべく、「二重スリット実験」について語る。距離をおいて並べられた二つの衝立の一方に縦のスリットを入れ、その手前から光をあてる。すると、奥の衝立には一本の光の筋ができる。ところが、スリットを二本に増やすと、二本ではなくいくつもの筋ができる。これは、二つのスリットを抜けた光が、それぞれに波のような運動をし、互いに干渉しあうことで光を強めあうところと打ち消しあうところができるからだ。いや、もっと驚くべきことがある。この「干渉縞 interference pattern」は、実は光子を一つずつ断続的に発射した場合にもできるのだ。一つひとつの光子の運動が、あたかも干渉しあう波のような現象を見せる(53)！

物語は、この事実が「ほかの宇宙」の実在を示していると綴る。「ぼくらはその〔干渉の〕原因をこの宇宙のなかに見ることができない。したがって、干渉を起こす光子はほかの宇宙にあることになる(54)」。ただしそこには、想像的な飛躍もある。なぜなら、この実験については、「ほかの宇宙」の別の光子が干渉するのではなく、一つの同じ光子が、二つのスリットを通過した波動のようにふるまうと理解する余地もあるからだ。その場合には、粒子が右側を通過する可能世界と、左側を通過する可能世界とが、干渉しあうという説明になる。実際、『ホミニッド』にはこうした理解が示されている(55)。けれども、細かい点に拘泥する必要はない。肝心なのは、眼の前の世界の現実が、とらえがたい並行世界から干渉を受けているという発想だ。この世界の唯一性を揺るがす「真実」が、物語の通底音なのである。

さて、プロットに戻ろう。ジョンストン教授がＩＴＣ社に向かったあと、発掘メンバーは、不可思議な出来事に直面する。はじめて発掘した場所から、教授のメガネが発見されたのだ(56)。メンバーは、教授に一大事が起きたことに気づく。教授が跳んでいったのは百年戦争真っただなかのドルドーニュ。彼は、イギリス人領主にスパイの嫌疑をかけられ、監禁されて帰還できなくなっていたのだ。もちろん、残されたメンバーは救助のために「ほかの宇宙」に向かい、騎士たちと命を賭けた戦いを繰り広げていく。

こうして、並行する二つの世界はつながる。「ほかの宇宙」での教授の状況が、メガネを通じてこちらに伝えられ、発掘メンバーが救助に向かうのだから。確かに、あちらの宇宙のメガネが、こちらの遺跡で発見されるというのはややこしい（物語はあちらにも教授がいてこちらの世界の中世にジャンプしてきたと説明している）。とはいえ、この「干渉」のエピソードの重要性は変わらない。こちらの世界の確かさを揺るがす別の世界が隣りあわせに潜在しているということ。ここがポイントだと言っていい。

けれども、もっと重大なエピソードがある。それは、教授の救助に向かったマレクの決断にほかならない。彼は、中世ヨーロッパに対して並々ならぬ知識をもち、騎乗槍試合にも習熟していた。そんな彼は、中世に跳んでもさして戸惑うことなく、むしろ水を得た魚のように活躍する。そして、教授を救出したとき、彼は一大決心をする。そう、「ほかの宇宙」の中世に残ることを選んだのだ。確かにその裏には、心を通わせた姫の存在もあった。とはいえ彼の決断は、この世界を生きる者にとって驚くべきことではある。

別世界に生きる選択を輝かしく描き出す物語。それは、仮想の世界においてではあれ、こちらの世界の現実を一つのオルターナティヴに格下げする。こちらの世界以外にも、選びうる別の世界がある。それでもやはり、こちらの世界を唯一確かなものとして選ぶ理由はあるのか。この想像的思考は、眼前の世界の現実に閉ざされた精神を反省的に揺さぶり、そこに生きることの確かさを揺るがす。「多世界」への跳躍を描くＳＦの核心は、ここにある。

さて、問題をもう少し掘り下げるために、別の物語にも目を向けてみよう。Ｊ・Ｐ・ホーガンの『量子宇宙干渉機』（一九九六年）である。そこには、並行する世界同士の干渉という、より深刻なテーマが潜んでいる。

ヒューは、バークレーで「量子干渉相関機」の研究をしていた。この技術は、この世界の人間と無数の「別の宇宙」の「類似体 analogue」とをつなぎ、双方の情報を統合できる優れものだった。例の「二重スリット実験[57]」が示す干渉の原理を応用して、「類似体」の経験をこちらで傍受するというわけである。ところがメンバーは、「類似体」と脳のレベルでつながる実験にとりかかったとき、「遊離したような感覚」に陥り、別世界を垣間見る。それは、「隣接する宇宙」への「レーン変更[58]」だった。ヒューたちは、ほかの世界に住む自己の「類似体」に「憑依」していたのである。

これを体験したとき、ヒューは「隣」の世界の雰囲気がまったく違うと感じる。新聞には政治の記事がほとんどない。さらには、進んだテクノロジーが導入されると雇用が増大し、株主たちもそれを喜ぶ。自分の世界では、「誰もが、何かを手に入れるには他人から奪うしかない」のに、あちらでは「理念」がリアルに息づいていた。ヒューは、「隣」の世界の魅力に吸い込まれ、こちらの世界が疎遠なものに思えてくる。「もう一つの世界のほうが、これまでの人生で蓄積されてきた無数の体験よりもずっと現実味をおびていた[59]」。物語は、『タイムライン』と同様の仕掛けによって、世界の現実の唯一性と確かさを揺さぶっている。

　けれども、この作品の本領は別のところにある。実は「隣」の世界でも、こちらと同じようなプロジェクトが展開されていた。だとすれば、お互いに「隣」の事情を知りたくなるのが人の常だろう。ある日、芸術を専攻するサラが、記憶を失って資料室に立っていたという事件が起きる。どうやら「彼女」は、ある人物のファイルを探していたらしい。そう、あちらの宇宙から「憑依」してきたサラの「類似体」が、こちらのプロジェクトについてひそかに探っていたのだ。

　もちろん、「干渉」はあちらにしかできないことではない。実はヒューたちも、実験の行き詰まりを解決する貴重なヒントを、あちらのプロジェクトから引き出したのだ[60]。こちらは「干渉」の被害者であるだけでなく、加害者にもなりうる。とはいえ、このことで物語の趣旨が変わるわけではない。ほかの宇宙からの来訪者が、いつどこで介入してきても不思議ではなく、いつのまにかひそかに現実の枠組みに変容や欠落が生じる情況。そこには、J・フィニイの『盗まれた街』（一九五五年）のような不安と恐怖が忍び寄る。自分たちの現実を支える条件が確かなものとして前提できず、未来をめざす一歩を踏み出すことに躊躇せざるをえない情況だとしたら……。確かにそこには、現実世界の確かさが掘り崩される事態がある。

　こうした攪乱については、もう少し足元の問題を焦点にして考えてみる必要があるだろう。つまり、ありきたりだが、それだけに頑強な日常の価値観。これが瓦解していくケースである。この点で注目に値するのは、D・アンブローズの『リックの量子世界』（一九九三年）だろう。実はこの作品も、主人公が「多宇宙」を生きる「類似体」に乗り移る話だ。

　科学雑誌の仕事をするリックは、あるとき会議を放り出し、憑かれたように車を走らせる。彼が向かった先には、トレーラーに潰された妻の車があった。彼はそこに、血まみれのアンと気を失った息子を見つける。アンは、彼の目前で最後のため息を漏らした。心の奥底からの喪失感。リックは絶叫した。だがそのとき、彼は彼女の手が動いたように感じる。そして、彼女の声。「ここから出して！　早く！」[61]何が起きたのか。そう、彼女は息を吹き返したのだ。ところが、物語はふたたび旋回する。今度は、息子が車から消えていた。リックは、息子のことをアンに尋ねる。すると彼女は、驚くべき言葉を発した。「私たちには息子なんていないのよ[62]」。リックはあの悲嘆の爆発のなかで、アンが死んだ世界を跳び去り、隣接する並行世界の彼に乗り移っていたのだ。

実はこの作品では、乗り移った者の意識と「類似体」の意識は、重なりながら並存するとされている。リックは「類似体」の精神の陰に隠れながら、その意識と行動を吟味する。「類似体」は、リチャードと呼ばれていた。彼は、金と権力のことばかり考える不動産業者で、「精神的活動」とは無縁だった。そんな彼に、リックは失望と嫌悪を覚える。にもかかわらず、その彼が自分の愛するアンと結ばれている。それは、リックにとって十分に攪乱的な事実だった。そこでリックは、ある事件をきっかけにリチャードの行動に介入していく。

ある夜、リックは夫婦の秘密を知る。あの愛すべきアンが、この世界では彼の親友と深い仲になっていたのだ。リックは、リチャードがこの秘密に気づくように仕向けた。するとリチャードは、一週間もアンの行動を監視し、ついに密会の証拠をつかんで叫ぶ。「二人とも殺してやる！」。彼はリックに諭されて自制するが、「内なる衝撃[63]」は彼を深く貫いていた。愛、信義、人格をめぐる彼の判断は、がらがらと崩れ始める。

しかし問題の背景には、リチャード自身の行動があった。体の快感に終始するセックス、ろくに時間も共有せず、気持ちを通わすことのない夫婦関係。そうしたなかで、アンは彼との距離を広げていった。だとすれば、責任の半分はリチャードの生き方にある。彼は、リックの世界について聞くうちに、このことに気づく。「そっちは、二人の関係がうまく働くようにできている世界だったんだな」「おれはおれの人生を間違って生きてきた[64]」

並行世界からの干渉は、一つの世界に根をもつ価値意識を、別の可能性と現実によって切り崩す。ことの核心は、ほとんど同じ人間が、ちょっとしたズレでまったく異質な生を築き上げてしまう点にある。この事実に直面するとき、自らが選び取ってきた価値はもろく危ういものに思えてくる。価値の確かさを奪われたのは、リチャードだけではない。アンと深く結ばれていたリックも、懐疑を抱かずにはいられない。自分のアンが誤ちを犯すことはないと言いきれるか、自分が生きてきた現実も薄氷の上にあったのではないか。リックは、「永久不変なものなんかどこにもない[65]」と言ってリチャードをなだめる。実はそれは、価値の足場を失いかけた自分への言葉でもあったはずだ。

異なる並行世界との対面は、異質な世界構成との接触を通じて、こちらの世界の価値意識を相対化する。それは、流動化しグローバル化する文化のなかで、未経験の世界に投げ込まれる現代人の実情に重なる。人々は、田舎《なか》出身の学生や、海外での仕事をまかされたサラリーマンのように、常に価値の攪乱を経験する。そして、当然視してきた価値が、別様でもありうることに突きあたる。現代の情況は、「多世界もの」の物語と同じように、生きられる世界の価値を、繰り返し掘り崩す。人を一つの世界に定着させていた根が次々と地を離れ、崩折れた価値の観念が足元をさらう流れとなって存在を浮遊させる。もはや価値は、どちらでもかまわない、あるいはどんな形をとってもいい恣意的なものに思えてくる。

「多世界もの」は、時代の混乱や不安と共鳴しているのではないだろうか。実際、いまどきの作品群のなかには、時代的な感覚と通じあう「多世界もの」が少なくない。山田正紀の『エイダ』（一九九四年）、上遠野浩平の『ぼくらは虚空に夜を視る』（二〇〇〇年）、乾くるみ『リピート』（二〇〇四年）、円城塔の『Self-Reference ENGINE』（二〇〇七年）、などなど。このほかにも、第1章で紹介した量子論的な物語がある。さらには、ＳＦ以外に目を向けても、舞城王太郎の『九十九十九』（二〇〇三年）や辻村深月の『冷たい校舎の時は止まる』（二〇〇七年）など、多世界の仕掛けを採用した物語は目立っている。

もちろん、こうした作品のなかには、明るく軽いストーリーも含まれてはいる。その意味では、本書の整理は文化情況をちょっと暗く見すぎじゃないか、という異論も予想はできる。実際、価値が取り替え可能だという語りは、世界を思いのままに形づくる自由を示しているようにも見える。けれども、少なくとも「枝分かれする世界」を前提するかぎり、やはりムードはこれとは逆のものにならざるをえない。思いのままに価値が選択できても、そこで生まれる「枝分かれ」の帰趨は見定められない。だから、選択を積み重ねたあげくに、人は複雑な「枝分かれ」の魔に吸い込まれ、しばしば理不尽な抑圧と悲惨にたどりつく。こうして時間をめぐる不安と恐れを抱く者は、重大な価値選択に逡巡し、ときとして選択不能に陥る。自由と恣意が許容されることは、むしろ時間世界の不確かさを増幅することにしかならない。

こうした意志の窒息と自由への幻滅を痛感する者たちは、「多世界もの」、とりわけ「枝分かれする世界」の物語に、自らの境遇を透かし見るはずである。やはり時間ＳＦは、ここでも時代を超えて、現代に瀰漫するニヒリスティックな空気とシンクロしているように思える。

3　因果ループの空虚――価値の真正さが失われゆく世界

「枝分かれする世界」の物語は、私たちを包むニヒリスティックなムードと通じあう。それは、「反復世界もの」に漂う、時の空回りのような感覚とも連動している。過去に理不尽な抑圧と悲惨を積み重ねてきたにもかかわらず、同じような悲劇を繰り返す歴史の現実。人々が、歴史に期待と願望を抱くことは、いまや夢想のようにも思えてくる。

こうして時代のニヒリズムと時間ＳＦとの関わりを考えるとき、もう一つ忘れてはならないことがある。それは、因果ループ causal loop が醸し出す、言いようのない空虚さだ。過去にジャンプした者の行動が原因となってある事態が生み出され、その事態がまさにトラヴェラーの未来の存在と時間旅行を成り立たせるという円環。こうしたループを描き出す物語には、物事の真正さがグダグダになり、価値が空洞化するような感覚が漂う。

問題をはっきりさせるために、ハインラインの「時の門」（一九四一年）をもう一度踏まえよう。このストーリーでは、ボブとジョーの行動は循環する因果関係にある。論文を書いていたボブは、ジョーが現れたことで

「門」をくぐるが、そのジョーの登場はボブが「門」をくぐったことに由来する。そこには、互いが互いの原因となる循環がある。ことの核心は、ボブとジョーが対面する点にある。過去へのトラヴェルは、トラヴェラーの複数の行為が同時点で起こることを可能にする。だから、行為の因果が自己完結的な循環に陥るのだ。

それは奇妙な事態ではある。けれども、タイム・トラヴェルがある種の「逆向きの因果 reversed causation」を生み出すと想定するかぎり、そこに論理からの逸脱はない(66)。因果ループとは、この逆向きの因果関係が、歴史的な経緯での因果関係とつながることによって形成される、一つの論理的な帰結なのだ(67)。もちろん、時間と歴史の不可逆性に縛られて生きる者が、そこに「いかがわしさ」を感じるのは、無理からぬことではあるけれども。

H・ハリスンの『テクニカラー・タイムマシン』（一九六七年）では、この「いかがわしさ」がコミカルに誇張されている。ハリウッドのビジネスを背景として、タイム・トラヴェルによる離れ業を描き出す物語だ。敏腕プロデューサーのバーニーは、ある日さえない風采の教授が発明したタイム・マシンを紹介される。折しも彼の会社は、倒産の危機にあえいでいた。マシンを使えば、低予算で「真実」の時代ものや冒険譚が製作できると踏んだ彼は、さっそくロケハンに出かける。向かったのは西暦一〇〇三年のオークニー諸島。狙いは、迫力あるヴァイキングの映像だった。

ロケハンの成果は上々だったが、バーニーは会社のボスから猶予はたった一週間だと宣告される。ところが、彼の答えはOKだった。いぶかしむボスを尻目に、彼はさっそく脚本家を呼び寄せ、六カ月で脚本を作れと命じる。すると数分ののちに、彼の目の前に原稿が届けられる。そう、脚本家はタイム・マシンで過去にいき、六カ月かけて脚本を仕上げて、もとの時点に戻ってきたのだ。

映画製作は、何とか最後の詰めにまでたどりつく。ところが、音入れをいつもの方式でやっつけようとしたとき、ミュージシャンがマシンを壊してしまう。万事休す。バーニーは、諦めて失敗の報告をしにボスの部屋に向かう。しかしそのとき、もう一人のバーニーが現れて軽口を叩く。彼の後ろには、何と完成したフィルムがあった。そして彼は、にやつきながら一枚のメモを手渡す。そこには、タイム・トラヴェルを駆使して期限に間にあわせる方法が図示されていた。メンバーはすぐさまその意味を理解する。「締切り以後に映画を作り、それから締切り前の時間に戻って、それを届けることができる[68]」

このことがきっかけとなって、バーニーは諦めていた映画の完成をめざし、作業を再開する。そして、フィルムとともに過去のバーニーと遭遇する時点に戻ってくる。未来からやってきた自分の情報が原因となって困難が打開され、だからまた映画が完成し、打開策が確かにもたらされる。作品が語るとおり、ここには「自己完結的な self-sufficient 時間の環[69]」がある。「時の門」の場合と違って、トラヴェラーに直接的な利益をもたらすこの因果ループは、よりいかがわしく見える。

物語には、もう一つ「因果の環」が仕掛けられている。バーニーたちはヴァイキングの遺跡が発掘された岬をめざして時間をジャンプした。ところがそこには、あるはずの住居が一つもなかった。しかたなくバーニーは鶴の一声を発し、岬近くに小屋を建て、やらせの映像を撮れと命じる。ところが、映画が完成したとき、発掘された住居の数と撮影用の小屋の数が一致していたことがわかる。そう、発掘された遺跡は、彼ら自身が建てた小屋の跡だったのだ[70]。ロケの時期と場所は、彼ら自身のトラヴェルを原因として決定されたことになる。タイム・トラヴェルをしたことが原因となってタイム・トラヴェルの行き先が決まる。ここでも原因と結果は、奇妙な円環をなしている。

因果ループに感じられる「いかがわしさ」。それは、価値の空洞化に直面する現代文化の意識状況と重なりあう。もちろんポイントは、時間の不可逆性に縛られた者から見た「ありえなさ」にある。過去や未来から戻ってくることが可能だと、ある時点までに多数のことが並行的に達成できてしまう。それは、一つのことをするのにほかのことを捨てざるをえない者からすれば、どうしてもいかがわしく見える。価値あることをなすのに、時間的な代償が問題とならないのだから。だがもっとも奇妙なのは、未来からきた自分の行為が現在の行為の原因になり、まさにそれによって未来の行為が実行されていくという点だろう。

この奇妙さは、「自己原因的な完結性」とでも呼ぶべきものだ。「自己原因的」と言うときに重要なのは、原因となる行為が後続の行為の結果でもあり、したがってトラヴェラーがこれからなす行為が、すでにそこに含み込まれているという点だろう。もう一人のバーニーは、映画を完成させる方法をもたらすが、彼の後ろには完成したフィルムがあった。あるいは、「時の門」のジョーはボブを「門」の向こうに赴かせるが、彼の出現は、すでにボブが「門」をくぐったことを意味している。つまり、トラヴェラーがのちになすことが、その行為の原因となる事態のうちにすでに織り込まれているのである。原因と結果が、「一つの同じ事態」に、背中合わせの形で含み込まれていること。この点で、因果ループは「自己原因的」だと言えるのだ。

原因と結果が互いに他を含みあっているのなら、問題の経緯は「決定論的」であるほかない。フィルムを完成させたバーニーが現れた以上、紙切れを受け取ったバーニーは不可避的にそれをなす。あるいは、ジョーが「門」から戻ってきた以上、ボブがそれをくぐるのは既定のことなのである。こうして見ると、私たちが生きる世界の因果関係と違う点もはっきりしてくる。「因果ループ」では、行為者の意志的な選択が事実上は意味をなさない。異なる推移を生み出すかもしれない可能性の無化、これが問題のポイントだろう。

現実の因果とは、この異なる推移が生まれる可能性を制約し、事象の経緯が特定の形に限定される関係にほかならない。ところが、因果ループはこの異質で外的な要因が問題とならない構図になっている。だからそれは、「完結的」だと言うのである。しかし、制約と限定の関係こそは、因果を成り立たせる根拠にほかならない。その意味で因果ループは、通常の因果を生きる者にとっては、裏打ちのない紛いものに見える。しかるべき根拠が定かでなく、起こるから起こるのだと言わんばかりの事象の循環。

この「いかがわしさ」が極点に達するのは、タイム・マシンの存在そのものが、因果ループにもとづく場合だろう。例えば、J・ウィンダムの「クロノクラズム」（一九五三年）。この物語では、「ヒストリー・マシン」で未来からやってきた娘が、うだつの上がらない主人公にいくつかの先進技術を教え込む。こうして主人公は、娘が語る歴史のとおりに発明をしていくのだが、物語はその発明が「ヒストリー・マシン」の創造に不可欠だったことをにおわせている。もっと露骨なのもある。R・ラッカーの『時空の支配者』（一九八四年）だ。少々いかれた相棒がちょちょいと考え出した方法で、時間をトラヴェルした主人公。彼は、過去の世界を思うように組み立て直す。そして、最後に彼は、問題の相棒にトラヴェルの仕組みを耳打ちする。[71] まさにこのことによって、相棒はトラヴェルの方法をあみ出せたのだ。タイム・マシンによって入手された情報と技術が、未来のタイム・マシンを生み出すという堂々巡り。この奇妙な事態は、しばしば「知識パラドックス」[72] とも呼ばれる。タイム・トラヴェルを可能にする技術的知識が、正真正銘の「フリー・ランチ」になっているのだ。

ずいぶんと都合のいい「いかがわしさ」、そして根拠を欠いた空虚な感じ。この価値の真実性、あるいは真正さ authenticity が空洞化する感覚は、現代文化のムードと共鳴していないだろうか。考えてみたいのは、文化のうちに潜む相対主義的なムードにほかならない。異質性を孕んだ多様な文化が林立し、社会の価値的基盤がゴチャゴチャになると、人々は規範的な価値の主張を保留しがちになる。それは、世代間で慣習が衝突したり、恋愛やセクシャリティをめぐって身近な人との間に隔たりが生じる場面にもあてはまる。私たちは、「大きな物語」だけでなく、文化を構成する個別的な「小さな価値」についてさえ、しばしば対立に決着をつけることを回避し、倦怠のなかでやりすごしている。現代文化には、自らの価値基準を他者にぶつけ、社会に対して正統化することを、うやむやに回避しようとする空気が漂っているように思う。

そうだとすれば、価値が正当な根拠をもつかどうかは吟味されず、その真正さが宙に浮いてしまうことになる。しかるべき根拠があるかどうかが曖昧になり、あやふやな価値がゴミのように堆積していく情況。まちがいなくそこには、因果ループの「いかがわしさ」と重なるものがあると言っていい。ただし注意されたい。真正さが空洞化するのは、他者や他の集団の価値だけではない。自らが生の前提としている価値も、漂う靄のように思われてくる。だからこそ、情況は深刻なのだ。

こうした情況の背景には、現代のメディア環境と文化の飽くなき流動があると言っていい。メディア的な場面での「いかがわしさ」と言えば、まず思い浮かぶのは、話題性の空間に見られる価値の自己強化作用だろう。かつて、「自己実現的予言」というテーゼが一世を風靡したことがある。これは、いささか誇張がすぎる話なのだけれど、メディアが周知すると受け手に認知と関心が広がるという仮説は、シリアスに受け止めていいだろう。メディアで話題のアイドルだから注目に値し、何がすごいかをそっちのけにして、価値ある存在と見なされていくといった構図。因果ループの場合と同じように、人々は「いかがわしさ」のにおいを感じ取りながら、しかし話題を追いかけることで価値の空洞化に拍車をかけてしまう。メディアを通じて注目されることどもが、それぞれに話題性という表層的な次元で評価され、ミソもクソもごちゃまぜに並立する情況。そしてさらに、実は対極的な価値をもつ話題のアイテムを、「オモシロ」という関心空間のなかで受け流し、並存させ続ける態度。

話題となることどものあいだには、実は互いに相容れない性質と意味がある。けれども、それらの価値が真っ当かどうかをガチで判定することは回避される。それは、メディアのコミュニケーションと消費文化が、変化によって関心を刺激し、かりそめの新奇さを恒常的に追求することと関係している。メディアのメッセージや消費のアイテムは、しばしば価値的な内実を吟味する間もなく次々と更新される。受け手ないしは消費者も、文化的コミュニケーションを戯れるかぎりでは、自己の内的な価値判断はさておき、他者とのやりとりの変化と新奇さを追求する。私たちを取り囲む文化価値は、実質的な根拠が固まらぬまま、変化のスピードとテンションによって意味づけられて浮沈を繰り返す。

怪しさを漂わせる因果ループの物語は、こうした情況を生きる私たちの時代意識に訴えかける。確かにそれは、仮想的なしつらえのなかで成り立つ奇妙な事態ではある。だがそうだとしても、物事の価値が不確かになり、その真正さが空洞化しているお前たちの現実もずいぶんと空虚ではないか？　因果ループの物語は、ある種の皮肉を込めて、文化の実情をえぐる。そしてさらに、翻ってフィクションの「真実味」をほのめかす。お前たちは、生の現実のなかで空洞化した価値を通用させているのだから、空虚な因果ループはリアリティを欠くなどと言う資格があるのか？　むしろそれは、お前たちの現実が、ＳＦのように奇怪なものであることを映し出してはいないか？

因果性をめぐる混乱は、価値意識の根幹を揺るがし、その真正さをめぐって空虚なムードを浸透させる。確かに私たちは、文化的コミュニケーションのスピードとテンションを戯れてはいる。しかし、その狂宴の奥底には、虚無の空洞が口を開けている。因果ループの物語は、この虚無の闇にアイロニカルな凝視を向け、私たちをシニカルなニヒリズムへと誘うのである。

4　ニヒリズムの波紋――自らに懐疑を向ける物語

現代の文化意識と共鳴する世界像、それが時間ＳＦの魅力であることを論じてきた。そして至り着いたのは、ある種のニヒリズムの問題である。とはいえ、それは必ずしも、「いま現在」を生きる者が、生の無意味と価値の空洞化の意識に染まりきっていることを意味しない。「多世界もの」のところで論じたように、現代を生きる者の意識は、唯一の世界像で一枚岩的に統一されてはいないからだ。

例えば、決定論的な世界像も、神的な力への帰依に帰着するときには、必ずしもニヒリズムにのみ込まれはしない。『逆まわりの世界』も「商人と錬金術師の門」も、神の真理に接する悦びと安息のムードを漂わせていた。あるいは、決定論の冷酷さに反発する者が、多様な可能世界の並存というイメージに後押しされながら、不確定性が渦巻く世界を待望することも、ありえないわけではない。

実際のところ私たちは、現実の時間世界の圧倒的な威力に翻弄されるなかで、ときに決定論の牢獄を感じ、ときに「枝分かれする」可能世界の不確かさを実感する。そしてまた、「枝分かれする」世界の偶然性に希望を見る者が、同時にそのカオスに圧倒される不安を抱え込み、黙示録的な終末を予感することさえ考えられる。そう、「いま現在」を生きる者たちが時間世界について抱く感覚も、「多世界もの」のように多元的に並存する状況にあるということだ。[73] だとすれば時代の意識が、テーマと世界像の異なる物語に同時に共鳴したとしても、さほど不思議ではない。決定論的な物語、「反復世界もの」「多世界もの」「因果ループもの」。これらは、それぞれに異なる関心を通じて時代意識と触れあう。「ＳＦは、ポストモダンの共通化しえないさまざまな現実を、鏡のなかに映し出し、おぼろげに、そしてときには鮮明にその実情を自覚させる」[74]

けれども、やはり全体的なムードがニヒルなのは否定できない。時代意識そのものがあの「多世界もの」と同じように、多様な価値と感覚に攪乱され、時間の不確かな渦に翻弄される無力を味わっているのだから。人は、世界を生きていく指針と、自らの生を意味づける価値を見失うとき、潜在していたニヒリズムに吸い寄せられる。この点で、最後に問題とした価値の空洞化の感覚は、時間ＳＦが浮き彫りにする時代意識のなかで、もっとも基本的なものだと言っていいだろう。

時間ＳＦのインパクトは、世界を構成する価値の真正さを掘り崩し、空洞化の感覚を浮き彫りにする点にあると思う。このジャンルは、そのエンターテインメントの彩りに反して、結構シリアスな意味をもっているということだ。けれどもここで、一つの疑問が浮かび上がってくる。時間ＳＦは現代文化の一領域にほかならない。だとすれば、このジャンルも、価値の真正さへの懐疑を逃れられないことになる。時間ＳＦが顕在化させるニヒリスティックな意識は、このジャンル自体も脅かさずにはおかないのだ。時間ＳＦは、時代意識に対して効力を発揮するとき、その価値を自己否定する結果になるのだろうか。

確かにこのジャンルには、物語の慣習的な基準に背を向ける作品が少なくない。それらは、正統的な真正さを求める意識をあざ笑うかのように、しばしば破天荒なスタイルと構成をとる。だから、少なくとも確信犯的に逸脱を追求した作品群については、文化価値の真正さを疑う構図が、まさにテクストそれ自体に体現されていると言うこともできる。そうした作品は、物語としての価値を自ら放棄することになるのだろうか。

いや、答えを急いではいけない。この疑問に答えるためには、物語論の知見を踏まえる必要があるからだ。テクストを意味あるものとして価値づける、真正さの観念。時間ＳＦはこれをどのように掘り崩していくのか、そしてそうした性質をもつこのジャンルは、物語としての価値を自己否定することになるのか。章を改めて、こうした点について考えていくことにしよう。

注

（1）K・グリムウッド『リプレイ』二二五ページ（原書 p.132.）
（2）E. Gomel, *Postmodern Science Fiction and Temporal Imagination*, p.29.
（3）R・A・ルポフ「12：01ＰＭ」三三九、三六一、三五六、三六五ページ（原書 pp.131, 141, 139, 143.）
（4）筒井康隆「しゃっくり」二〇五、二一二、二一三、二〇一ページ
（5）S・スチャリトクル「しばし天の祝福より遠ざかり……」三七五、三七六ページ（原書 p.189.）
（6）同書三七七、三七三ページ（原書 pp.189, 187.）
（7）C・L・ハーネス「時間の罠」二七一ページ（原書 p.75.）
（8）S・スチャリトクル「しばし天の祝福より遠ざかり……」三九二―三九三ページ（原書 pp.196-197.）
（9）西澤保彦『七回死んだ男』二二ページ、乾くるみ『リピート』五六、一三二ページ
（10）Cf., M. Rose, *Alien Encounters*, p.109.
（11）西澤保彦『七回死んだ男』一〇二、一五九ページ、乾くるみ『リピート』六七、六九、四〇〇、五〇五ページ
（12）K・グリムウッド『リプレイ』一六一、一七二、二〇八、一九二ページ（原書 pp.95, 101, 122, 113.）
（13）同書四六二、四六八ページ（原書 pp.267, 270.）
（14）A・ベスター「選り好みなし」一四三ページ（原書 p.80.）
（15）K・グリムウッド『リプレイ』四六九ページ（原書 p.271.）
（16）A. Gordon, "Play It Again, Sam," p.143.
（17）K・グリムウッド『リプレイ』四六八ページ（原書 p.270.）
（18）同書二四八ページ（原書 p.146.）
（19）L・ニーヴン「タイム・トラベルの理論と実際」二〇五ページ（原書 no.1940.）
（20）P・S・ミラー「存在の環」二二九ページ（原書 p.463.）、J・ウィンダム「もうひとりの自分」二六一ページ（原書 p.130.）、C・L・ムーア「出会いのとき巡りきて」二五四―二五五ページ（原書 pp.247-248.）、S・バクスタ

ー『タイム・シップ』上、三〇〇ページ（原書 p.201.）
(21) H・ハリスン「世界のとなりの世界」一四八ページ
(22) M・ラインスター「時の脇道」九八―九九ページ（原書 pp.36-37.）、C・L・ムーア「出会いのとき巡りきて」二五五ページ（原書 p.248.）、参照。なお、“Branches of Time” については、C. Gallagher, “Undoing,” p.18 に紹介がある。
(23) J・ウィリアムスン『航時軍団』二五、三一ページ（原書 pp.14, 20.）
(24) 同書二五、一七ページ（原書 pp.14, 6.）
(25) M・ラインスター「時の脇道」九九ページ（原書 p.37.）
(26) 豊田有恒『モンゴルの残光』二二九ページ
(27) J・ウィリアムスン『航時軍団』一〇四ページ（原書 p.89.）
(28) R・シルヴァーバーグ「旅」三一四、三〇九、三五〇ページ（原書 pp.200, 197, 224.）
(29) F・ブラウン『発狂した宇宙』二七九、一四九ページ（原書 pp.241, 133.）
(30) 同書五三ページ（原書 p.49.）
(31) 同書二七六、二七七ページ（原書 pp.238, 239.）
(32) L・ニーヴン『ガラスの短剣』一八七、一七八ページ（原書 pp.76, 70.）
(33) R.F. Jones, “Pete Can Fix It,” p.203.
(34) L・ニーヴン『ガラスの短剣』一八六ページ（原書 p.75.）
(35) 同書二〇五、二〇八ページ（原書 pp.88, 89-90.）
(36) 同書二二〇ページ（原書 p.97.）
(37) I・アジモフ「もし万一……」一五六、一七〇ページ（原書 pp.239, 247.）
(38) J・ウィリアムスン『航時軍団』六八ページ（原書 p.55.）
(39) Gomel, *op.cit.*, p.21.
(40) A・ギデンズ『モダニティと自己アイデンティティ』九一―九三、三六ページ（原書 pp.82-84, 32.）

(41) Ａ・メルッチ『プレイング・セルフ』六二、六三ページ（原書 pp.44, 45.）
(42) Ｊ・ウィンダム「もうひとりの自分」二五九―二六〇ページ（原書 p.129.）
(43) J. Wyndham, "Random Quest," pp.97-98.
(44) J.R. Pierce[as J.J. Coupling], "Mr. Kinkaid's Pasts," p.205.
(45) Ｇ・Ａ・エフィンジャー「シュレーディンガーの子猫」四五七ページ（原書 p.10.）
(46) Ｂ・グリーン『エレガントな宇宙』一四四―一五六ページ、参照
(47) 和田純夫『量子力学が語る世界像』一五四―一五五ページ、参照
(48) Ｇ・Ａ・エフィンジャー「シュレーディンガーの子猫」四八二ページ（原書 pp.23-24.）
(49) 和田純夫『量子力学が語る世界像』八六―八七ページ、参照
(50) Cf., H. Everett, III, "“Relative State” Formulation of Quantum Mechanics,"　和田純夫『量子力学が語る世界像』九四―九九、一四二―一四九ページ
(51) Ｇ・Ａ・エフィンジャー「シュレーディンガーの子猫」四八二、四八三ページ（原書 p.24.）
(52) Ｍ・クライトン『タイムライン』上、一八九、二〇〇ページ（原書 pp.124, 131.）
(53) 同書一九三―一九七ページ（原書 pp.127-129.）。また、和田純夫『量子力学が語る世界像』六〇―六一、二六二ページも参照。
(54) 同書一九八ページ（原書 p.130.）
(55) Ｒ・ソウヤー『ホミニッド』一八四ページ（原書 p.160.）
(56) Ｍ・クライトン『タイムライン』上、一四五ページ（原書 pp.94-95.）
(57) Ｊ・Ｐ・ホーガン『量子宇宙干渉機』二一ページ（原書 p.9.）
(58) 同書一〇〇、一一四ページ（原書 pp.69, 81.）
(59) 同書三四四、三六七―三六八ページ（原書 pp.243, 258.）
(60) 同書一五二―一五四ページ（原書 p.107.）
(61) Ｄ・アンブローズ『リックの量子世界』四一ページ（原書 p.20.）

（62）同書四三ページ（原書 p.21.）

（63）同書一四二、一七五ページ（原書 pp.81, 99.）

（64）同書一七八ページ（原書 p.101.）

（65）同書一七九ページ（原書 p.102.）

（66）P.J. Nahin, *Time Machines*, p.330, 317, R. Nichols et al., *Philosophy Through Science Fiction*, p.208.

（67）D. Lewis, "The Paradoxes of Time Travel," p.197.

（68）H・ハリスン『テクニカラー・タイムマシン』八四、二四七、二五〇ページ（原書 pp.59, 161, 163.）

（69）同書二五一ページ（原書 p.164.）

（70）同書一六四、一六七、一九三、二七九ページ（原書 pp.108, 110, 126, 180.）

（71）R・ラッカー『時空の支配者』二〇三ページ（原書 p.157.）

（72）D. Deutch and M. Lockwood, "The Quantum Physics of Time Travel," pp.328-329.

（73）Cf., E. Gomel, *op.cit.*, p.30.

（74）*Ibid.*, p.15.

第4章　物語論としての時間ＳＦ——読みのシニシズム

あらゆる物語は、ある種の「トラヴェル」をして時をまたぎ、「別の」世界を築き上げる。だからそれは、「タイム・マシン」と呼ばれてもおかしくはない。（略）かなり広いとらえ方をすれば、文学自体、タイム・トラヴェルの亜種であると言っていいのだ。

D. Wittenberg, *Time Travel*（1）

1　物語の「真実味」を支えるもの——リアリズムの陥穽

序章でも触れたように、時間ＳＦは、物語というものに関するコメンタリーにもなっている。もちろん問題となるのは、著者自身が「物語とは……」と語るような作品だけではない。このジャンルには、そうした語りはなくとも、一つの物語論的な含意をもっている作品が少なくない。

例えば、「逆行もの」は、語りの前進的な直線性を思い知らせてくれる。それから、ある種の「多世界もの」は、パラレル・ストーリーの効果に気づかせてくれる。こうした作品は、それ自体も含めて、物語というものの構造を明らかにする装置だとも言えるだろう。ただしここでの焦点は、そうしたテクストが、物語の真正さをどのように揺さぶり、その価値を掘り崩すのかということだ。

そこでまず、物語の真正さについて、基本的なことを確認しておこう。ここで言う真正さとは、「本物らしさ」を意味する。英語では authenticity だけれど、それは当然、本物としての価値があるという評価の問題である。言い換えれば、あるテクストが本物の物語だと言える条件、基準の問題だと言っていい。

では、時間ＳＦの作品群は、物語の存立条件に関する「常識」をどう覆すのだろうか。まず真っ先に問題となるのは、物語の時間的構成だろう。このジャンルでは、時間の隔たりを跳び超えるエピソードが展開される。それは、いまどきの読者にとってはありきたりだとしても、物語論の領域には一つの攪乱をもたらす。

物語のテクストは、しばしば時間的推移にそって綴られると理解される。例えば、物語とは、時間ｔの主体を特徴づける述語から、ｔ＋ｎの時点で何が生じるかを語り出すものだ、といった整理がある。[2] 実はこの整理にはかなり微妙な部分があるのだけれど、この枠組みを前提すると、物語は語られる世界の時間的経緯にしたがって構成されるべきことになる。重要なのは、これが物語の成立条件とされている点だ。語られている世界の出来事の順序と言説が展開する順序とが、クロノロジカルに一致すること、これが物語の真正さの条件と理解されている。

時間ジャンプの物語は、この理解に疑問を投げかける。それは、語り出される世界の歴史的な順序をひっくり返したり、スキップさせるばかりでなく、経緯を逆行させたりもするからだ。けれどもそうした物語は、決して秩序を失うわけではないし、物語として壊れているわけでもない。だとすれば、クロノロジカルな一致を前提する理解は成り立たないことになる。時間ＳＦの言説構成との突きあわせは、物語論のうちに潜む虚構を浮き彫りにすると言っていい。

ただし、これはかなり以前から言われてきたことだ。しばしば近代小説は「直線型の時間構造」を希求したとされる。けれども、Ｗ・イエンスや川端柳太郎は、「時計を打ち壊したうえで、新しい時間を求めようとする瞬間に、現代の散文が始まる」[3]とした。つまりは、クロノロジカルな一致は、現代小説について言えば常識ではないということになる。

Ｍ・マルティネスとＭ・シェッフェルの物語論も、古典的な作品についてこのことを確認している。「物語られた世界 erzählte Welt」（描かれる世界の現実）と物語の言説は別ものであって、「ある事件の時間的順序と物語の枠内での事件の呈示の順序とは（略）必ず一致するものではない」[4]というわけだ。また、かの有名なＧ・ジュネットも、物語言説の時間と物語られた世界の時間 erzählte Zeit との対立を指摘している。そして、後者とは異なる順序で前者が展開される物語構成に「錯時法 anachronie」という概念をあて、種々のパターンを分析してもいる。[5]

クロノロジカルな一致が思い込みにすぎないことは、時間ＳＦによらずとも明らかだろう。とはいえ、実はそこには、もう少し深い事情も潜んでいる。それは、リアリズム的な価値観だ。つまり、クロノロジカルな一致を想定する理解は、現実世界との合致を求めるリアリズムを背景としているのである。だから、問題の根本を問いただすには、この価値観を洗い直しておいたほうがいいだろう。そしてそこでは、時間ＳＦの物語構成を検討することが独自の意味をもってくる。

問題のリアリズムは、「真実味」を根拠として物語を価値づける。もちろんそれは、実在的な歴史の事実との合致を求めるわけではない。マルティネスとシェッフェルが強調するように、問題は虚構世界のなかで「真正 authentisch」と言えることであって[6]、あくまで物語が真の現実であるかのような構成をとるという話だ。とはいえ、このことを確認したうえでも、リアリズムには一つの取り違えが潜んでいるように思う。

例えば、Ｅ・ミュアーの小説論。そこでは、繰り返し物語言説の「本当らしさ verisimilitude」や「真実味 truth」が問題にされている。彼は、「本物」の「性格小説」では人物がリアルだと言い、「劇的小説」では、出来事の進行に「真実味」が必要だとする。だが、彼の理解が鮮明に表れているのは、「風俗小説」と対比させて「真の」小説を論じた個所だろう。そこでミュアーは、Ｒ・フェルナンデスの評論を引きながら、「純粋に美的な形式」である小説は、「現実の生きた発展」を重んじながら、「時間のうちで展開してゆく人生の姿自体によって読者の信頼をうる」[7]ものだ、としている。

生《せい》の客観的現実との近似性、ないしは相同性を基準として主張される物語の真正さ。まさしく写実主義と言っていい彼の価値観は、私たちが生きる現実との照合なしには成り立たないものだ。さて、ここからが肝心なのだけれど、この価値観は時間ＳＦについて通用するだろうか。言うまでもなく、タイム・ジャンプが織り込まれた作品には、現実の生では体験しえない設定と状況が含まれている。だからそこには、参照基準となるべき生の現実がない。いやそれだけではない。時間ＳＦは、物語の展開順序を、過去へ未来へとスキップさせる。つまりそれは、「現実の生きた発展」を逸脱しているとしか言いようがない。だからリアリスティックな価値観に立つと、それは「真実味」に欠けるがゆえに、真正な物語ではないということになってしまう。

この考えによれば、名作と言われるＲ・ハインラインの『夏への扉』（一九五七年）や、広瀬正の『マイナス・ゼロ』（一九八二年）も切り捨てるべきことになる。これは、物語芸術に関する理解として、明らかに狭隘だと言わざるをえないだろう。つまり時間ＳＦは、生の現実との照合を求める考えの難点を浮かび上がらせるということだ。時間ジャンプというプロット。それは、リアリスティックな価値観の問題を明快に指し示す。

そんなのフィクションなんだから当たり前じゃん、と思われる向きもあるかもしれない。けれども、ことはそう簡単ではない気がする。私たちは、『夏への扉』や『マイナス・ゼロ』ばかりでなく、多くのフィクションに「真実味」を感じ取る。しかし同時に、ものによっては「真実味が欠けている」という印象も抱く。だから、フィクションには「真実味」など関係ない、と言って片づけることはできない。そこで、「真実味」の根拠と基盤があらためて問われることになる。そして、まさにこの問いに答えようとするときに、時間ＳＦが明快な道標になってくる。

では、その「真実味」の実相やいかに。まずは、すでに紹介したマルティネスとシェッフェルの指摘を踏まえるべきだろう。そう、テクストの展開が虚構世界のなかでの「事実」に即していること。これが「真実味」の基本だと言っていい。実はミュアーも、「劇的小説」を論じたところで問題の核心に近づいている。彼は、「劇的小説」にとって「本質的」なものとして、「全体の動きと作中人物の性格との照応」を挙げている。この理解は、「現実の生きた発展」を重んじる考えから、微妙にずれていないだろうか。というのもこの照応関係は、出来事の時間的推移とはひとまず次元の違う、論理的な結び付きだからだ。確かにミュアーは、物語中の「一切の変化は（略）すべて状況と作中人物双方の内なる何らかの要素によって生ぜしめられ、また形を与えられる」と言う。けれども、語りの展開は必ずしも時間的な推移を追いかけるものとはかぎらない。だから「内発的に進展する論理性 spontaneous and progressive logic」[8] なるものは、出来事の推移のつながりとは別次元の、論理的な照応関係と考えるべきだろう。

残念ながらミュアーは、それを「緊密な論理的発展」[9]と言い換え、問題をプロットの展開に限定してしまっている。けれども、論理的構成の問題は、プロットに限定せず、舞台設定や登場人物の特性や状況描写も含めてより広くとらえたほうがいいだろう。つまり、物語を構成する諸言説が相互に緊密に結び付いている総体的な論理的関連、これこそが、物語の生きた躍動感と確かな「真実味」の基盤じゃないだろうか。「あるシークエンスの〈現実性 réalité〉は、そのシークエンスを構成する種々の行為の〈自然な〉連続のうちにあるわけではなく、そこで展開され、危機にさらされ、全うされる論理のうちにあるのだ」[10]

おおむねそれは、Ｊ＝Ｍ・アダンが論じている「相関的構成の秩序 ordre configurationnel」と重なる。彼はややおおげさに、「マクロな意味論的構造」[11]という語も用いているのだけれど、要は物語の秩序は「意味的」なもので、言説同士の「相関的」な結び付きにほかならないということだ。そして、これが緊密なまとまりをなすとき、物語は「真実味」をおびることになる。それは、あくまで意味の秩序の話であって、現実世界と同じような時間的推移を条件としてはいない。

物語のリアリティは、現実世界との照合によってではなく、物語を構成するもろもろの言説の相関的秩序によって支えられていると考えるべきだろう。種明かしをすれば、この理解の背景には、バルトの物語論がある。彼は、「構造的」な分析は「物語的連続体を〈脱年代化〉し、〈再論理化〉する」と宣言した。要は、物語の秩序を現実の生の時間的秩序から切り離し、一つの論理的な秩序としてとらえろ、という話だ。だから彼は、こう結論している。「時間性とは物語（ディスクール）の構造的な一階層《クラス》にすぎない」「〈真の〉時間とは（略）〈リアリスト的〉幻想なのである」[12]

物語論の紹介が少々凝りぎみになったかもしれない。けれども、衒学趣味にふけることがここでの目的ではない。そうではなく、こうした理解の正しさが、時間ＳＦではきわめて明快に確認できること。これが当面の焦点である。

例えば『夏への扉』。物語は、傷心のダンがいきなり冷凍睡眠を考えるところから始まり、長々と愛猫ピートのエピソードを展開したあとで、彼の傷心の原因と、仕事仲間が裏切った経緯を綴る。そして、これを承けてはじめて、かつての仲間との対決が繰り広げられ、あえなく返り討ちにあった彼が三十年の冷凍睡眠に送り込まれていく。それは、現在↓過去↓現在というように、現実の世界ではありえない順序で構成されている。けれども、この物語構成は、巧みに状況の背景を提示するとともに、ダンの人物特性を浮き彫りにしながら、あとに続く復讐のエピソードとの適切な照応を用意している。そして決定的なのは、タイム・トラヴェルのエピソードだろう。冷凍睡眠から目覚めたダンは、偶然タイム・マシンの存在を知り、復讐を期してあの対決の現場に舞い戻る。ここで物語は、一度語られた経緯の隠された面をあらわにしながら、論理のジグソー・パズルを小気味よく嵌めあわせていく。トラヴェル後の展開の軸になるリッキイとの絆を、あのピートの存在が支えている点も、緻密な論理的結び付きを示して余りある。

復讐のための時間の遡行にも、三十年の冷凍睡眠にも、現実の世界に対応する事実はない。そして、語られる出来事の推移は、歴史的な時間の順序とはまったく違っている。にもかかわらず、ダンの復讐と願望達成の物語は、タイトな論理の結び付きと諸言説の緻密な絡みあいによって、深い「真実味」を醸し出す。それは、生の現実との照合とは別の次元で成り立つのだ。

ただし、ちょっと注意しておきたいことがある。それは、時間的な順序にしたがわない物語でも、しばしばそれを読み進むさいには、現実の生の時間と同じように直線的な推移があるように思えてしまうという点だ。例えば、ダンがタイム・マシンを発見し、過去に戻って復讐するまでの展開を追いかけることを想像してほしい。すると、彼の行為や彼の前で展開する事態は、確かにひとつながりの直線的な linear 推移に思えてしまう。けれども、やっぱりそれは、誤った外観にすぎない。

時間ジャンプの前と後の出来事は、トラヴェラーの観点から語られると、前進的に連なった経緯となる。Ｐ・リクールにしたがえば、行為を縦糸にして「筋立て化」[13]されたテクストは、真っ当なものに見えるということだ。けれども、そこに現実世界との照応を見るのは、外観にとらわれた錯覚でしかない。実際には、トラヴェラーの行為は物語られる世界の環境に埋め込まれている。直線的に見える行為の連なりだけでなく、この環境のありようも視野におさめるなら、問題の推移に時間をめぐる怪と捩じれのあることがわかる。ダンが過去に突然出現し、あの修羅場にもぐり込んで、もう一人の「自分」の無様な姿を尻目に復讐を実行する。この物語世界のありようは、線状的な時間とは異質であり、私たちの生の現実を超えているとしか言いようがない。

にもかかわらず読み手は、トラヴェラーを取り囲む世界の異常を脇にやってしまう。テクストが、トラヴェラーの行為に焦点をあてているからだ。だがそのとき、経緯はなぜ通常の線状的な時間のように思えてしまうのか。その背景には、読みの意識の特性がある。文字を連ねていく言説は、記号を前進的にとらえ、思考を線状的に積み上げる態勢を意識にうながす[14]。この読みの線状性に馴化するとき、読み手は語られている時間世界が線状的だと思いなす。けれどもそれは、読みの時間のありようであって、語られる世界のありようではない。そう、問題の誤解は、テクストに馴化した読みの時間の直線性を、語られる時間世界の直線性と取り違えるものだと言っていい。そして、この思いなしにもとづいて物語に線状的な時間構成が求められるとき、あの「現実の生きた発展」を価値づける態度が成り立つことになる。

確かに、読みの前進的な線状性は、ほぼ絶対的と言っていい。それは、「逆行もの」の物語を見るとよくわかる。例えば、F・ブラウンのトリッキーな短篇、「終」。これは、時間に関する発見をした教授が、時間を逆行させるお話なのだけれど、ミソは、彼がマシンのボタンを押した途端、語りが逆さまに「再現」され、それまでの単語が逆向きにたどられて、タイトルに戻るという点にある。[15] 当然にも逆順に並べられた単語は、意味の連なりを浮かび上がらせず、つながりがない言葉の列になってしまう。

だから、有意味な読みを成り立たせるには、逆行の設定に背く語りも必要になる。D・ナイトの「むかしをいまに」（一九五六年）やP・K・ディックの『逆まわりの世界』（一九六七年）を見てみるといい。そこでは、死者は墓から甦り、若返っていくのだけれど、会話の発声は普通の流れになっている。さらには、筋の展開を成り立たせるために、行為が順行するくだりが用意され、出来事を前進的に積み上げる語りさえ採用されている。[16]「どんなものであれ、文字による物語が行為を文字どおり逆向きに示すことはできない[17]」。時間逆行の物語は、テクスト「それ自体の性質」からくる乗り越えがたい障害に直面するわけだ。

文字テクストの線状性は、避けがたく読みを縛る。けれども、読みの線状性と連続性を、語り出される世界のありようと取り違えてはならない。時間SFでは、物語の時間的な構成は、しばしば線状的でも連続的でもない。だからそこでは、問題の意味的な秩序が、時間的順序にしたがうものではなく、論理的な相関構造であることが浮き彫りになる。このことは、時間の怪と捩れを抱え込んだ意味世界を見れば明らかだろう。ダンがあの修羅場へと舞い戻って復讐を遂げるエピソードは、過去の時点へと回帰するテクストであり、直線的ではなく、言わば循環をなしている。だからまた、前のテクストを想起しながら、結果的に成り立つ論理的配備を俯瞰するなら、そこにはダンが返り討ちにあう出来事と、過去に戻って復讐する出来事とが、並列ないしは対応しあう意味構成が成り立っている。過去へのタイム・トラヴェルを語り出すさいに採用される、同じ時点の再説ないしは語り直し。それは、物語の意味的な秩序が、現実の時間的な順序とは別次元のものであることを、鮮やかに示している。

時間SFが、リアリズムの虚構の覆いを取り払うことがおわかりいただけたかと思う。あくまで「真実味」の核心は、連続的な時間構成とは別次元の、意味的な相関構造にあるということだ。以降、この点をさらに掘り下げてみたいのだけれど、そのさいに留意すべき点を一つだけ確認しておこう。

問題の意味的な秩序は、相関的 configurationnel と形容される。物語られた世界は、言説の総体が結果的に成り立たせるパラレルな構造をもつということだ。線状的 linéaire に対して相関的と言う以上、それは時間的継起にもとづくものではなく、ある意味で「同時的」な構造だと言ってもいい。けれども、物語の条件について考えるときには、当然因果の秩序も必須だろう。この点に思い至ると、一つの疑問が湧いてくる。問題の意味的な構造は、この因果の秩序を切り捨てることになりはしないか、と。なぜなら、因果関係なるものは通常、時間的に継起する複数の出来事のあいだの規定関係と理解されるからだ。

意味の相関的秩序から物語の「真実味」をとらえ直すとき、因果の秩序についてはどう理解すべきなのか。いままでの考察は、おのずとこの問題を引き寄せることになる。そこで、節を変えてこの点について考えてみることにしよう。

2　時間ＳＦにおける因果のパラレリズム——読みが支える意味の秩序

因果の秩序というのは、普通の発想では、先行することが後続することを生み出す関係と整理される。けれども、この前提に立つと、物語のパラレルな意味の秩序は、因果の秩序ではないことになる。そしてまた、因果の問題に力点をおきながら、やっぱり物語は時間的順序にしたがうべきだ、ということにもなりかねない。

実際、ミュアーは「現実の生きた発展」を重視しながら、「登場人物の行為の志向を必然的に決定」する「因果の論理」[18]を説いている。あるいは、Ｓ・リモン＝キーナンも、「因果関係は（略）時間的関係 temporality に投影されうる」[19]としている。ただし彼は、「常に？」という懐疑の言葉も付け加えている。そこには、いかにもごまかしっぽい感じがある。Ａ・ロブ＝グリエが批判したように、「クロノロジカルな展開順序」と「線状的な筋立て」[20]という古い観念は、実はかなりあやふやなものだと言っていい。

物語を成り立たせる因果とは、出来事が時間的に継起する関係でしかありえないのか。このことを、もう少し丹念に考えてみる必要がありそうだ。サルトルも、「物語（略）は、年代的な連鎖に代えて因果の秩序を立てる」[21]と言っている。もちろんこれだけでは、ことの内実はよくわからない。ここはやはり、時間SFの物語構成を参照しながら、その実相を確認していくことにしよう。

すでに触れた『マイナス・ゼロ』は格好の例だろう。この作品は、主人公の俊夫が女学生への恋心に導かれながら、タイム・トラヴェルに身を投じ、時間世界の不思議な円環を体験する物語だ。その憧れの女性の名は啓子。彼女は、空襲の混乱のなか、俊夫の前から姿を消す。死を覚悟した「父」が、彼女をタイム・マシンで未来に跳ばしてしまったのだ。ただし、彼女の「父」は俊夫に遺言を残す。ちょうど十八年後の夜に、彼の家を必ず訪ねてくれと。こうして俊夫は、マシンから出てきた十八年前の啓子と再会することになる。

ところが彼は、啓子を運んできたマシンを誤って作動させてしまい、自分がまだ赤子だった昭和七年にジャンプしてしまう。さて、ここから物語は奇妙な因果を語り出す。俊夫は過去をさまよいながら、啓子の「父」がどこか別の世界からやってきた人間なのだと気づく。そして、「父」のマシンが現れたときに何かとクラッシュしないように、大きな研究室を建造する。ここには、時間SFにしばしば見られる因果の循環が仕掛けられている。俊夫のトラヴェルは、「父」のマシンなしにはありえなかったが、そのマシンは過去にトラヴェルした俊夫の準備なしには使えなかった。現在からのトラヴェルと過去におけるトラヴェラーの行為が、時を超えて因果の円環をなす。

同じような因果は、啓子についても成り立っている。彼女は、俊夫が未来に戻したマシンに乗り込んで彼を追う。しかし、ジャンプする先を間違えて社会の裏側を生きることになる。実はそのとき、彼女は俊夫の子どもを身ごもっていたが、やむをえず生まれた娘を孤児院に預ける。ここで物語は、意外な真実を明かす。実はこの生き別れた子どもが、あの「父」に引き取られ、啓子として育てられていたのだ。啓子が未来に出現したのは、あの「父」に育てられたからだが、そうなったのは彼女が間違って遥か過去にトラヴェルしたことに起因する。未来と過去をまたぐ奇妙な因果は、ここでも円環をなしている。

この因果は、時間的に連続する出来事の関係ではない。確かに、過去へのトラヴェルは「逆向きの因果関係 reversed causation」[22]を生み出すという理解もある。ただしそれは、逆向きの時間的継起ではない。過去へとジャンプするまでのエピソードと、トラヴェル後のエピソードは、時間的に断絶しているからだ。タイム・トラヴェルは、物語られる世界の時間に断絶を持ち込まざるをえず、時間の連続的な継起を切断する。

けれども、確かに因果の秩序は成り立っている。つまりそれは、時間的に継起する関係である必要はないということだ。いや、それだけではない。問題の因果は、テクスト構成としても、直接に前後する形で綴られていない。未来へのマシンの出現と俊夫のトラヴェルが先行し、俊夫が研究室を用意するエピソードはずっとあとに登場する。同じことは、啓子が未来に跳ばされるエピソードと、彼女が「父」に引き取られるくだりにもあてはまる。それぞれの出来事は遠く隔てられ、歴史とは逆の順で並べられている。しかしそれでも、それぞれのエピソードは、読み進んでいった結果として、因果的に結び付けられていく。

確かに、タイム・トラヴェルの物語が、行為の推移を前進的に連ねていくことは往々にしてある。けれども、そこに時間の連続と継起的な因果を見るのは、バルト流に言えば「継起 consécution と因果 conséquence の混同」[23]にほかならない。物語られる行為と出来事の連なりは、あくまでテクストの推移として継起的につながっているにすぎず、必ずしも因果関係をなすわけではない。にもかかわらず、そこに因果があると見なすのは、テクストの線状的な連続性からくる読みの錯覚だと言っていい[24]。もちろん、継起的に語られた出来事が因果的なつながりをもっている場合もある。けれどもそれは、決して必然的ではない。

時間ＳＦの構成は、物語の論理的な因果が、時間的に継起する関係とイコールでないことを浮き彫りにする。むしろそれは、物語全体を通じて結果的に成り立つ、意味の構造的な結び付きではないだろうか。つまりここでも、あのパラレルな全体的秩序が浮かび上がるように思われる。

しばしば物語は、語られている状況が何に由来するのかを、ずっとあとになって明かす構えをとる。それは、ジャンルに関係なく、ごく一般的に見られることだ。そこには現在の言説が過去の事実へと滑り込む、一種のタイム・トラヴェルがある。R・ブラッドベリの「タイム・マシン」（一九五七年）を糸口に、「小説の原理とタイム・マシンの原理は根本的に同型である」[25]と喝破した「乱視読者」の理解は、まさに炯眼と言うべきだろう。

ただしそれは、回想や想起の語りだけにあてはまることではない。過去や未来のさまざまな時点を往復する物語は、すべてある種のタイム・トラヴェルをなすと言っていい。だから肝心なのは、回想や想起といった語りの形式じゃない。そうではなく、問題の根本にあるのは、過去や未来を行き来しても、物語が因果の秩序を失わないという事実だろう。物語の秩序なるものは、時間的な継起の関係ではなく、読みの結果として成り立つパラレルな意味の結び付きだということ。物語とタイム・マシンとの一致の背景には、こうした物語の一般的な原理がある。そして、この原理は、これ見よがしに時間を跳躍する物語によって、否応なく顕在化する。まさしく時間ＳＦは、物語一般の成り立ちを端的に露呈させる！「タイム・トラヴェルの物語は（略）意図的な物語論的探究が生み出される実験的な条件でもある」[26]

もちろん、時間ＳＦに独自の問題もある。それは、時間的に隔絶された出来事の間に、直接的な因果が成り立つという点だ。この点がもっとも鮮明なのは、行為の連なりなしに異なる時間がつながるような物語だろう。そしてそこでは、「同時的」な因果の秩序が浮き彫りになる。

例えば、追憶の甘いムードを漂わせるＪ・ウィンダムの「時間の縫い目」（一九六一年）。家の窓から、のどかな林を眺めるセルマおばあちゃん。生け垣の向こうからは、テニス・ボールの音が聞こえてくる。そのうちに彼女は、午後の暖かさに誘われて夢見心地となり、テニス・コートにまつわる記憶へと意識を漂わせる。五十年前。彼女は、痛いほどの思いを秘めてアーサーを待っていた。けれど、確かに約束したのに彼はやってこなかった。彼はその後行方不明になり、自分の人生は変わってしまった。もしあのときに求婚されていたら、まちがいなく承諾したのに。けれども、そうなっていたらいまの息子も娘も生まれなかった。二人の子どもと夫を愛してきた人生は、申し分なく幸福だったではないか……。

セルマおばあちゃんは、瞼を閉じかける。そのとき、小道の方から誰かの足音がして眼を開いた。すると、朗らかに歌を口ずさみながら男が歩いてくる。何とその男は、五十年前のアーサーそっくりだった。彼女は夢か幻かと思うが、会話を交わすうちに、「衝撃的な直観」で彼が本物のアーサーだと気づく。そして彼のほうも、自分が何十年もの時を跳躍してしまったと悟る。物語は、ことの次第が息子ハロルドの実験によるものだったことを明かす。五十年前のあの日、アーサーが現れなかったのは、五十年後にハロルドが「場の歪みを発生させる装置」[27]を作動させたからだった。アーサーはあのときコートから消え、タイム・ジャンプしてこの現在に現れたのだ。

アーサーの失踪とハロルドの実験は、時間的に隔絶されながら因果的に結び付いている。それは、継起的な因果関係ではない。過去におけるアーサーの消失は、現在における「場の歪み」の発生と、一緒に起きる。両者は、遠く時を隔てながら、一つの事態の表裏として結び付いていて、意味の次元では「同時的」だと言っていい。だから、順序をもった継起の関係としてとらえることはできない。しかも、二つの出来事を綴る言説はテクスト上では分離されている。遠く隔たった二つの出来事が、隔絶された構成のなかで「同時決定的」な因果をなす物語。

このように時間ＳＦは、物語の構造が、時間的な継起とは別のパラレルな意味の秩序であることをあらわにする。それは、第３章で紹介した「因果ループ」の物語にもあてはまることだ。一つの典型は、ハインラインの「輪廻の蛇」（一九五九年）だろう。うらぶれたバーに座り、気難しそうな風情で酒を飲む客。彼は「告白小説」を書く作家なのだが、バーテンに乗せられて身の上話を始める。自分は孤児院で育った私生児だが、かつては軍慰安婦を志望した女で、ジェーンという名だったと。そして客は、自分の人生を捩じ曲げられた経緯を恨みがましく語る。夜学生のとき、札束をちらつかせるペテン師に公園で押し倒されて孕んでしまい、子どもを産むことになってしまった。しかし、出産のさいに緊急措置が必要になり、女としての性を失うはめに陥った。実はそのとき、自分が両性具有だったとわかった。そこで思い直して、子どもを生き甲斐に男として生きようと決意したが、何とそのわが子も病院からさらわれてしまったのだ、と。

この「私生児の母」は、あいつを「ぶち殺してやる！」と声を荒らげる。するとバーテンは、問題の男に会わせてやるともちかける。バーテンは、「時間局」のエージェントで、過去にさかのぼって苦もなく男を見つけられると言ったのだ。恨みを燃え上がらせた客は、バーテンとともに七年前にジャンプし、大金を渡されて男を捜しに向かう。百ドル紙幣の束。そう、美しさの絶頂にあったジェーンを孕ませたペテン師とは、男になって未来からやってきた自分自身なのだった。一方、バーテンに化けていたエージェントはその一年後に跳ぶ。そして、ジェーンが出産をした病院から乳児を奪い去り、さらに十九年さかのぼって子どもを孤児院に届ける。もはや驚きはないだろう。この子どもこそが、ジェーンその人なのだった。しかも物語は、バーテンに化けたエージェントも、未来の「同じ」人物であることを示して結んでいる(28)。

ジェーンと物書きの客が織りなす出来事は、時を超えた因果ループをなしている。過去に跳躍した客がジェーンを孕ませたからこそ、当の客は激しい恨みを抱き続け、エージェントの誘いにも乗って過去に介入していく。そしてまた、エージェントがしつらえるジェーンとその子どものつながりも同様の円環をなしている。そもそも、ジェーンが娘を孕んだのは、孤独と貧困のなかで客と出会ったからだが、そうなるためには、生まれた娘が孤児院に預けられるという出来事が確定していなければならない。この出来事の連鎖は、論理的な次元では、一つの存立が一挙に全体の存立を前提する相互決定の構造になっている。時を超えて決定している「同時的」な因果の秩序と言ってもいい。つまりそれは、一方向的な順序で整理できない秩序になっているということだ。

実のところそれは、物語一般にあてはまることだろう。物語の意味的な秩序は、結果から見ればこうした「同時決定的」な因果をなしている。最初のくだりが最後の出来事を前提して形づくられ、終盤の展開が序盤のエピソードの背景を明かすものとしてあらかじめ用意されていても何ら不思議はない。それは、時間SF以外の物語にも、一般的にあてはまる。佐藤友哉の『水没ピアノ』（二〇〇二年）のように、一つのエピソードが一挙にすべてのエピソードの構成を前提しているケースは、決して珍しくない。タイトな秩序をそなえた物語はすべて、

「同時決定的」でパラレルな因果的秩序として構想され、綴られているのだ。時間的経緯に沿った物語とは、この秩序を時間的な順序にしたがって構成したものにすぎない。

ところで、時間ＳＦのファンから侮られないために、少しだけ補足をしておこう。実は「輪廻の蛇」の因果には、時間的な継起でしかありえない部分がある。それは、娘を出産するくだりだ。しかもそこには、「性的パラドクス」[29]とも呼ばれる不合理が潜んでいる。出産という出来事は、産む個体と生まれる個体の分離であるはずなのに、「輪廻の蛇」は問題の母と娘を同じ人物としている。さすがにこれは、理屈上受け入れがたい。

もうお気づきだろうが、『マイナス・ゼロ』の啓子をめぐる因果にも、このパラドクスが潜んでいる。そして、さらにほかにも、同じような問題を孕んだ作品がある。Ｃ・Ｌ・ハーネスの「時の娘」（一九五三年）だ。ただしこれは、一見似たような仕掛けをとりながらも、やや異なった「循環」を構成している。

おませなのか欲深なのか、母に近づく男をみなものにしようとする気の強い娘。彼女がスイスに留学していたときに、一つの情報が舞い込む。ついに母が本命との恋に落ちたというのだ。矢も楯もたまらず家に戻った彼女は、母からその男を奪おうと血道をあげる。そして、彼の寝室に忍び込み、しおらしく迫ろうとした夜、母との最終的な対決を迎えることになる。だが、意外にも母は、説諭の態度で語りかけた。本当に彼がほしいのか、彼の子を産みたいと思うほどか、と。娘は少し躊躇しながらも、はっきりイエスと答えた。すると母は、とんでもない忠告をする。二十年前に跳び、「彼を見つけて、しっかり離さないようにすること」。母は、恋人が「時間流を歪める warp」[30]マグネトロン発生機で現在にやってきたことを明かし、その機械を使えば過去の世界で彼と結ばれることができると告げたのだ。

ただし母は、「お前は彼を止められなかった」とも宣告する。この母の予言を背に、娘は二十年前にジャンプする。そして、難なく彼をものにした彼女は、甘い愛の時間を過ごし、女の子を身に宿す。けれども娘は、母の予言にとらわれていた。彼は先のことなど頭にないのに、娘は二十年後に行かないでと懇願する。ところが、未来の詳しい事情を知らされた彼は、自分のマシンの威力を言祝ぐように、興奮の声を上げた。「きみと、きみの母と、きみのまだ生まれていない娘が、同一……」。その呪いのような言葉を聞いて、娘は彼の頭を銃で撃ち抜いてしまう。だが、彼女がアリバイ工作をして戻ったとき、彼は消えていた。かろうじて一命を取り止めた彼が、未来のマグネトロンの作用で二十年後に跳んだことは、想像するにかたくない。物語は、彼女が無事娘を出産し、あの「母」になっていくことをほのめかしている。(31)

この物語は、厳密には「因果ループもの」ではない。確かにテクストは、「母」と娘が「同一」であるかのように語るけれど、それではすでに指摘した「性的パラドクス」に陥ってしまう。だから、この不合理を回避しようとすれば、テクストのほのめかしにもかかわらず、娘と「母」はあくまで別人と想定するしかない。そうであるなら、娘が「母」と同じことをし、同じ経験をしたとしても、それは主人公を異にする別の経緯であることになる。

確かに、「時の娘」は少々リスキーな物語構成をとっている。けれどもこの作品には、物語の意味的な秩序に関わる重要なポイントが潜んでいる。この点で注目すべきは、この物語に織り込まれた独特な想定だろう。母から忠告を受けた娘は、こう尋ねる。彼が二十年後にきてしまった事実をどうやったら変えられるのか、と。そのときの母の答えは、物語の理解を左右する決定的なものだ。「お前が一九五七年で彼をしっかりつかまえていれば、一九七七年のこの別の時間体 stereochronic alternate は消滅するはずよ。最初からなかったもののようにね」。(32)ここには、娘が彼の行動を変えれば、もとのものとは別の時間世界が展かれるという想定がある。

第1章で紹介したように、タイム・トラヴェルの物語のなかには、時間ジャンプでトラヴェラーが別の時間線に跳んでしまうと想定するものがある。少々変則的だけれど、「時の娘」もこのパターンに近い。この手の物語では、また違った形で因果の秩序の実情があらわになる。しばしばそこには、異なる時間世界をまたぐ因果が展開されている。つまりその秩序は、どうひねってみても時間的な継起ではありえないのだ。

娘が子どもを産んだ世界は、もとの世界とは「別の時間体」と考えてよい。そうであるなら、二つの世界のあいだで、時間的な前後や連続を云々することはできない。なるほど、もとの世界と娘が跳び込んだ別の世界とは、出来事の因果でつながってはいる。母の説諭と娘の時間ジャンプは、娘と彼の甘い生活と、あの銃撃の悲劇に帰結し、さらにはマグネトロンが彼を母のもとに招き寄せるのだから。けれどもそれらは、異なる時間世界をまたぐ結び付きになっている。だから、明らかにそれは、時間的に継起する因果関係とは言えない。確かに出来事は継起的に連なっているように見えるけれども、それは別時間の出来事を連ねる語りの継起でしかない。

いわゆる「並行世界もの」に目を向けるなら、問題はもっとはっきりする。例えば、Ｓ・バクスターの『タイム・シップ』（一九九五年）などはその代表格だろう。『タイム・マシン』の続篇とされるこの作品には、実は本家とはまったく異なるアイデアが織り込まれている。それは、「時間航行」が「ここではない別の世界を発生させる」という想定だ。

すでに一度トラヴェルを敢行し、未来種族の娘ウィーナを死なせてしまった主人公は、その償いをせんとふたたび時間の旅に身を投じる。すさまじいスピードで時間を跳ぶ彼は、太陽が一つの帯に変わり、木々や建物が伸びては消える様子を目の当たりにする。だが目標とする未来に近づいたとき、彼は一つの異常に気づく。太陽が帯のような運動を止め、一点に静止していたのだ。「帰れないかもしれない」[33]。彼はその太陽のように凍り付いた。

彼がトラヴェルしていったのは、最初とは異なる未来だった。同じような種族が生きてはいても、社会の構成や技術がずいぶんと違う別の時間世界。『タイム・シップ』は、主人公による時間ジャンプが、もとの世界とは別の並行世界を生み出すという想定になっている。この因果が、同じ時間世界のなかでの継起の関係でないことは明らかだろう。

ダメ押し的に、もう少し違った想定をとる物語にも耳を傾けておこう。パラレル・ワールドものの現代版とも言うべき、量子論的な物語である。例えば、すでに何度か紹介したＭ・クライトンの『タイムライン』（一九九九年）。教授を中世のフランスにジャンプさせた技術は、「量子テクノロジー」で人や物を移送するものだった[34]。そしてほかのメンバーも、次々にこのテクノロジーで並行世界の中世へとジャンプし、発掘から得られた知識を駆使して、十四世紀の城砦を舞台に大活躍をする。もちろんここでのポイントは、この異世界への介入が、こちらの世界の出来事と因果的につながっているという点にある。

ジョンストン教授が問題の技術を知ったのは、並行世界にある修道院の図面を見たからだった。あちらの世界の事実がきっかけとなって、教授やマレクたちは並行世界に跳躍してゆく。あるいは、あちらの世界でのマレクたちの活躍を支えた知識は、こちらの世界での遺跡発掘によって得られている。あちらとこちらが、互いに他の世界の出来事を原因として推移する。この因果は、複数の並行世界をまたぐものであって、時間的な継起とは無縁だと言わざるをえない。確かに、登場人物たちの行為と経験を追いかけていくかぎりでは、ひとつながりの時間的経過があるようにも見える。けれどもそれは、すでに触れた読みの時間の線状性からくる思いなしにすぎない。たとえ出来事が連続的に語り出されたとしても、その間には別々の時間世界を隔てる溝が横たわっている。

並行世界をまたぐエピソードが展開される物語では、語られる因果がパラレルな秩序でしかありえないことが鮮やかに浮かび上がる。ただし『タイムライン』には、同じ時間世界での決定論的な因果を連想させる言説も含まれている（映画版がとくに顕著だ[35]）。この点は、問題をぼかしてしまうきらいがあるので、もう一つ別の作品にも触れておこう。ただしそれは、同じ時間世界の未来と過去とが、不思議な通信によってつながる物語である。しかしそこには、ある意味でパラレルな因果の秩序が体現されている。

その物語とは、G・ベンフォードの『タイムスケープ』（一九八〇年）である。この作品は、第1章で紹介したように、別々の時代を生きる二人の男を軸とした物語だ。世界的な赤潮や食料不足といった火急の事態に対処しようとするピータースンの東奔西走。実験に混入する不可思議な雑音をめぐるゴードンの謎解きのプロセス。この異なる時間に属する二つのストーリーは、繰り返し断絶しながらほぼ交互に展開されていて、テクストはまだらなパッチワークになっている。

それは、パラレル・ストーリーと呼ぶべき構成をとっている。ただし、並行する複数のストーリーは、まったく交わらないわけではない。実際、物語の二つの筋は、ピータースンが三十六年前のゴードンにメッセージを送ることで交差する。この過去への送信を可能にしたのは、時間を超えて過去に届くとされる「タキオン」である[36]。

ピータースンは、これを利用して過去に破滅的事態を警告することを思い付き、返信をサンディエゴの銀行に預けることを指示したのだ。そして彼は、銀行の貸金庫でゴードンのメモを発見する。かくて異なる二つの時間が、時間を逆行する高速素粒子によってつながる。

遠く隔たった時点をつなぐ物語。そこでは、異なる時間をまたぐ因果が、時間的継起とは無縁なパラレルな秩序として成り立つ。実際、ピータースンがメモを見つけるくだりのあとには、雑音のような通信を解読するゴードンの努力が延々と綴られている。さらには、ピータースンが「タキオン」通信に潜在するパラドクスに思い悩む場面も。そして、何と二十七の章を挟んだあとで、やっとゴードンがメモを銀行に預ける場面が現れる。[37]その後も、時間の神秘を感じながらゴードンが受賞するエンディングまで、パラレルな二つのストーリーが合一することはない。

多くを語る必要はないだろう。『タイムスケープ』は、並行世界をまたぐ因果を語り出す物語ではない。けれども、最後まで二つの時点の出来事が並行していく構成は、物語の基盤にパラレルな因果の秩序があることを顕在化させる。Ｊ・リカルドゥーはヌーヴォー・ロマンについて、「そこには虚構のクロノロジーが存在しないために、もう一つの厳密に保たれた別のクロノロジー、つまり叙述のクロノロジーの価値が現れてくる」[38]と言った。それは、時間ＳＦが織りなすパラレル・ストーリーにもぴったりとあてはまる。もちろん、「叙述のクロノロジー」とは、テクストの配列順序のことであって、語られる世界の時間的な継起ではない。あえて相互に分断されたモザイク的な配列が、並立する世界をまたぐパラレルな秩序を顕在化させるということだ。

こう考えてみると、さらに気になる問題も浮かび上がってくる。パラレルな因果の秩序は、結果的に構成されるつながりだった。『タイムスケープ』は、この点も端的に示している。時を隔てた因果が、長大なテクストを挟んで完結することに明らかなように、因果の秩序はしばしば、物語の終幕で浮かび上がる。だとすれば、その因果が成り立つにあたっては、読みにともなう記憶と想起が不可欠の条件になるだろう。

そのつどの言説がずっと後のテクストと結び付くまで記憶されていること、遥か以前の言説が想起されてつなげられること。当たり前のことだが、この読みの持ち分なしには問題の因果は実現しない。もちろんそれは、パラレル・ストーリーばかりでなく、直線的な経緯をなぞるテクストにもあてはまる。すべての物語が、ある意味でタイム・トラヴェルであることを想起されたい。それは、読みのあり方についてもあてはまるのだ。

このように時間SFは、因果的秩序の実情が、「常識」からはかなり隔たっていることを明らかにする。そこには、物語の真正さに関する理解を大きく揺さぶる事実が潜んでいるように思う。因果の秩序は、時間的な継起の関係とイコールではない。そうであるなら、あの「現実の生きた発展」、つまり線状的な因果に物語の真正さを見いだす意識はもろくも崩れることになる。いや、それだけではない。いま明らかになったように、問題の因果的秩序は、読みの全体的なプロセスの結果として成り立つ。それは、物語の「マクロな意味論的構造」に、読みの持ち分が含まれていることを意味する。そうであるなら、そもそも物語の真正さを、テクストそれ自体の問題として語ることには無理がないだろうか。まちがいなくこれは、真剣に考えるべき問題だろう。

真正さに対するこの疑いは、少々おおげさに聞こえるかもしれない。けれども、ここで考えたいことは、あのポール・ド・マンが主張したことと、さして異なるものではない。文学というのは、「それ自体の存在の仕方を疑問に付することのできる存在と規定しうる」[39]。この観点を地でいくように、時間SFは、物語のとらえ方の転換をうながす仕掛けになっている。もちろんそれは、物語自体にとって危険な懐疑であるかもしれない。なにしろ、テクストの「本物らしさ」に潜む虚構を暴くことになるのだから。けれども、ド・マンが言うように、それも物語の魅力の一つであるなら、疑問を伏せてしまうわけにはいかないだろう。

3 種を露呈する手品――「読みの真正さ」の持ち分

時間SFが、物語の真正さを根本から脅かすということ。このことに焦点をあてながら、これまでの議論をまとめ直すことにしよう。

問題のポイントは、物語の真正さの観念が、いくつかの思いなしに支えられているということにある。ところが、時間ＳＦにはこうした思いなしを読み手に自覚させる言説構成が見られる。となると、その思いなしに支えられた真正さの観念も、足場を失って崩れていくというわけだ。

では、そのときに焦点となる思いなしとはどんなものか。すでに触れたように、主に問題となるのは二つの思いなしだ。まず一つは、「後に来る」という継起の関係に、「よって起こされた」という因果を読み込もうとする「継起と因果の混同」である。[40]これは、エピソードの継起的な連なりに、「現実の生きた発展」を読み込もうとする読みの構えと言い換えてもいいだろう。そして、もう一つは、物語の真正さの条件を、テクストそのもののうちに求める意識である。つまりは、物語の真正さなるものを、テクストだけで決しようとする思い込みにほかならない。

この二つの思いなしが、時間ＳＦによって掘り崩されていくこと。この点をあらためて整理するのが当面の課題である。もちろんそれは、実にさまざまな作品について言えることなのだけれど、ここではあえて二つの物語パターンに焦点を絞ろう。決定論的な物語構成とパラレル・ストーリーの言説構成。この二つに焦点をあてると、時間ＳＦが物語の真正さを掘り崩す事情が、かなり明快になるように思う。

決定論的な物語では、「因果ループもの」に端的なように、語られていく出来事が、先行する出来事によってすでに決定されていた。「時間の縫い目」を想起してほしい。アーサーの失踪という事態には、のちにハロルドがあの装置を作動させることがすでに織り込まれていた。そして実は、アーサーが無事に過去に戻ったことも、冒頭のくだりでほのめかされている。「時の門」（一九四一年）では、話はもっと露骨だ。あの「環」から突然「自分」が現れた以上、ボブがその「環」をくぐって別の時間世界に赴くことはすでに決定されている。そして三人目の「自分」が続いて現れる事態は、さらにもう一度、彼が時を超えて戻ってくることを予定している。[41]この人を食ったような言説構成は、語りに線状的な因果、あるいは「現実の生きた発展」を求める意識に冷や水を浴びせる。

決定論的な物語は、「自然な」因果の経緯に背を向け、あらかじめ決定されている事態を語り出す。「時の娘」に、「お前は彼を止められなかった」という予言があるのは例外的だが、もっとおとなしく既定の事態を吐露する例は枚挙にいとまがない。それは、「現実の生きた発展」を求める読みに肩すかしを食らわす。出来事は、さまざまなポイントで分岐して順次生起してゆくものではなく、既定のプロットとして差し出されるのだ。

そこには、リカルドゥーが問題とした「象嵌法」に通じるものがある。つまり、意匠に満ちた壁の象嵌のように、物語の結末や最奥の秘密、あるいは全体の基底に流れるテーマなどを、物語の冒頭におさめる手法である。それは、「書物のもつ時間、すなわちページが続いてゆく順序を否定する」[42]もので、ポーの「アッシャー家の崩壊」(一八三九年)に端的なように、結末を暗々裡に明かすことになる。これと同じように、決定論的な言説構成は、物語の推移がすでに確定した配置でしかないことを、あけすけにバラす自己言及の仕掛けになっている。「時間の縫い目」のエピローグは、それをあからさまに吐露している。「こうしたことが文章に書かれたとしたら、とても奇妙なこじつけみたいに見えるんじゃないかしら、そう思わない[43]……?」

だが思い直してみれば、それはどんな物語でも逃れられない事実だろう。「物語は結末から始めて発端へと遡りつつ秩序立てられる」のだから。この「逆向きの決定 détermination rétrograde」[44]は、すべての物語の宿命だろう。運命を統べる神と同様に、書き手はテクストのありようをあらかじめ全的に決定している。物語の言説は、決定論的な時間世界と同じく、終わりまで常にすでに確定しているのだ。

にもかかわらず、連続した行為の経緯がたどられるとき、読み手はそこに「現実の生きた発展」があると思いなす。頑強に線状的な因果を求める意識だ。実のところそれは、「逆向きの決定」のしつらえにあえて目をつむる虚構でしかない。ところが、当然すぎるこの真実が、読みのプロセスでは半ば意識的に忘却される。「私たちは、ちょうど眼のレンズが実際にはあらゆるものの像を逆さまにとらえているように、物事を逆向きに見てしまうのだ[45]」。それは、読む意識が「現実の生きた発展」という思いなしに、どれほど強く縛られているかを物語っている。そして、しばしばこの幻想は、クロノロジカルな一致への求めと絡みながら、物語の真正さという観念の核をなす。だとすれば、読み手の求めと思いなしは、真正さを仮構する意識を奥底で支えていることになる。

　ところが、決定論的な言説構成に対面した読み手は、これ見よがしの仕掛けを目の当たりにする。そこでは、意図されたしつらえとストーリーの作りが顕在化し、「現実の生きた発展」を仮構しようとする意識は掘り崩されてしまう。しかし、この線状的な因果への求めは、物語の真正さの観念と深いところで結び付いていたはずだ。だとすれば、決定論的な物語は、その真正さの足場を奪うことにもなる。時間ＳＦが物語の真正さを揺さぶるとは、こうしたことにほかならない。

　ただし、もう一つ付け加えるべきことがある。決定論的な物語は、語りの「自然さ」という観念にも、思いなしと仮構があることをあらわにする。「現実の生きた発展」が求められるときには、しばしば出来事の「自然な」流れと、それを綴るテクストの「適切な」推移も要求される。つまりそれは、一つの副次的な条件として、真正さの観念に含み込まれていると言っていい。リアリズムふうに整理すれば、語られる世界の推移を、生の現実の流れと同じように必要かつ十分に綴らなければ、「本物」ではないというわけだ。けれども、ここにも一つの思いなしが潜んでいる。それは「因果ループもの」の言説構成に目を向けると、実に鮮明になる。

「時の門」で展開される三人のウィルソンの格闘。それは、彼が環を二度くぐって二度とももとの時点に帰ってくることを、すでに確定的に示していた。テクストは、この推移を最初に机に向かっていたボブの観点から、律儀に語っていく。だからそれは、三人の格闘という「避けがたいクライマックス」[46]を、三たび綴ることになる。しかも、原文で三ページにもおよぶくだりを、ほぼ同じ形で。それは、異様で「不自然」に思える。テクストを飛ばしたくなるほどの違和感さえ生じる。それはなぜか。読みを進める意識は、語りが先に進み、別のことへと展開することを求めるからだ。だから、ほぼ同じ語りと意味の積み上げが反復されると、読み手はテクストを進展するものとして受け取ることができなくなり、出来事が「自然に」経過するような読みの時間は崩されてしまう。

「時の門」の言説は、時間ジャンプによって生じる因果を、登場人物の観点から逐一語り出すものであり、ウィルソンが体験する出来事の流れを、ほぼそのままに綴っている。にもかかわらず、読み手はそこにある種の「不自然さ」を感じずにはいられない。繰り返される三人の絡みあいは、出来事の推移を前進的に積み上げていく読みを頓挫させ、何度も前の状況へと回帰させてしまうからだ。

　こうした異化を仕掛けるテクストは、小松左京の「失われた結末」（一九七三年）にもある。小学生時代にトラヴェルし、当時の「自分」にトランスミッターを仕込んでわが家を「盗聴」する作家。ところが、ひょんなことから、彼が記したメモが家に持ち込まれてしまう。これが、問題のテクストである。何とそこには、数時間前からの家の出来事が記されていた。始まりはこうだ。「ラジオの「子どもの時間」がもうじき始まるのに、小兄さんはまだ帰ってこなかった」。実はこれ、この物語の書き出しとまったく同じ文になっている。そう、物語は、この作家のメモを下敷きにしたものなのである。作品の書き出しを反復するこのくだりは、「しかるべく」前進するテクストの構造を途絶させ、「生きた発展」の思いなしを切り崩していく。

　しかもメモの後半には、当のメモを見たあとで叔父さんが吐く言葉まで記されている。当人がひどく狼狽するのも無理はない。「私は何も……そこに書かれたようにしゃべるつもりじゃ……」[47]。それは、メモのタイム・スリップという設定によるのだけれど、むしろ肝心なのは、このテクストの異様さが読みの意識を急変させることだろう。テクストは、主人公の家の出来事を飛ばすことなく、順次積み上げるように綴っている。にもかかわらず、「現実の生きた発展」を求める読みは頓挫する。なにせ、メモを見る人々の会話と、それを逐一記したメモの内容とが、反復するように綴られているのだから。

　言説構成の「自然さ」と「適切さ」なるものは、実は出来事の推移にそってテクストが綴られることにもとづいてはいない。にもかかわらず、「現実の生きた発展」を求めようとする意識は、読みの「適切さ」の理由を物語られる世界に当てこする。「自然な」読みが可能なのは、テクストが出来事の連続的な展開を描き出すからだと。ところが、「時の門」や「失われた結末」は、出来事を順序どおりに逐一綴っていくことが、「不自然」で異様に見える事態を見せつける。だからそこでは、問題の思いなしが、隠しようもなくあらわになる。ここでも時間ＳＦは、「物語の構築をめぐる基本的な慣習を問題にする一ジャンル」[48]になっている。

物語の真正さの覆いは、もう一枚引きはがされたと言っていいだろう。語りの構成の「自然さ」と「適切さ」は、しばしば物語の「本物らしさ」の一部をなすと考えられる。けれどもそれは、語られる世界の「真実味」ではなく、テクストの前進とエピソードの展開、その「適切な」リズムとメロディーにもとづいている。[49]この点では、「言葉はそれ自体の法則によって虚構を展開」するといった考えも、あながち的はずれではない。ただし問題を、テクストの自足的な宇宙のなかに閉じ込めてはいけない。そうではなく、語りの「適切さ」は、テクストのリズムとメロディーが、「全体的な読みとり」[50]で実現され、有効となる場面で成り立つ。読みの「自然さ」と「適切さ」は、テクストの向こうの世界との合致には依存しない。むしろそれは、テクストのこちら側の読みの問題に収斂するように見える。

実際、物語られる世界の因果をベタに綴っていく構成は、ある意味で読みの魅力には欠ける。むしろ、因果に不透明な部分を残したまま進行する言説のほうが、読みの深い魅力を引き出す。時間ＳＦにかぎらず、少しずつジグソー・パズルのピースを嵌めあわせていく作品は少なくないが、決してそのことで物語の真正さが疑われるべきではない。さらには、物語の展開について、あえて背景や事情を明らかにしないことで、むしろ効果的な語りが実現される場合もある。

例えば、神林長平の「忙殺」（一九八一年）。この作品は、異色の「反復世界もの」で、謎の女教祖を追いかけていた主人公が、彼女の特殊能力によって、二日間の出来事を反復させられていることに気づくという話だ。ところが、この真実へと上り詰めていくテクストには、随所に欠如と飛躍がある。主人公は、面識のないはずの教祖の特徴をなぜか熟知している。しかも彼は、是が非でも彼女に会おうとする理由が、自分でもわからないと吐露している。物語は、筋立ての基本的な条件を開陳しないまま展開していくと言っていい。しかしそれでも、神林の織り上げるテクストは、むしろこの欠如と飛躍をタイミングよくちらつかせることで、スピードと緊張感の演出に成功している。つまりは、欠如や飛躍を抱えたテクストであっても、物語の全体的秩序の披瀝へと向かうリズムとメロディーが感じ取れるなら、読みのプロセスの躍動は十分成り立つということだ。

「読みの適切さ」を意識するなら、物語が「エクリチュールの特有な法則にしたがう宇宙[51]」だとされるのも、わかるような気がする。すべての出来事の因果を、逐一順序どおり綴っていくと、むしろこの「特有な法則」がないがしろにされる可能性があるということだ。物語の真正さは、しかるべき読みのテンションと充実を可能にする語りによってはじめて成り立つ。言い換えれば、そのときの物語とは、読みのいとなみを包摂したものとして理解しなければならない。つまり、テクストそのものだけを取り上げて、そこに真正さがあるとする観念は、一つの思いなしでしかない。

物語の真正さの根底には、「読みの真正さ」とでも呼ぶべき要因が潜んでいる。それは、物語の真正さの観念を大きく揺さぶる事実だろう。真正さの根拠をテクストそれ自体に求めることはできず、読みの意識に依拠しなければことが成り立たないというのだから。けれども、この点をしっかり確認するには、二つ目の問題も踏まえておかなければならない。そう、パラレル・ストーリーの因果を支える読みの問題である。

互いに隔絶したエピソードを、それぞれ分断された形で綴っていく物語。すでに明らかにしたように、こうした物語では、因果的秩序が読みの意識なしには成り立たないことが鮮明になる。つまりそれは、物語を読み通したあとに、記憶と想起を通じてつながりを引き寄せ、読み手が結果的に再構築する秩序だということだ。「あるテクストの統一性は、テクストの起源ではなく、テクストの宛先にある[52]」

読みの持ち分の重要性は、こうして「因果的秩序の捕捉」がなされる場面でいちばん鮮明になる。すでに触れたように、物語を成り立たせる「マクロな意味論的構造」は、テクストのうちで自足しえないということだ。だからこそ、物語の真正さをテクストそれ自体に求めようとする思いなしは、足場を失うことになる。とはいえ、結果的に因果の秩序を成り立たせる読みのプロセスは、多くの場合、テクストの緻密な相関的構造に導かれて成り立つ。そのかぎりでは、テクストの真正さなるものがまったく無意味になるわけではない。けれども、時間S

Ｆのなかには、こうした因果の秩序への誘導を放棄するかのような構成をとるものもある。それは、エピソードに潜む手がかりをかきあつめても、全体的な因果が確定できないような作品だ。

第１章で触れた『エンパイア・スター』（一九六六年）は、こうした物語の典型だと言っていい。ディレーニは、主人公が時間をまたいだ自分に出会うエピソードを随所に用意しながら、その背後にある経緯を確信犯的に伏せていた。だから、意味的な因果のまとまりは、物語を読む者に委ねられる。それはまさしく、全体の意味的な秩序が確定しがたい作品と言うしかない。パラレルな出来事の間をつなぐ手がかりを欠き、したがってテクストそのものとしては因果の秩序が未決定な物語。こうした物語では、読みによる能動的な補充が否応なく求められる。

この能動的補充の読みを、もっとラディカルに求める物語もある。例えば、映画『12モンキーズ』（一九九五年）。この作品は、Ｃ・マルケル制作の『ラ・ジュテ』（一九六二年）に着想を得て、Ｔ・ギリアムが監督したものである。しかしここでは、映画脚本をもとに書かれた、Ｅ・ハンドのノヴェライズ版を参照することにしよう。実はこの小説版のほうが、パラレル・ストーリーの特徴がより鮮明だからだ。

物語の軸は、過去へのジャンプを繰り返す者の悪夢と錯乱にある。この悲劇の主人公はジェームズ・コール。彼は、未来世界を苦しめるウイルスの真相を突き止めるために、二十世紀末のアメリカに跳ぶ。しかし、間違った時点に到着して拘置房送りになったジェームズは、尋問中にいきなり出自の曖昧な白昼夢に滑り込む。

幼いジェームズが母と手をつないで飛行機に見入っている。ロビーには、搭乗をうながすアナウンスが流れている。そのとき、ポニー・テールの男が走り過ぎていき、女の絶叫が響きわたる。ジェームズは、別の男が銃で撃たれ、崩折れるのを見た。物語は、この情景を数カ所にちりばめている。しかも、前後の脈絡を切断したうえで。物語のパラレルな構成は、まずここに示されている。

それだけではない。ジェームズは、何度も別々の過去に跳ばされる。だから物語は、時間的に隔たった出来事を並立させることになる。しかもその語りは、つなぎと承けなしに切断的に構成されている。ジェームズは最初の失敗のあと、「12モンキーズ」という組織を探る命を受け、ふたたび暗闇に投げ込まれる。ところが、その闇が飛び去ると、雨を降らす暗い空から石ころと土が落ちてくる。そこは、第一次世界大戦の塹壕だった。時間ジャンプの負担からくる悪夢なのか、過去のトラヴェルの記憶なのか。それとも攪乱された意識に襲いくる現実なのか。物語は、確たるつながりなしにエピソードを並列させている。しかも、このシーンの直後には、精神科医のキャサリンが黙示録的世界観について講演する場面が突然に出現する。

位置づけが不明な場面を並列させる構成は、物語全体の因果をとらえがたくする。それだけではない。トラヴェラーの行為を追いかけて、意味の連なりを線状的に想像することも難しい。なぜなら、ジェームズは「これは現実か？ それともおれの幻覚なのか」[53]と疑っているからだ。要するに、ジェームズの「経験」を上演するテクストは、「信頼できない物語行為」[54]の一種だと言っていい。だから読み手は、彼の「経験」をうのみにはできず、その連なりに因果を見いだすのを妨げられる。

因果的秩序の攪乱は、物語の決定的なポイントにも仕込まれている。精神科医のキャサリンと逃亡していたジェームズは、突然に姿を消す。そして、未来世界の場面に投げ入れられる。科学者たちが居並ぶ部屋。その壁に貼られた一枚の写真。そこには、街角の落書きが写っていた。[55]「ウィルスはここから？ 五十億の人間が死ぬ？」。そして科学者が語りかける。「よくやった、コール」。それは、任務の成就を賞賛する言葉に聞こえる。けれども、先行するエピソードにはジェームズがそれを発見した場面はない。彼は、「それに見覚えがあるかどうか思い出そうとしていた trying to figure if he recognized it」[56]。

テクストは、その写真の入手経路について語ろうとしない。だからまた、エピソードのつながりも宙に浮いてしまう。つまり、この場面が先行する時間ジャンプ直後のエピソードなのか、それともすべてが終わった場面の先取りなのかがわからなくなるのだ。ところが物語は、問題の落書きの意外な出自を示す。張本人は、キャサリンだった。彼女は、「12モンキーズ」のアジトを独りで訪れ、応答がないのに業を煮やし、スプレーで文字を書き始める。[57]「ウィルスはここから……」。そう、物語はあの写真に写っていたものが、キャサリンの落書きだったことを明かしている。

あの写真を目にした場面は、後の出来事の先取りだったのだろうか。いや、そうではない。なぜなら、突然その場に現れたジェームズが、こう言っているからだ。「おれは前にこれを見たことがある」。ことの関連は逆で、やはりあの未来の場面は先行する出来事なのだろうか。後の場面で書かれる落書きを、ジェームズが先行する場面で目にしていたという奇妙な関連。確かに、過去と未来が絡みあう時間ジャンプの物語では、トラヴェラーが後になって遭遇する事実が、それ以前に経験する場面に持ち込まれていたとしても、さほどおかしくない。けれどもテクストは、ことのつながりについて語ることなく、それぞれの場面を切断する構成をとっている。だから出来事の順序と因果の秩序は、最後まで宙吊りにされる。いや、それはむしろ意図的にぼかされているのだろう。なぜなら、ジェームズは真実をさらに曖昧にする言葉を口にしているからだ。「おれはあれを前に見たんだ。夢のなかで。病気のときに[58]」

物語を構成するエピソードの因果的なつながりは、決定的なところで断絶している。だから、テクストそのものには、全体的な意味の秩序が示されていない。さらには、ラストにも攪乱的な言説が待ち受けている。美しい星空と樹々の匂いを求め、ジェームズはキャサリンとともに遠くへ行こうとする。しかし、空港へ着いた彼は驚きの叫びを上げる。「おれの夢のなかに出てきた光景だ[59]」。ただし、真実はやや複雑だった。二人は、問題のウイルスを撒き散らそうとしている科学者を目撃する。すでに手荷物検査を終えた彼を追い、ジェームズはゲイトを突破して走り出した。しかし、その背後には銃を持つ警官たちが追いすがる。そしてキャサリンの絶叫と銃声。その脇には、母親に固く手を握られた少年ジェームズが立っていた。

あの繰り返される夢は、幼い日の体験に淵源するものだったのだろう。つまりジェームズは、自らの死の情景を確定的なものとして背負っていたということだ。それは、「象嵌法」を用いた決定論的な物語に見える。しかし、物語がその記憶を夢想のように描き出していたことを忘れてはならない。そう、そこには予知夢の定めのようなものも感じられる。しかも、あのキャサリンの落書きも「夢のなかで見た」ものとされている。つまり物語は、折り重なる悪夢のような装いをとっているのだ。すべては、ジェームズが反芻する切れ切れの夢なのではないか。ラストの言説には、こうした「夢オチ」のにおいも漂っている。ここでも、真実の因果を求める意識はかき乱される。

つながりが定かでないエピソードを切断的に並置する構成。いくつもの意味の間隙によって、そこここで欠落をさらす因果。こうしたテクストを前にした読み手は、意味的な秩序を求めるとすれば、その間隙と欠落を仮想的に補充するしかない。しかも、補充される意味と因果は読みに開かれている。言説の全体的な配置と衝突しないものであれば、複数の読み方が許容される。この種のパラレル・ストーリーは、読みの積極的な持ち分を、因果のつながりの欠如を通じて鮮明に浮かび上がらせる。

もちろん、補充しうる意味と因果が複数ありえ、可能な解釈がいくつかありうることを意識する読み手は、最終的な決着にはたどりつけない。それは、すでに「シュレーディンガーの子猫」（一九八八年）を例に確認したことだ。『エンパイア・スター』や『12モンキーズ』にも同じことがあてはまる。この国の作品で言えば、円城塔の『Self-Reference ENGINE』（二〇〇七年）などが一つの典型だろう。こうした作品では、テクストの因果的関連と意味的な秩序は完成されていないと言っていい。しかし、そうだとすると、問題が少々違ってくることにはならないだろうか。つまり、そもそもこうしたものを物語と言えるのか、という疑いが浮上するからだ。もし、はじめから問題外なのだとすれば、それは物語の真正さには関わりがないということにもなる。けれども、性急に結論を出すのは危険だろう。というのも、物語としての価値を云々するときには、テクストだけでなく、読み手にとっての意味を問題としなければならないからだ。

確かに、テクストそのものが織り上げる意味は不全のまま投げ出されている。けれどもそれは、必ずしもその物語に価値がないことを意味しない。物語を読む者は、パラレルな言説構成を漂いながら、ジェームズと同様に夢想と現実の境界が溶けるような浮遊感を味わう。そして、エピソード間のつながりを宙吊りにされ、時間の後先を見失う混乱に陥りながら、反復する悪夢に幽閉されるような眩暈を覚える。そのテクストは、まさに意味の欠如を抱えた構成そのものによって、こうした印象と観念を喚起するように見える。

それは、読んでいる自己の変容感覚であり、物語られた世界とは違うレベルでの意識体験と言うべきものだろう。しかし、少なくともこの体験が読み手にとって有意味なら、それらを喚起しうる物語には価値があると考えることができる。物語の価値とは、テクストが織り上げる意味だけでなく、読みの体験そのものへの意味づけによっても成り立つ。だから、テクストの意味的な秩序に欠落があるとしても、それを読む意識と感覚が読み手にとって有意味なら、読みは魅力的で充実したものになると言っていい。

テクストそのものから区別される「体験的反応」も、「読みの真正さ」の一部をなす。そして、物語の存立をめぐる読みの能動的な持ち分は、ここでこそもっとも明らかになる。だとすれば、物語を成り立たせるパラレルな因果と意味的な秩序は、たんにテクストそのものだけではなく、読みの体験も含んだものとしてとらえ直すべきではないだろうか。実はそれは、意味の秩序が完結していないテクストだけに限った話ではない。よくよく考えてみれば、線状的な因果がクリアーな物語についても「体験的反応」は生じる。そして、それが読み手にとって有意味であることに変わりはない。

読みにおいて生起する印象と観念を含んだ因果的関連、読むことに関する意味づけを成り立たせる秩序としての物語。時間ＳＦを通した物語論の吟味は、このささやかだが看過しえない問題へと到達することになる。

4　シニシズムの行方

読みの「適切な前進と進展」、読みにおける「因果的秩序の捕捉」と「体験的反応」の価値。こうした「読みの真正さ」の条件を踏まえると、物語の真正さに関する観念が、基本的なところから揺らいでくる。テクストそれ自体に真正さを求めることが、一つの不毛に思えてくるからだ。時間ＳＦに浸る読み手は、物語に関する価値転覆を経験すると言ってもいい。そのとき読み手は、物語というものに背を向けることにならないだろうか。最後に考えてみたいのは、この懐疑的な態度の帰趨である。

まずは、事柄をわかりやすくするために、ちょっと極端なケースから入ることにしよう。それは、テクストのうちに、当の物語に関するコメントが織り込まれている作品だ。こうした場合には、問題の懐疑が否応なく生じてくる。

例えば『エンパイア・スター』。ディレーニは、欠けている時間ジャンプの経緯は、読者の想像にまかせると記していた。それは、読み手が物語の真正さを支えろ、という宣言にほかならない。実はこうした自己言及的な語りは、近年の日本の作品でも目立ってきている。例えば、瀬名秀明の『八月の博物館』(二〇〇〇年)では、主人公たちが体験する出来事の幕間に、創作について悩む「作者」の思考が展開され、自分の作品の真正さを疑う言葉も綴られている(60)。SFではないけれども、佐藤友哉の『世界の終わりの終わり』(二〇〇七年)はもっとヘヴィーだ。そこには、作品に関する「作者」の苦悩が切々と綴られている。あるいは、新城カズマの『サマー/タイム/トラベラー』(二〇〇五年)も、おとなしい自己言及パターンだと言っていい。そこでは、あたかも当の作品を自己解説するかのように、タイム・トラヴェル物語の実例がいやというほど紹介されている。

こうしたコメントに遭遇するとき、読み手は作品を「完成したもの」ととらえられなくなる。「作者」の語りがテクストの自立的な完結性を切り崩してしまうと言ってもいい。テクストは、物語内の時間世界に閉じこもることをやめ、そこからはみ出して読み手とのやりとりの世界に流れ出てしまっている。そのとき、テクストがそれ自体として真正さをもつという観念は、維持できなくなる。しかもその自己言及には、いま綴られている物語について論じ、物語の舞台裏を表にさらすような内容が含まれている。だからそれは、テクストが作為的に演出されていることを露骨に確認することにもなる。

こうした自己言及のコメントには、物語それ自体の成り立ちをあらわにするメタフィクション的な性質があるということだ。ただし、『八月の博物館』の自己言及には、もう少し深い問題も潜んでいる。実はこの物語の「作者」は、テクストそのものだけでなく、読みのほうにも一つの作為が求められることをほのめかしているからだ。「読者はこの小説を読んでいる間、物語が小説であることを忘れてくれるだろう。ストレートに没頭してくれるだろう。作者はまさにそれを望んでいるのだ[61]」

言わばそれは、読みの「自己演出」を読者に確認させるものだと言っていい。同じようなコメントは、円城塔の『Self-Reference ENGINE』にも織り込まれている。例えば、舞台裏を垣間見せる次のような語り。「あなた〔読者〕は（略）どこかでこんな話を観た気がすると頭のどこかで考えている」。あるいは、物語の転換を仕掛けるしたたかなフレーズ。「前作の登場人物たちを、文脈を、根こそぎ排除にかかるとき、あなたにほんの少しでいいから力を貸して貰えるなら、これ以上の僥倖はない[62]」。佐々木敦が言うとおり、この作品は「小説の原理」それ自体に「自己言及する小説[63]」なのだろう。ただしそこでは、読みの意識の構造も問いただされていることを忘れてはならない。それは、テクストの「原理」だけでなく、読みの「自己演出」が必須であることもあらわにしている。

振り返ってみれば、これまで「読みの真正さ」として数え上げられた事柄は、すべて読みのプロセスで追求される、ある種の「自己演出」だとも言える。欠如や飛躍を抱えた物語に直面しても、しかるべき読みのノリを得ようとする半ば意識的な構え。そして、ジグソー・パズルのピースを嵌めあわせるように、読みのテンションと充実を求めていくプロセス。それは、読みの躍動をめざす読み手自身の「演出」に負うものだった。あるいは、結果的に因果を発見し補充する読み。ここでも、意味的な秩序を自ら実現しようとする読み手の「編集作業」が、物語の価値を左右する鍵になっている。

実は『八月の博物館』には、こうした「自己演出」の態度を時代の空気と結び付けるくだりもある。「〔人々は〕物語を有効に使い、楽しんでいる。（略）その状況を自分で演出し、その中であたかも癒され、楽しんだかのように振る舞える[64]」。作者は、これと同じことが小説を読むときにもあてはまるのではないか、そしてそれは大切なことではないかと綴っている。いまどきの若者たちの物語消費的な行動と、小説を読むときに不可欠な構えの類似。こうした自己言及は、物語を取り囲む時代情況とつながっているように見える。

異様な自己言及を展開する語りは、読み手の「自己演出」を露骨に暴きたてる。けれども、よくよく考えてみれば、それは自己言及のテクストにかぎった話ではない。すでに触れたように、時間ＳＦには、読み手の「自己演出」を顕在化させる仕掛けが、ふんだんに見られるのだから。そう、テクストの継起に因果を読み込もうとする意識にしても、テクストの展開を「現実の生きた発展」と思いなす意識にしても、読み手の仮構的な「自己演出」だったのだ。だから、はじめに立てた問題があらためて問われるべきことになる。時間ＳＦの読み手は、さまざまな形で、テクストそのものの真正さについて疑いを抱かざるをえない。この情況に直面するとき、読み手はテクストの真正さとともに、物語の価値にも背を向けることになるのだろうか。

すべての読み手について、一義的な答えを出そうとするのはお門違いだろう。けれども、ある特徴をそなえた読み手については、答えはノーだと言っていい。ここで想定される読み手、それは、「読みの真正さ」を求める読者たちである。

なるほど、奇異な自己言及に端的なように、真正さをめぐる虚構と幻想は暴かれる。けれども、紹介されたテクストは、たんに読みの「嘘」をあらわにするだけではなかった。それは同時に、さまざまな「自己演出」を、積極的に求めてもいた。この点は、少なくとも読みの持ち分を自覚する者にとっては、むしろ肯定すべきことではないだろうか。それは、自分の読みが重みを増すという期待を膨らますからだ。読み手は、自分の読みに意味が与えられ、より価値あるものとなることを歓迎する。だとすれば、「自己演出」の求めは、むしろ物語の価値を補強することになるとさえ言える。

「読みの真正さ」を追求する者は、真正さをめぐる「嘘」を突き付けられても、物語から離反しはしない。ただし、そのとき読み手は、テクスト自体の真正さを疑いながら、その価値の実現をめざして「自己演出」に沈潜することになる。確かにそこには、なにがしかの欺瞞と自嘲のにおいが漂う。とはいえ読み手は、こうした自分の怪しさを言いくるめる口実を用意することもできる。そう、事情はとうにわかっているという「訳知り」のテイストである。

仮構と「嘘」の仕掛けを、どれだけ深く自覚できているかに価値を見いだす態度。ＳＦというジャンルには、こうした「訳知り」のテイストが浸透しているように思う。だから読み手は、テクストの真正さが掘り崩されても、読みを通じてこの自覚性を確証できるなら、そのいとなみを価値づけることができる。その意味では、自己言及的なコメントには、もともと読み手を幻滅させる余地がなかったとも言える。むしろそれは、読みの持ち分に関する自覚をくすぐりながら、「訳知り」のテイストを読者と共有する「交話的 phatic」な絆だったのだ。

そこには、ある種のシニシズムがあるように思う。いや、誤解しないでいただきたい。いまどきの読者を、厭世的で超越的な犬儒派だなどと罵りたいわけじゃない。ここで言うシニシズムは、ディオゲネスのそれとはかなり違ったものなのだから。周囲の虚飾をすっぱ抜き、思想の高みから社会を切り捨てる態度。そしてまた、自己のうちで真理を抱くことに自足し、社会から絶縁するふるまい。こうしたものは、現代の意識状況とはあまり重ならない。Ｐ・スローターダイクが指摘したように、こうした特徴は、現代の「慎みのヴェールをかぶった」シニシズムにはあてはまらないのだ。

むしろここで問題としている態度は、スローターダイクが言う啓蒙以後のシニシズムに近い。ひとまずそれは、真理をないがしろにする社会の現実にまみれる傾きを基本にしている。啓蒙の歴史を前提とする以上、人は自らが加担する社会が虚偽と非道に満ちていることを自覚せざるをえない。けれども啓蒙の挫折を強く意識する現代のシニシズムは、もはや真実の価値が実現することを期待できない。むしろ、自嘲混じりの諦念を抱きながら、厭うべき現実を受け流す。世界の真実と真正な価値に目覚めながらも、その真実と価値を裏切る現実に馴化し、そのなかでしかるべきおこないをするしかないという諦め。そしてその根底には、まさに「自分が何をしているかぐらいは心得ている[65]」という、あの「訳知り」の精神が潜んでいる。

まちがいなくそれは、嘘くささに気づきつつ物語を享受する者の姿と重なる。作品それ自体に真正さを求める虚構への自覚。テクストそのものに「本物」の価値を求めることへの諦め。にもかかわらず、「自己演出」的な読みによって物語の価値を享受しながら、感覚と思考の戯れを追求する意識。こうした「読みのシニシズム」は、いまどきの若者文化に顕著な「データベース消費」や「二次創作」と呼ばれる現象とも無縁ではないように思う。けれども、問題をさらに広げることは禁欲しよう。むしろ、本書のテーマ設定からすれば、最後にそもそも的なことを確認しておいたほうがいい。それは、元来SFというジャンルには、シニシズムを醸成する傾向があるという事実だ。

SFの物語は、虚構の科学技術や、経験的には理解を絶する現象をモチーフにする。だからそこには、嘘くさい話が頻出する。しかしSFの言説構成は、しばしばその嘘くささのハードルを、戯れに満ちた駆け引きを通じてすり抜けていく。例えば、第1章で紹介した「おれと自分と私と」（一九四七年）などはこのパターンだろう。主人公をトラヴェルさせる老教授は、学術界を追放された男で、「内的逆転存在 intrareversible positions」[66]といったいかがわしい言葉を口にする。この手の大言壮語は、遊び心のあるSFの基本パターンだ。F・ブラウンの「自動制御自己暗示式副振動性超加速装置」、P・J・ファーマーの天使を出現させる（！）「連続翼《コンティニュアス・ウィングハイト》高実体機」、あるいはI・アシモフがぶち上げたマラー博士の「大統一場理論」[67]。あえていかがわしさを誇張するパターンは、SFの随所に顔を覗かせるものだ。

嘘くささはごまかされるのではない。むしろそれは、戯れを刺激するネタとして、テクストによって誇示されている。そしてさらに、テクストの展開が醸し出すユーモアによって、嘘くさい世界に読み手を引き込む仕掛けも用意される。「おれと自分と私と」で言えば、主人公といかがわしい教授とのコミカルなやりとりがそれである。実は、ほかにもこの手の仕掛けが鮮明な作品がある。J・ウィンダムの「クロノクラズム」（一九五三年）がそれだ。

まずは、主人公のラトリが出会った娘の話がぶっ飛んでいる。無免許で「ヒストリー・マシン」に乗っただの、「時間変調」によってアルキメデスがナパーム弾を使っただの、信憑性などおかまいなしという感じ。そして、タイム・マシンで過去に行ってそのマシンの技術を伝えるという因果ループ。こうしたテクストの仕掛けは、はっきりとうさん臭い。さらには、出来事の展開も唐突かつ強引にしか見えない。問題の娘タヴィアははじめてラトリに会ったときに、あなたから手紙を受け取った、「もう背水の陣だ」と言って、いきなり泣き崩れる。ところが、彼には手紙を送った覚えなどない。実はそれは、ラトリの未来の行為を先取りした話で、あの決定論的なパターンなのだけれど、テクストはあえてそうした事情を隠しながら、読みを撹乱する形をとっている。

明らかに、嘘くささはユーモアとして意図的にしつらえられている。それは、読み手の反発を誘っても不思議でないほどだ。しかし、物語にはこの反発を回避する仕掛けも用意されている。まずは、何が何だかといった風情でうろたえるラトリの様子。それは、話のいかがわしさを出来事のおかしみにすりかえ、読み手を煙に巻く仕掛けだと言っていい。そしてさらに、懐疑を抱くラトリとうさん臭い娘とのやりとりが軽妙に展開されていく。軽い興奮も災いして隙間だらけの説明をするタヴィア。そのつど微妙にポイントをはずす語りに、臆病そうに突っ込みを入れるラトリ(68)。すれ違いながら絡む絶妙のやりとりは、いかがわしさに対して距離をとろうとする読者への橋渡しとなる。そして、この誘いに意識をまかせながら、読み手は嘘くささのハードルをすり抜けていく。

ＳＦというジャンルには、こうした嘘くささの仕掛けをあからさまに見せつける物語があふれている。実はそれは、物語の仕掛けに関するシニカルな批評と理解することもできる。もちろん、こうした語りは日本のＳＦにも見られる。例えば、筒井康隆の『虚人たち』（一九八一年）。それは、小説の仕掛けの作為性と嘘くささをあえて顕在化させてみる、語りの実験だった。けれども、ここでは事柄をわかりやすく誇張した、山田正紀の『エイダ』（一九九四年）を紹介することにしよう。

交通事故で死んだ娘が、いまもアメリカにいると自分に言い聞かせてきた由真。彼女は、突然現れた五体譲という男から、ある量子コンピューターが、さまざまな物語を実在化させ、ハチャメチャな多元世界を生み出したことを知らされる。「べつだん、たいしたことじゃない」などとうそぶきながら「エイダ」の量子論的な基盤を開陳する五体。量子コンピューターは光速の壁に拘束されないと言いながら、「ハハ、これ、シャレじゃないですよ」などと挟むその語りは、十分に嘘くさい。

けれどもテクストは、「遺伝的に文科系」で、量子論などチンプンカンプンな由真を用意し、彼女のハト豆状態をほぼ笑ましく描き出す。嘘くさいテクストと読み手とを橋渡しする、あの仕掛けだ。物語は彼女の思いをこう描く。「五体のいうことは由真には理解できない。が、人間はフィクションなしでは生きていけない動物だ、という言葉だけは切実に胸の奥に伝わってくる」[69]。人は、常に自己の物語をしつらえながら生きている。それは、架空の物語が現実の世界に具現することと、どれほど隔たっているだろうか。嘘くささの問題をすり抜ける仕掛けを通して、読みの意識はありえない想像の世界を引き受けていく。

　このありえなさが頂点に達するのは、コナン・ドイルが登場するエピソードだろう。ホームズを誕生させた著者が、その主人公と（！）出会う話である。これだけでも十分にトンデモだけれど、想像はさらにあらぬ方向に膨らむ。ホームズが、もったいぶった調子で、なぜか『フランケンシュタイン』の謎について語り出したのだ。作品のなかで三人の殺人は怪物の仕業ということになっているが、真犯人は別にいるんじゃないか、と。そう、彼はフランケンシュタイン博士が犯人だと言いたいのだ。するとドイルは、「しょせん小説のなかの殺人」について、真犯人を問うのは奇妙じゃないかと首を傾げる。まあ当然の反応だろう。ところがホームズは、穏やかに抗議の言葉を返す。自分も「しょせん小説のなかの探偵」なのだ、「そんなふうに片付けられたのでは納得できないな」[70]、と。

　それは、一つのアイロニーなのだろう。確かに、読者がこの話をトンデモだと思うのは無理もない。けれども、その反応の裏には、しかるべき「本物」の物語にはリアリティがあるという予断が隠れている。つまり、登場人物と作者の出会いを「ありえない」と感じる読み手も、例えばホームズの物語を読むさいには、一つの「嘘」でしかない事件と人物を、リアルなものと思いなしている。なのになぜ、ホームズの語りを笑えるのか。

　こうしたアイロニーを仕掛ける作品は、実は古くからある。例えば、H・ショーンフェルドの「創作論理学入門」（一九四九年）などは、一つの極みだろう。これは、物語のなかに登場する「作者」が、当の物語を得手勝手に動かしていく筋立てになっている。この恣意的な語りを通じて、普通の物語はこれと違うと言えるか、と問いかける手法は、『エイダ』とほぼ同じだと言っていい。こうした作品は、物語られる世界に真実らしさを見いだそうとする読みの「自己欺瞞」を浮かび上がらせる。そして、物語の「本物らしさ」に関する思いなしを根底から揺さぶる。注意されたい。ここでは、虚構と幻想への自覚は、テクストの真正さばかりでなく、「読みの真正さ」にまでおよんでいる。

　ただし『エイダ』は、こうした「自己欺瞞」をしりぞけようとはしていない。むしろそれは、並行世界の「トンデモ」な絡みあいを差し出しながら、嘘くさい読みの実現を求め、仮構的な「真実味」とシニカルに戯れる態度を鼓舞している。それは、読みの意識の実情を体現しているように思う。登場人物にせよ、出来事にせよ、読み手はそれらが実在する「かのように」自らを欺かずにはいられない。読み手は、物語の秩序をとらえようとすると、それらが物語世界のうちに「在る」という仮構を引き受けざるをえないのだ。リアリズムの「嘘」は、読み手が避けることのできない、一つの宿命なのである。

　同じことは、「継起」に「因果」を読み取る仮構についても言える。ヒュームの因果論を持ち出すまでもなく、読みにつながりをもたせようとするかぎり、読み手は、複数の出来事の「継起」に「因果」を見いだそうとする構えを振り捨てることができない。かりに、結果としてパラレルな因果的秩序に至り着くとしても、それは継起的な因果を求める意識が断絶と欠如に遭遇することで浮かび上がるものなのだ。『エイダ』は、こうした虚構と幻想が避けがたいことを暗示している。

　こうして読み手は、自らが嘘くさい読みを出動させながら、「自己欺瞞」的に仮構の「真実味」と戯れていることを自覚させられる。ただし、読むことの価値は、必ずしも切り崩されはしない。自覚性によって自らを価値づける読み手は、嘘くささを承知のうえで、その持ち分を積極的に発揮しながら、読みの充実とテンションを求めていく。ここでは「読みの真正さ」とは、「自己欺瞞」を自覚しながら、自らの読みに価値を見いだすことだとも言えるだろう。

　ここにこそ、問題のシニシズムの核心がある。ＳＦというジャンルは、こうした態度を古くから醸成してきた。そしてこの傾向は、時間ＳＦというサブ・ジャンルでも顕著だ。読みのスタイルを、ジャンル的な特徴として語るのは少し奇異に聞こえるだろうか。けれども、ディレーニも言うように、ジャンルを語るときには、テクストの主題や構成の特徴だけでなく、「読みの方式 protocols の複合」[71]も重要なのだ。もちろん、テクストの特定のありようが、ある「読みの方式」へと誘うことも忘れてはならないけれども。

さて、そろそろしめくくりへと向かおう。問題のシニシズムは、SFというジャンルでは戦前にまでさかのぼる伝統だと言っていい。それは、少なくともこの領域では、決して新しいものではない。けれども、そうした傾向がいま、ある意味で時代の意識によって再発見されているような気がしてならない。つまり、SFでは決して新しくないことが、時代の意識状況のなかであらためて顕著化しているように思えるのだ。

すでに触れたように、日本のゼロ年代以降のSFは、露骨に嘘くささと戯れるテクストを増殖させているように見える。いや、メタフィクションをめぐる佐々木敦の分析[72]などを踏まえると、ほかのジャンルにも顕著な実例のあることがわかる。そしてまた、第3章で触れた時代のニヒリズムを意識するとき、問題のシニシズムが現在の文化と共鳴しているのではないかという思いは、さらに深められる。「因果ループ」が醸し出すような価値の空虚さ、それが物語へのシニカルな態度を育んでいるという予想は、決して荒唐無稽ではないと思う。

もちろん、時代の空気に関する主張は、往々にして実証的な裏打ちには欠ける。だから、実のところそれは、論者自身のうちにある意識下のテイストやアティテュードを、時代に言寄せて明かすものだったりする。筆者は、このことをある程度自覚している。しかし、たとえそうだったとしても、問題のシニシズムを時代と結び付ける発想を禁欲しようとは思わない。というのも、「読みのシニシズム」には、意外にも物語の文化に厚みをもたせ、より深化させていく可能性もあるように思うからだ。

「読みのシニシズム」は、物語をめぐる「嘘」と欺瞞を許容する。そして、その嘘と欺瞞は、読みの戯れを自由かつ多様に展開することを可能にし、その充実を深めていくことになる。問題のシニシズムは、読みの戯れのスパイスとなることで、物語の価値を多様に膨らませるということだ。ただし、話はこれで終わりではない。

テクストの真正さを基準として物語の真贋を決する者は、読みでも、往々にしてその基準に合致するパターンに傾斜しやすい。それに対して、シニカルな読み手は、テクスト自体の真正さなるものを前提しない。だから、特定の真正さに縛られることなく、「嘘」と欺瞞を承知のうえでテクストと軽やかに戯れることができる。つまり、戯れを通じて読みのテンションと充実が得られるのなら、どんなタイプの物語でも食わず嫌いをする必要などないということだ。

実際、物語の真正さをめぐる理解は、読みの価値的選好と連動しながら主張される。リアリストは、「生きた現実の発展」を感じさせるストーリーを選好し、線状的な因果を綴る物語こそ「本物」だとする者は、往々にしてパラレル・ストーリーを忌避する。なるほど、物語の価値を個人の主観に還元すべきではない。けれども、物語の真正さをめぐる意識が、「読みの真正さ」を支えとしながら成り立つことは確認してもいいだろう。リアリストは、「生きた現実の発展」によって読みのノリが得られるからこそ、それを「本物」の物語と見なし、線状的な因果を求める者は、パラレル・ストーリーでは読みの充実とテンションを望めないからこそ、それをきわものだと言うのだ。

それに対して、「読みのシニシズム」は、こうした思考と感性の硬さから自由でありうる。それは、物語という文化の豊かさを考えるときに、それなりに重要なことではないだろうか。だから、問題のシニシズムは、どうでもいいようなただのおふざけテイストではない。そこには、現在の物語文化を支えていく、一つの可能性も潜んでいるのだ。

ただし、こうした主張には、重要な前提があることも忘れてはならないだろう。シニシズムの可能性は、読み手がテクストと戯れる姿勢を貫くことを条件としている。「読みの真正さ」を心底から求めること、そして読みの充実とテンションを得るために、テクストの意味構成にとことんのめり込むこと。このことなしに、物語の価値を実現することができないのは言うまでもない。

実際には、物語の真正さを切り捨てる意識の背後に、テクストに浸る手間を省きながら、安直に物事の裏を語りたがる傾向が隠れていることもある。確かにそこには、唾棄すべきものがあり、黙過できない危険もあるとは思う。テクストを読む戯れのプロセスに、深く沈潜するのを避ける一つの怠惰。これも、決して軽んじてはならない問題だろう。とはいえそれは、物語論以前の事柄であって、また別の話である。

注

(1) D. Wittenberg, *Time Travel*, p.1.
(2) J＝M・アダン『物語論』一九ページ（原書 p.12.）
(3) W・イエンス『現代文学』三四ページ（原書 p.27.）、川端柳太郎『小説と時間』一三八ページ
(4) M・マルティネス／M・シェッフェル『物語の森へ』四〇ページ（原書 p.32.）
(5) G・ジュネット『物語のディスクール』二七―八四ページ（原書 pp.77-121.）
(6) M・マルティネス／M・シェッフェル『物語の森へ』一六ページ（原書 p.18.）
(7) E・ミュアー『小説の構造』二七、四一、一一一ページ（原書 pp.31, 46, 120-121.）
(8) 同書四一、四二ページ（原書 pp.46, 47.）
(9) 同書九六ページ（原書 p.106.）
(10) R・バルト「物語の構造分析序説」五三ページ（原書 p.103.）
(11) J＝M・アダン『物語論』二七、二六ページ（原書 p.17.）
(12) R・バルト「物語の構造分析序説」二三―二四ページ（原書 p.87.）
(13) P. Ricœur, *Du texte à l'action*, p.13.
(14) J・リカルドゥー『言葉と小説』三九―四〇ページ（原書 p.31.）、参照
(15) F・ブラウン「終」四七五ページ（原書 p.315.）
(16) A. Sawyer, "Backward, Turn Backward," p.60.
(17) E. Gomel, *Postmodern Science Fiction and Temporal Imagination*, p.76.

（18）Ｅ・ミュアー『小説の構造』四五、五九ページ（原書 pp.50, 64.）
（19）S. Rimmon-Kenan, *Narrative Fiction*, p.19.
（20）Ａ・ロブ＝グリエ『新しい小説のために』三七ページ（原書 p.37.）
（21）Ｊ＝Ｐ・サルトル『シチュアシオンⅠ』九九ページ（原書 p.121.）
（22）P.J. Nahin, *Time Machines*, p.330.
（23）Ｒ・バルト「物語の構造分析序説」一八ページ（原書 p.84.）
（24）Ｊ＝Ｍ・アダン『物語論』一三一―一三二ページ（原書 pp.92-93.）、参照
（25）若島正『乱視読者の新冒険』二二一ページ
（26）Wittenberg, *op.cit.*, p.8.
（27）Ｊ・ウィンダム「時間の縫い目」一八、二二ページ（原書 pp.124, 127.）
（28）Ｒ・Ａ・ハインライン「輪廻の蛇」二三七、二四七、二四八ページ（原書 pp.141-142, 147, 148.）
（29）Nahin, *op.cit.*, pp.319-323.
（30）Ｃ・Ｌ・ハーネス「時の娘」二三四、二三〇ページ（原書 pp.164, 162.）
（31）同書二三六、二四四ページ（原書 pp.165, 170.）
（32）同書二三五ページ（原書 p.164.）
（33）Ｓ・バクスター『タイム・シップ』上、三四二、四〇―四四ページ（原書 pp.230, 10-13.）
（34）Ｍ・クライトン『タイムライン』上、一九九―二〇〇ページ（原書 pp.130-131.）
（35）例えば、発掘現場で教授のメガネとメモが発見されるエピソード。これは、トラヴェラーが生み出した過去の出来事が、現在の行動を引き起こす関係に見えなくもない（正しくはこちらと酷似した並行世界の教授がこちらの中世に残した痕跡と理解すべきだが）。あるいはまた、物語の終わりに登場する、マレクの墓碑。その墓碑銘は、彼がドルドーニュの姫と結ばれたことを示しているのだけれど、これもまた、マレクが残った世界がこちらの世界と同一であるかのように誤解させる。
（36）Ｇ・ベンフォード『タイムスケープ』九一―九三ページ（原書 pp.94-97.）

（37）同書三六八ページ（原書 pp.416-417.）
（38）J・リカルドゥー『言葉と小説』一五八ページ（原書 p.110.）
（39）P・ド・マン『盲目と洞察』二八六ページ（原書 p.166.）
（40）R・バルト「物語の構造分析序説」一八ページ（原書 p.84.）
（41）R・A・ハインライン「時の門」七四―八一ページ（原書 pp.883-886.）
（42）J・リカルドゥー『言葉と小説』二五八ページ（原書 p.176.）。また、四方田犬彦『文学的記憶』二一九ページ、参照
（43）J・ウィンダム「時間の縫い目」二六ページ（原書 p.129.）
（44）J＝M・アダン『物語論』一〇八ページ（原書 pp.74-75.）
（45）B・W・オールディス『隠生代』二二五ページ（原書 p.159.）
（46）R・A・ハインライン「時の門」一二五ページ（原書 p.907.）
（47）小松左京「失われた結末」四三八、四四一ページ
（48）Wittenberg, *op.cit.*, p.63.
（49）J＝M・アダン『物語論』三〇ページ（原書 p.20.）
（50）J・リカルドゥー『言葉と小説』一六五、一〇九ページ（原書 pp.115, 76.）
（51）同書三二ページ（原書 p.25.）
（52）R・バルト「作者の死」八九ページ（原書 p.495.）
（53）E・ハンド『12モンキーズ』二三六ページ（原書 p.169.）
（54）M・マルティネス／M・シェッフェル『物語の森へ』一四四―一四九ページ（原書 pp.101-104.）
（55）映画では、このシークエンスはわかりにくくなっている。問題の写真は、確かに科学者の背後に映り込んでいるが、直後に、なぜか落書きを実物で映し出す映像が差し挟まれていて、つながりが不明確になっている。
（56）E・ハンド『12モンキーズ』二一四ページ（原書 p.154.）
（57）同書二二三ページ（原書 p.161.）

(58) 同書二二三、二二八ページ（原書 pp.161, 164.）。後者のくだりは、映画にはない。意図的かどうかはわからないが、その結果として、意味的な秩序の攪乱は少し弱められている。
(59) 同書二六七ページ（原書 p.193.）
(60) 瀬名秀明『八月の博物館』一七四―一八一ページ
(61) 同書四九一―四九二ページ
(62) 円城塔『Self-Reference ENGINE』二四二、二五六ページ
(63) 佐々木敦『あなたは今、この文章を読んでいる。』二一四ページ
(64) 瀬名秀明『八月の博物館』三九二ページ
(65) Ｐ・スローターダイク『シニカル理性批判』二〇、一八ページ（原書 pp.40, 37.）
(66) Ｗ・テン「おれと自分と私と」九六―九七ページ（原書 p.42.）
(67) Ｆ・ブラウン「ユーディの原理」三八七ページ（原書 p.186.）、Ｐ・Ｊ・ファーマー「進めや、進め！」三〇九ページ、Ｉ・アシモフ「変化の風」四六四ページ（原書 p.262.）
(68) Ｊ・ウィンダム「クロノクラズム」一八〇―一九五ページ（原書 pp.16-26.）
(69) 山田正紀『エイダ』一五三、一五五、一五七ページ
(70) 同書九二ページ
(71) S. Delany, *Starboard Wine*, p.206.
(72) 佐々木敦『あなたは今、この文章を読んでいる。』一二七―一七八、二〇八―二二四ページ

終章　時間の味わい——感覚的な悦びをもたらすテクスト

時間を感じることのできる者はいるか？　その広大な回廊を、実際に誰か感覚することができるか？　われわれは、ずっと巧妙な手品をやり続けてきたのだ。

I・ワトスン「バビロンの記憶」(1)

1　変異のなかで湧き上がる時間

時間ＳＦについて語るとき、自分の関心が物語の意味構成に偏りすぎているな、と思うことがある。もちろん、ミンコフスキー時空やら多世界論やらが語られるのだから、無理もない。けれども、前章で強調したように、物語の価値が読みの充実と戯れなしでは実現しない以上、こうした読解だけだと何か足りない気もする。

そのときに切り捨てられてしまう魅力。それは、意味的な理解だけでは汲み尽くせない、感覚的な悦びだ。テクストを読むさいに膨らんでいく感覚の世界は、読みの充実と戯れの重要な要素だと思う。だからこの章では、ガラッと切り口を変えて、この点にスポットをあててみたい。

時間SFがもたらす読みの感覚。この点を考えるときに重要なのは、やっぱり時間的な感覚だろう。そこには、このジャンルに特徴的な感覚の悦びがあるからだ。ただしそれは、感覚器官が刺激をストレートに受け取る話とはわけが違う。問題の感覚とは、テクストを介して、その意味の積み上げの結果として生じる。つまり、水の流れや列車の動きのように、当たり前に知覚できるわけではない。だから実は、時間を感じさせるテクストには、簡単には整理できない複雑さと微妙さがある。

では、問題のテクストとはどんなもので、それを読むときの感じとはどんなものなのか。まずはやはり、タイム・マシンものを踏まえるのが順当だろう。例えば、C・L・ムーアの「出会いのとき巡りきて」（一九三六年）では、主人公がはじめて時を跳躍する場面がこんなふうに描かれている。

　エリックの眼前をめくるめく永劫の潮が退いてゆく。虚無が怒濤の勢いで全身を押しつつむ。だが、想像を絶する事象が、慣性の不変の基盤という投錨の地を次々と流れ過ぎるたびに、無数の動き、無数の変化が、躰の上を、かたわらを、なかを通ってゆくのが感じられる。（略）遠い遠いところから音が聞こえてきたかと思うと、耳のなかでわーんと弾けた。(2)

ここに、感性を揺さぶる何かがあることは、あえて説明するまでもないだろう。それが、読むことからくる感覚的な充実と悦びだと言っていい。では、その躍るような印象の源は、どこにあるのか。もちろん、ここで注目すべきは、時間に関わる何かだ。実はこのくだりにかぎっても、注目すべきファクターは複数ある。けれども、まずは多くの読者が真っ先に注目する「永劫の潮」の描写に目を向けることにしよう。ただし、問題はなかなか複雑だ。

「潮」というのが、悠久の時の動きをさすメタファであるのはまちがいないだろう。けれども、その言葉が意味するのは水の塊の移動、あるいはその嵩の変化でしかない。つまり、この喩えが想像させるのは、形なき集合の空間的な変化だ。となると、そこから時間を感じるというのは少々奇妙な話だろう。同じことは「無数の動き、無数の変化」にも言える。その実質は、高速の列車から見た近景のように、トラヴェラーの移動にともなって飛びすぎていく景色でしかない。そう、これまた空間的な変化ということになる。

第2章でも簡単に触れたように、時間そのものを独自の存在としてとらえるのは不可能だと言っていい。山田正紀の「指の冬」（一九七七年）には、時間そのものを文字にする男が登場するけれども、実際にはそうしたことは望むべくもない。時間をそのものとして描き出すのは、一つの夢想でしかないということだ。そうであるなら、時間ジャンプを描き出す語りから、跳び超えていく時間そのものを感じるというのは、無理な話に思えてくる。実際、「出会いのとき巡りきて」は、トラヴェラーが怒濤の「虚無 blankness」に投げ入れられるとも語っている。

とはいえ、時間的なものを表現し感覚するのは、全然無理というわけじゃない。不可能なのは、あくまで時間をそれ自体としてとらえることだ。裏を返せば、「そのものとして」ではなく、何らかの代理表象を通じて時間を感じるのは可能だということにもなる。いま引用したくだりで言えば、「無数の動き、無数の変化」が通り過ぎるという語りはどうだろうか。それは確かに、環界 Umwelt の変動を綴るものにすぎないけれど、そこから心躍る感覚が湧き立つことはまちがいない。こうした環界のすさまじい変動を語るテクストは、時間ジャンプの推移を語る場面に、ほぼ法則的に見られるものだ。『タイム・マシン』（一八九五年）が綴る早送り映像のようなシーン、『時間を征服した男』（一九二九年）の「突然に溶けてゆく」ビル、『タイム・シップ』（一九九五年）に登場する「風景のなかを地虫のようにのたくる」テムズ[3]。

こうした語りでは、時間の移り変わりが空間の変化によって表象され、トラヴェラーがその変異を体験することが綴られている。確かにテクストは、時間の動きなるものを、それ自体として描いてはいない。けれども、その空間の変異を代理表象としながら、時間的な感覚としか言いようのないものが、間接的に生み出されるのではないだろうか。もちろん、いまのところそれは、直観的な仮説と言われても仕方がない。その語りが生み出す感覚が、どういう意味で時間に結び付いていて、なぜ時間を代理的に感じ取らせるのかが明らかでないからだ。けれども、話の道筋を勘案しながら、この点はあとに譲ることにしたい。まずは、時間的な感覚を喚起するいくつかのパターンを踏まえるほうが先決だろう。

そこで、過去へのトラヴェルに漂う、甘く切ない旧時代的感覚について考えてみよう。多くの人が、これこそ時間的な感覚の代表例と言いそうだからだ。確かに、『ふりだしに戻る』や『マイナス・ゼロ』のように、遠い過去を活き活きと描き出すテクストには、時の落差とでも言うべきものが感じられる。なるほどその甘やかなムードは、時間SFの一つの魅力をなす。けれどもここで、時が感じられると言うとき、実は曖昧な部分があることを忘れてはいけない。

人は、過去のある瞬間に投げ込まれることで、この郷愁に満ちた感覚が生じるのだと言うかもしれない。けれどもそれは、過去のある時点を知覚することにもとづくとは言えない。なぜなら、時間というのが分割可能な形で感覚できるというのは、いかにもおかしな話だからだ。日めくりの一枚の紙片が時間を感じさせないのと同じように、特定の時代、ある時点の世界のありようは、空間的な配備にすぎず、時間と呼びうる「間《ま》」を感じさせることはない。このことは、日記体のようなスタイルの作品に目を向けてもわかることだ。

例えば、G・ベンフォードの「時空と大河のほとり」（一九八五年）やS・レムの『泰平ヨンの航星日記』（一九五七年）はまさに日記の体裁をとっていて、ヴァン・ヴォークトの「永遠の秘密」（一九四二年）では、日付を記した書類や記録が時系列にしたがって並べられている。ほかにも、P・J・ファーマーの「わが内なる廃墟の断章」（一九七三年）やI・ワトスンの「超低速時間移行機」（一九七八年）のように、細かく日付を掲げて断片的に出来事を並べた物語もある。確かにこうした物語では、出来事の日時が際立っている。けれども、同時にそれは、テクストが日付で区切られることを意味する。つまりそれは、時間世界の断面を切り取る語りだと言っていい。だとすれば、描かれるのはある時点の空間的状況であって、全体を貫く時間はむしろ後景に退いてしまう。そこには、時間を感じるさいに必須の条件となる、「間」の持続が感じられないのだ。

だから、まず基本となるのは、時の区切りではなく、「間」の持続を語り出す枠組みだろう。よく考えてみれば、あの郷愁に満ちた感覚は、現在と過去との比較と隔たりにもとづいている。そこには、ある種の持続と「間」を成り立たせる仕掛けがある。隔たった時をまたぐエピソードのなかで持続するもの。そう、トラヴェラーの意識にほかならない。これを語りの縦糸とすることによって、テクストに経過する「間」の枠組みが用意される。もちろん、もう一つの面も忘れてはならない。この持続する意識のしつらえのなかで、環界の状況がガラッと変異する事態が綴られるということだ。この変異があってこそ、あの時代の落差に対するノスタルジックな感覚が喚起されるのだから。ただしこれも、環界の状況の変異からくるものであって、直接には空間の変化をとらえたものでしかない。

問題の感覚は、やはり代理的な表象を通じて生じる。だからそれは、あくまで時間に関わる感覚と言うしかないものだろう。とはいえ、持続のなかでの環界の変異に焦点をあてると、問題の感覚が生じる条件がわかりやすくなるのは確かだ。例えば、時間の感覚を喚起するテクストに頻出する、音の表象。当たり前だけれども、音声とはアタックから消失点まで持続する振動なわけで、まさに持続のなかで環界が変動する経緯だと言っていい。だからテクストに織り込まれた音の表象は、読み手が時間的な感覚を引き寄せるトリガーとなりやすい。『ふりだしに戻る』(一九七〇年)でサイが過去に滑り込むときの鈴の音。時間ジャンプにともなう世界の変調をにおわす音の唸り。R・ブラッドベリの「ぬいとり」(一九五一年)に広がる女たちの呼吸音。「12:01PM」(一九七三年)の「真空管が内破する」ような音。そして、「出会いのとき巡りきて」でジャンプが完了する前に遠くから聞こえてくるノイズ。(4) これらはすべて、音響空間の変化が到来し、しばしの持続のあと消え去っていくイメージにほかならない。この持続と変異のイメージは、読み手が時間的な感じを引き寄せる呼び水となる。

それだけではない。持続のなかでの変異に焦点をあてると、時間ジャンプとは別のケースについても事情がわかってくる。それは、環界の動きの遅速を描くテクストだ。例えば、A・C・クラークの「時間がいっぱい」(一九五二年)には、一定範囲の動きを、五十万倍の速さに変えてしまう「腕輪」が登場する。これが作動すると、遠くの環界は音を失い、「不自然な静止状態」に陥る。主人公が機関車に目を向けると、「きのこ雲のような蒸気が、さながら綿でもできているかのように凍り付いている」[5]。この状景が綴られるとき、読む者の意識にはある種の時間的な感覚が生まれる。「静止状態」に時間が感じられるというのは奇妙だけれども、動きが止まる変異によって、周囲の状態の持続が浮き立ってくるのは事実だ。

もちろん、逆の場合についても考えてみるべきだろう。世界の動きを忘れてしまうような、ひたすら持続を感じさせる状景。それが突然に弾け、すさまじいスピードで混乱の渦が巻き起こる場面は、速度に満ちた感覚を引き起こす。このことがわかりやすいのは、「時空と大河のほとり」だ。作品は、時を超越するかのように横たわる砂漠とナイルを背景としながら、まったりと沈殿したような状景を描き出している。ところが、主人公たちが激しい地震に見舞われたとき、環界の状況は一変する。

突然、昆虫型異星人たちが、いたるところで飛び回り始める。しかも、オレンジ色の放射光が射し込み、空の雲が象牙色の光を放って裂ける。虫の体をした異星人たちは、「ナイルからまっすぐ水しぶきを上げて飛び出し、小さな点になるまで急上昇してゆく」。そして「煉瓦のように落下」[6]し、いくつもの水しぶきを上げる。そこにあるのは、世界のリズムが激変するさまだろう。それは、まるでスピリッツが体に滲みるときのように、読む者を一種の酩酊へと導く。この刺激と興奮も、時間にまつわる感覚だと言っていい。

こうして見ると、問題の感覚を喚起するテクストに、環界と主体が関わりあうリズムの変異があることに気づく。この物事が推移するリズムの変異こそが、時間的と言うべき感覚の源じゃないだろうか。確かに跳び超えられる時間、あるいは「存在」としての時間を感じ取ることはできない。けれども、出来事が推移するときのリズムの変異は、語りを通じて受け取られる。そしてこの変異という形でなら、時間的なものが感じ取れるということなのだろう。実際私たちは、日常のなかでこの変異が起きるとき、それを「時間の遅速」として感じ取る。突然のトラブルを解決するために、あたふたと対処を続けたあと、ふと窓の外を見ると日が落ち始めている、といった体験。そのとき私たちは、一日の過ぎるのが速かったという感覚を抱く。逆に、予定していたことがキャンセルとなり、別のことをするでもなく、しばし漫然と過ごすとき、時がゆっくりと「滞留する」ように感じることもある。

このことを逆の観点から整理するのも可能だろう。つまり、環界と自己との関わりのリズムがルーティン化している場合、その「あいだ」の進行に異状がなければ、とくに時間の感覚は浮かび上がらない。朝、いつものように家を出る。そのとき、行き交う人と車に目を配り、移動のペースを乱さないよう注意しているかぎりでは、とくに時間的な感覚が生じてくることはない。ところが、忘れ物に気づいて踵を返した途端、あるいは駅で事故の表示を見る人だかりに遭遇した瞬間、時間的と言うべき感覚が立ち上り始める。

時間SFは、こうした環界と主体が関わりあうリズムの異状を、想像的な意味の世界でしつらえている。それが、読む意識に時間的と言うべき感覚を湧き上がらせる。もちろん、そうしたテクストはほかのジャンルにもあるけれど、時間SFでは、環界と登場人物の関係が「脱臼」する場面が、ほかのジャンルよりもヘヴィーに展開される。だから、そこから生じる時間的な感覚が、とりわけ深い刺激と悦びに満ちているのだ。

2　意識変調の異様——躍動と移ろいの感覚

問題のリズムの変調は、環界と主体の関係が変異することにほかならない。ただし、これまで見てきたのは、主に環界のほうが変化する場合だと言っていい。けれども、理屈からすれば、問題の変調は主体側の変化によっても生じるだろう。つまり、主体の側の意識変調を綴るテクストから、時間的な感覚が湧き上がるケースも考えられるということだ。実際、時間SFには、こうした変調の織り込まれた作品が数多くある。

まずは基本点を踏まえるために、ヴァン・ヴォークトの「避難所」（一九四二年）に目を向けてみよう。問題のくだりは、たたみかけるような終幕の部分に出現する。宇宙の彼方から支配の目を向ける超絶的な何か。その威力は、主人公のリーの精神を脅かす。まず彼は、エレベーターで異様な状況に遭遇する。開いたドアの向こうに、まったくの暗黒が広がっていたのだ。そして彼は、得体の知れない力によって、時間の反復に巻き込まれる。そのとき、彼の意識は自分のなかに、ぞっとするものを感じ取る。「その何かはリーの頭のなかにどっかり腰を下ろし、彼の頭脳がいくら半狂乱でのたうち回ろうと、冷たく尊大に構えて見守っている」(7)。こうしてリーの精神は、じわじわとある変貌をこうむっていく。

ここから物語には、独特の時間的な感覚が漂い始める。彼の意識には、刻々と何かの精神波が忍び込んでいき、彼は別人の声で語り出す。これは「時間操作装置」の予言にもとづく「人格分裂」の試みなのだ、と。リーの意識がこの侵食に抗おうとすると、断続的に届く「かすれ声の思考」は語気を強めた。「私たちの身体、私たちの身体……」。脳にこだまするその声に誘われるように、彼の意識はあの精神波に埋もれていく。「リーの頭脳は、狂おしい絶望感に駆られてのたうち回る。(略)ついに、リーの心は、声にならない戯言をわめき散らし、意識は輪のように目まぐるしく回転し始めた。回転速度はどんどん高まり(略)そしてついに――合一感が！」(8)

それは、内なる精神の変異を描くテクストである。だから問題の変調は、環界の側の変異ではなく、主体の意識の側での異状を軸として生起する。とはいえ、それが環界と主体の関係に生じる異状であることに変わりはない。こうしたしつらえによって、「刻々」と進む事態が「ひしひし」と迫り、「ついに」訪れる帰結を予定し待ち構える「間」が描き出される。このパターンで時間的な感覚を喚起するテクストは、超常的な力の登場する作品に多く見られる。例えば、光瀬龍の『寛永無明剣』(一九六九年)で、主人公のたすくが未来人の術にはまる場面。突然、たすくの部屋の空気が笛のように震える。心身に滲み入るその響きは、彼の動きを鈍らせた。しかし彼は、一瞬の隙に庭の石灯籠の陰に身を隠す。そしてたすくと敵は、互いに機をとらえんとして動きを殺した。張り詰めた空気のなか、何度かふくろうの声が響き、鯉が水面に波紋を広げる。

音と波紋を織り込んだテクストは、たすくの意識の状態を、ある「あいだ」に変動するリズムとして感じさせる。さらにまた、緊迫した躍動と待ち構えの「間」が時間的な感覚を高める。「夜のふくらみの中に、石のように醒めた一点があった。それは波紋の動きに合わせてあるいはゆらめき、あるいははしり、時には影のようにひそんで急速に迫ってくるなにものかの気配だった。（略）焼けるような焦燥の中で、希薄な心と現実の肉体はかみあわぬろくろのようにきしんだ。過ぎてゆく一瞬、一瞬が凍るような死の予感だった[9]」

こうした緊迫の躍動と待ち構えを描くテクストは、ブラッドベリの「ぬいとり」やJ・B・バラードの「最後の秒読み」（一九五九年）のラストにも見られる[10]。けれどもここでは、時間ジャンプの物語に話を限定しよう。例えば、『リプレイ』（一九八七年）の終盤のくだり。ジェフの「再生」の間隔は、徐々に短くなっていく。ついには、すさまじい循環が彼を襲う。再生後、ほんのわずかの時間を経験したのちに、ふたたび心臓発作。そして、またもや刹那の生と即座の死。もはやそれは、狂気の旋回舞踏としか言いようがない。彼は、「何度も何度も死んだ。覚醒と死、知覚と無が、感じ取れないほど急速に交替した[11]」。

ここには、緊迫の躍動と待ち構えの「間」だけでなく、スピードに満ちた攪乱という要素もある。これもまた、特筆すべき一つのパターンだろう。この点について考えるとき、B・ベイリーの『永劫回帰』（一九八三年）をはずすわけにはいかない。全身にテクノロジーを埋め込んだヨアヒム・ボアズ。彼は、物語のラストで地獄の劫火に包まれる。普通の人間なら、焼けるような痛みとすさまじい恐怖で神経が麻痺し、早々と気絶するはずだ。けれども彼には、強力な神経制御システムがそなわっていた。だから、神経と意識はおのずとダウンしてはくれない。彼の意識は、「目に見えない炎」で焼かれ、苦痛の渦となる。彼は、「何とかして逃げだそう、避けよう、圧倒しよう、何とかして苦痛と折りあいをつけようと、怒りを、恐怖を、わめき散らした」。

ボアズは、逆巻く狂乱のなかで自分の真実に気づく。彼の意識に、この劫火をすでに前に、いや数えきれないほど体験してきた記憶が一挙に押し寄せる。永遠に反復する世界。彼は、「我を忘れるほど強烈な苦痛の曲がりくねった迷路を通って、百万年も旅した[12]」のである。目も眩むような意識の旋回と変移のスピード。そこにはSFならではの、動感に満ちた時間がある。しかし、もっと攪乱的な感覚を喚起するテクストもある。A・ベスターの『虎よ、虎よ！』（一九五六年）だ。ここでも主人公は、すさまじい狂乱に巻き込まれる。

全身の身体改造によって、神経システムをすさまじい速度に変えられるフォイル。彼は、謎の物質が世界中で連鎖的な暴発を始めたとき、逆巻く火焔に包まれてしまう。そのとき彼の神経組織は「ショートして」脳のなかでない交ぜになり、意識は「交差する感覚の万華鏡[13]」と化す。音は次々と視覚的に迫り、不思議な光の彩を見せた。そして、熱波は不気味な声で叫んだ。そう、爆発の熱が音としてやってきて、彼の耳を引き裂いたのだ。さらには、触感が味覚を湧き上がらせ、嗅覚は触感をかき立てる。指に接する石の甘酸っぱさ、ガラスに触れたときのパイ生地の味、煙と灰から立ち上る粗い布の手触り。

フォイルは、後先考えずにテレポーテイションを試みた。能力のかぎりを尽くした宇宙ジョウント。光速を超えるスピードでの跳躍。それは時間軸をひねらせ、彼はさまざまな過去へとジャンプしてしまう。宇宙の暗黒に取り残されていた日々、身体強化の手術をした病院、そしてふたたびすさまじい爆発と炎。逃れようにも逃れられない反復に捕らえられ、彼の意識は逆巻く渦となる。

こうした意識の攪乱を描く語りは、暴風にさらされるような時間の感覚を喚起する。けれども、まったく逆に、進行と速度を忘れたかのような感覚を引き起こす場合もある。それは、意識トリップの物語に頻出する、精神の移ろいを綴るテクストだ。まずは、R・ソウヤー『フラッシュ・フォワード』に登場する、未来への意識トリップのくだりを踏まえてみよう。ある先進テクノロジーの実験がおこなわれた瞬間、主任研究員は、突然ベッドに寝ていることに気づく。そして、視野が勝手に移り変わっていくと、高齢の女性の姿が目に入ってくる。「肉体はまったく反応しなかった。まるで肉体と精神が分離してしまったかのようだ。そのくせ、自分がたじろいだのを感じることはできた。（略）ロイドは老女から身を遠ざけようとしたが、体がいうことをきいてくれなかった[14]」

綴られているのは、別時間の自分へとジャンプした意識が、ゆっくりと推移する様子である。それは、周囲の状況を順次空間的に探査していくテクストだと言っていい。リカルドゥーが指摘するように、こうした描写のテクストは、「描かれるものが動かなくなることを求める[15]」。だから環界は、佇むようなムードをおびる。そう、そこにはあの動きの静止からくる、ある種の時間的な感覚が湧き上がる。環界の動きが抑え込まれることによって、意識が移ろうただの「間」とでも言うべきものが感じ取られるということだ。

別時間に滑り込んだ意識の変調には、しばしば存在が浮遊するようなムードも感じられる。例えば、オールディスの『隠生代』（一九六七年）でトラヴェラーが目にする過去の状景。彼らは、一種の意識トラヴェルによって、別の時代に滑り込む。するとトラヴェラーの体は、亡霊のように「仄暗い影」になってしまう。彼らが使用する未来の物どもも同じだ。だから、多くのトラヴェラーが行き交う場面には、虚ろな影が多様に交錯することになる。「草原は、未来の物どもが落とす影によって、一帯が霞んでしまっていた。二人の男のおぼろな幻影が何か夢中で語りあいながら、ブッシュの身体を突き抜けていったが、その衝撃は（略）彼の肉体には伝わらなかった」(16)

おぼろげな世界を行き来する「間」は、意識を根無し草のように漂わせ、霞のように移ろわせる。意識トラヴェルを描くテクストは、この漂流と移ろいのムードを通じて、時間的な感覚を喚起すると言っていい。それは、あの『寛永無明剣』の待機の「間」にもあてはまる。「ふくろうが鳴き、また鯉がはねた。そのひろがる波紋をどこまでも追いかけてゆくと心は肉体から離れ、いつか幻のように希薄になってゆく。遠いかなたで波紋が消えたとき、そこまでさまよい出ていた心は急速にとり残された肉体にたちもどってくる」(17)

あるいは、不気味な幻想や夢魔の移ろいを綴るテクストも、似たような感覚を湧き上がらせる。例えば、バラードの「終着の浜辺」（一九六四年）。太平洋のある島を調査する男は、島をあてもなくさまよっていたが、異様なブロック群が広がる場所に惹かれ、そこに居座るようになる。すると彼の意識は、「妻と息子」の幻をとらえる。「妻」は、彼に手招きをしていた。さらには、日本人と思しき屍体との遭遇。彼の心には、その屍体との会話が去来する。物語は、意図的にその事情を伏せたまま、彼の精神の漂流、混沌とした移ろいを描き出している。(18)

しかし、もっとも強烈なのは、M・ジュリの『不安定な時間』（一九七三年）だろう。「溶時界」にのみ込まれたダニエルは、現実世界からの援助が断たれることを知り、脱出のために事故による存在のクラッシュを試みる。ところが、気づくと彼は、まったく別の世界に跳び込んでいた。夕陽を望む浜辺。傍らには一人の女。彼女は、なぜか彼のことをレナートと呼んだ。別の自分を与えられた奇妙な世界。その状景は、まったく不可思議なものだった。彼を取り囲む斜面は、足元で一点に収束している。そして地平線は、なぜか遥か上に見える。気づくと、空と大地はいつの間にか一つになっていた。「ダニエルは夕陽の平面に体を向けた。すると、オレンジ色や薄紫色に染まった空全体が太陽に向かってすさまじい速度で落ちてゆくようだった。息がつまるような感じとともに、激しい眩暈が彼を襲った[19]」

ここではもはや、環界の配置と方向の枠組み、そして現実と夢想といった意識の境界が崩れ始めている。すると、何かが溶け、形なき流体と化していくような感覚が漂う。溶けること、ゆっくりと形をなくしていく変異のイメージ。そこには、また別の時間的な感覚が潜んでいる。まるで、口中でムースが溶けていくときのような。それは、「時空感覚」が溶けていく感じと言ってもいいだろう。確かに、そこには言葉上の矛盾がなくはない。「時空感覚」が溶けていくテクストから、時間的な感覚が生じるというのだから。とはいえ、意識の枠組みが崩れていくのも一つの変異には違いないだろう。だとすれば、その推移を想像的に追いかける意識に、少し次元の違う時間的感覚が生じたとしてもさほど不思議ではない。つまりは、読み手に生じる時間的な感覚とは、時計が刻む時間をとらえる話とは別ものだということだ。

3　時間的な感覚の奥にあるもの——意味の向こうに想像される何か

時間SFが、時間的と言うべきさまざまな感覚を湧き上がらせることを確認してきた。ただし、宿題が残されていることを忘れてはいけない。ひとまずは直観を頼りに論を進めるとしていた、あの件だ。

問題の感覚は、テクストを読むときに確かに湧き上がる。けれども、それらは本当に時間的な感覚なのだろうか。もしそうだとするなら、それはどのように時間と結び付いているのだろうか。これは、問題の現象の奥にあるものを考えることだと言ってもいい。いささか理屈っぽい話だけれども、議論の先には、ちょっと興味深い事実が待っている。

まずは、テクストが喚起する感覚について、基本的なことを踏まえておこう。そこには、問題を混乱させる要因が潜んでいるからだ。感覚的な印象は、どんなテクストを読むさいにも生じる。文字の知覚はさておくとしても、言葉の聴覚イメージ、あるいは想像された音の印象は、常に読む意識に織り込まれている。これは、別の書き物で論じたことなので割愛するけれど、同様のことは言葉と文が織りなすリズムとメロディーについても言える。ひとまずは雑駁にテクストが織りなすムードと言っておくけれども、この感覚的な雰囲気なるものは、意味の組み立てと連なりによっても影響される。[20]

実際、これまで論じてきた感覚も、この一般的な現象を基盤にして湧き立つ。それは、バラードの「最後の秒読み」などを読むとよくわかる。この作品は、あの『デスノート』の原型とも言えるもので、読者が読んでいるテクストそのものが死の予告文になっている。「きみたち自身が奈落の底へ沈んでゆく。あと数秒のうちに、永遠の死が……ほら！ いよいよ最後の秒読みだ！ 三秒……二秒……一秒……」[21]。ここには、あの緊張に満ちた待機の「間」が感じられる。しかしそれは、「永遠の死」の切迫を演出する意味のメロディーを下地としながら、数字を等間隔で刻むテクストのリズムに支えられている。

あるいは、至高の叙情詩人とされるブラッドベリの「ぬいとり」。五時になると、なぜか「大変なこと」が起こると知りながら、せっせと刺繡に精を出す女たち。五分前、一分前。彼女たちの指は「飛ぶように動いた」。すると、世界の明るさがまし、突然どこかで発火する。「いま、そう、いまだ！ 火は女の白いぬいとりの肉体に燃え移ったのである。（略）微妙にふるえるぬいとりの花びらは、一枚また一枚と、燃え尽きた」[22]。ここに湧き上がる感覚は、「いま、そう、いまだ！」、「一枚また一枚」と刻まれる言葉のリズムによって喚起される。けれどもそれは、発火までの待機の「間」をしつらえ、花びらの焼失へと上り詰める意味のメロディーにも条件づけられている。実は、「最後の秒読み」にも、同じような仕掛けがある。死のテクストを読む者について、「心臓は不安に戦き……脈拍は停滞し……生命の波がひき」[23]と、描写するくだりだ。ここでも、言葉の並びが醸し出すリズムが、切迫する「間」の感覚を支えている。

言葉そのもののリズムとメロディーが、問題とすべき感覚の下地になっていることは明らかだろう。ただし、この読みのリズムとメロディーからくる感覚は、これまで問題にしてきたものの本体とは言えない。なぜなら問題の感覚は、物語られる世界の時間に関わるものだからだ。それは、読みそのもののリズムやメロディーからくる感覚とは区別しなければならない。

例えば、「時空と大河のほとり」の主人公が、カイロのバーで目にした章句を例にとってみよう。「まだ来ぬ明日、死せる昨日、なぜ思いわずらうことがあろう、今日が甘美ならば[24]」。そこに時間的な感覚が漂うのはまちがいない。けれどもそれは、明日、昨日、今日と言葉を積み上げていく、読みのリズムとメロディーに由来する。それは、テクストのこちら側の読みの時間の問題であって、物語が描き出す意味世界の問題ではないのだ。実際、問題の章句は、テクストの向こうにある、世界の変異と移ろいを思い描かせてはくれない。

問題の感覚は、テクストの向こうに想像される世界と結び付いていなければならない。だがそうなると、一つの難問に突き当たることにならないだろうか。テクストは、確かに語り出される世界を、想像させる。けれどもテクストが織り上げる世界は、意味と観念からなっている。つまり、それ自体としては理解と判断しかなく、感覚と呼べるような実質は含まれていないということだ。時や速度や変異といった概念を思い浮かべてもいい。そこには、五感のどれかとして受け取られるような何かは含まれていない。にもかかわらず、時間ＳＦが織り上げる意味と観念から、なぜ、どのようにして時間的な感覚が湧き立つのだろうか。実はこれが、この章のポイントである。

『寛永無明剣』のあのくだりから考えてみよう。互いの気配の変化に即応しようと待機する緊張の「間」。そこに飛び跳ねた鯉の音が波紋の変異をもたらす。「敵の気配」にせよ、「水音」にせよ、「波紋」にせよ、その観念には感覚なるものは一粒も含まれていない。それは、肉体から離れていく心の奇妙な動きにもあてはまる。変異にせよ動きにせよ、言葉が伝えるものが意味と観念でしかない以上、テクストそれ自体には感覚の要素は見いだせない。

とはいえ、読みの意識は、テクストの「向こう」に語られている世界を思い浮かべるだけでなく、そこで生じる感覚的なものも受け取ることができる。鯉が水面に落ちる音、そこから生じた波紋が広がる感じ。問題の感覚の源は、こうした想像にあると言っていい。ただし、この付随的現象が、テクストに「おのずと」付帯するわけではなく、読む意識によって引き寄せられることを忘れてはならない。

では読み手は、どのように、どんな条件を基盤にして時間的な感覚を引き寄せるのだろうか。語られた世界が想像されるとき、読みの意識は、その世界のうちにいるかのような仮想を展開することができる。そして、往々にして登場人物に想像的に「同一化」し、少なくともその経験する意味世界に居合わせているかのような構えをとる。『寛永無明剣』で言えば、読み手はイメージのなかで、たすくと同じように張り詰めた状態で息を殺す。すると、物語られる世界を体験しているような擬似的な感覚も引き寄せられる。池の波紋に誘われつつ移ろう意識、敵の気配が迫りくる緊張と死の予感。この情況にあることを想像する意識には、さまざまな感覚が付随的に湧き上がる。

けれども、問題は時間的な感覚だ。冒頭で確認したことを思い起こしていただきたい。私たちは、実在的な経験のなかでも、時間を独自的な「存在」として感じ取れない。そうであるなら、あたかも物語内の世界を実体験するかのような構えをとったとしても、その時間そのものは感覚できないはずだ。なのにどうして……。問題の難しさはここにある。

ただし、この点についてはすでに答えは用意されている。時間的な感覚とは、何らかの代理表象を通じて引き寄せられるものだった。そう、その感じは間接的に、代わりの何かを通じて成り立つのだ。もう一度身近な場面を思い起こしてみよう。出がけにとちって駅まで疾走するはめに陥ったとき、行為するリズムやスピードの変異からくる時間的な感覚が立ち上がる。このときの時間的な感覚は、どんな実質を基盤にしているのだろうか。走る、息を切らす、遅刻を意識して緊張しながら機敏な対応の態勢を持続する。そこにあるのは、身体の運動であり、変異にほかならない。つまり、問題の感覚は、身体的なものを代理的な実質としながら湧き上がるのではないだろうか。確かに、焦っている意識の感じとでも言うべきものもありそうな気がする。けれども、それが正味の知覚であるなら、なにがしか身体のありようとつながっているはずだ。

振り返ってみれば、これまで紹介してきたテクストの奥には、必ずと言っていいほど身体の感覚を喚起する部分がある。まずは、初めに紹介した「出会いのとき巡りきて」のくだり。描かれていたのは、環界の「無数の動き、無数の変化」が「流れ過ぎる」さまだった。それは、私たちが高速の乗り物で移動するさいの情況に似ている。そして、このテクストから湧き上がる感覚は、そのときの身体の感覚と通じあうように思う。実際、問題のくだりは、環界の変異が「躰の上を、かたわらを、なかを通ってゆく」と綴っている。

あるいは、「時空と大河のほとり」で、昆虫型異星人が空と水面のあいだを乱れ飛ぶ場面。その動きのスピードと状景のすさまじい切り替わりは、ジェットコースターに乗ったときの視界の渦、あるいは高速の列車が次々と別の列車とすれ違うときの切り裂かれるような感じを引き寄せないだろうか。そしてまた、『寛永無明剣』の待機の「間」を綴るテクスト。それを読む者は、知らず知らず、息を殺してうずくまる体軀、じりじりと静止を続ける体の張り詰めた状態を、仮想的に感覚する。この想像的な身体の感覚、これがあの時間的な感覚の代理的な実質だと考えられる。つまりそれは、読み手の仮想的な身体から滲み出る感覚にもとづいている。

問題の感覚の奥には、想像的に引き寄せられる身体の感覚がある。けれどもそれは、なぜ時間的なものと言えるのだろうか。言い換えるなら、それが時間的なものに結び付く理由はどこにあるのかということだ。実は、問題はさほど複雑ではない。身体的な感覚が湧き上がる背景には、ほぼ必ず身体の状態や運動の変化がある。となれば、同時にそこには、主体と環界との関わりの変調が生じているはずだ。そして、この変調こそは、時間的な感覚が生じるときの基本条件ではなかったか。だとすれば、身体の変化からくる感覚が、時間的な感覚と結び付くことには、何の不思議もない。

けれども、一つだけ問題が残っている。内的な意識変調にともなう感覚はどうなのだろうか。そこでの焦点は、心の変異にあった。つまりそこには、対応する身体の動きや変異がないように思えるのだ。もう一度『寛永無明剣』を振り返ってみよう。焦点は、あの波紋というメタファを通じて喚起される変異の感覚である。たすくの心は、まさに肉体を離れ、波紋を追いかけるように漂流する。敵の術に縛られながら生じる、心の奇妙な移ろい。

実はここには、映像表現の連想という事情もある。光や映像の歪みの伝播によって波紋の推移を描き、カメラの動きをたすくの意識のありようになぞらえながら、空中を滑るようなカメラ・ワークで心の移ろいを表す映像。これが想像的に思い浮かべられるときにも、時間的と言うべき感覚は湧き上がるように思う。ただし、この点は最後の節でまとめて論じたいので、先送りすることにしよう。

問題の感覚は、描かれた身体の状況を想像するだけでは生じない。なにしろたすくの心は、肉体を離れて移ろうのだから。とはいえ、ここでも読み手は、想像的に別の状況の身体感覚を引き寄せるのではないだろうか。例えば、幼いころに驚きをもって体験したブランコ。あるいは、若き日に遊園地で楽しんだ大揺れのアトラクション。いや、酒席で酩酊し、天井ばかりか、床や壁までが伸び縮みするように思えるときのあの感じだろうか。少なくとも読み手は、異様な揺らぎに巻き込まれた感覚に、代理的な実質を求めることができる。やはりこの時間的な感覚も、身体的な感覚を頼りにしながら生じるように思う。

「避難所」の主人公が、敵の「思考波」にのみ込まれていくくだりはどうだろうか。そこには、精神の攪乱と旋回を、のたうち回る身体の動きになぞらえ、その感覚を引き寄せる仕掛けがあった。あるいは、『リプレイ』のめくるめく再生のテクスト。確かにその状況は、誰も現実には経験できるものではない。とはいえ、それでも読む意識は、絶叫マシンで急上昇と墜落を繰り返す感じにせよ、幼いころに溺れそうになった経験にせよ、何らかの体感に頼りながら、物語が描く経緯に時間的な感覚をかぶせていく。要するに、内的な意識変調を語り出すテクストは、それ自体としては身体の動きと感覚を綴っていないにもかかわらず、比喩にもとづく想像を通じて、身体にまつわる感覚に結び付けられるということだ。

では、あの溶けるような時間の感覚についてはどうだろうか。時空の枠組みが崩れていくような展開のなかで、『不安定な時間』から立ち上ってくる感じ。そこにも、比喩を通じて、酩酊に陥った身体の感覚を想像的に呼び寄せる仕掛けがあるように思う。実は、このことがもっとわかりやすいテクストがある。ブラッドベリの『何かが道をやってくる』（一九六二年）で、不思議な回転木馬が登場するくだりだ。乗った人間の時間を急速に進めたり戻したりするタイム・マシン。これを、回転木馬にしちゃうあたりは、いかにもブラッドベリらしい。とはいえ、肝心なのはこのギミックではなく、時間の逆行を綴ったテクストが醸し出す時間的な感覚である。

　夢見がちな遊びと冒険の日々を送るウィルとジム。二人は怪しげなサーカス団に吸い寄せられ、回転木馬に乗ったある団員が、「溶ける」ように若返るのを目にする。演奏装置がけたたましく逆回転の音を奏で、木馬が回り始めると、一人の男がその「逆回転する宇宙」へ飛び込んだ。すると彼は、二人の少年のほうに回転してくるたびに、異様な変化を見せる。「クガー氏の顔が、桃色の蠟のように溶け始めていた。（略）骨が縮み、彼の着ている服も、それにつれて縮まってゆく。顔の輝きが、あやしく明滅し、一回りするたびに溶け方が激しさをました」[25]。男の顔の変異、そして加速していく木馬の回転。この意味の世界を観念的に想像するとき、読む者には逆巻くような感覚が湧き上がる。

　それは、ロウソクが溶けていくのを見るときの感じとは違う。男の顔は、回転してくるたびに浮かび上がる形にほかならない。つまり、テクストを読む意識の基盤には、旋回する木馬のイメージがあり、あくまでそれを下地として問題の感覚は生じてくる。だから読む者は、ほぼ例外なく、旋回する木馬にまつわる体感を想像するよう誘われ、それを実質としながらあの溶けるような感覚を受け取るのではないだろうか。

　次々と過ぎ去る馬を見たときの流動感、そして馬に乗って空気を切る体感。さらには、上下しながら旋回するときの、眩暈のような揺らぎと移ろい。この存在が攪乱されたときの体感が、溶けるような感覚の奥にあるように思う。そこには、読みの想像的跳躍がある。その意味では、問題の時間的な感覚には、実は不確かな基盤しかないとも言える。けれども元来、テクストには意味と観念しか求めることはできない。だから、どんなものであれ、読む意識に時間的な感覚が湧き上がるときには、必ずこの危なっかしい想像の跳躍がなされ、仮想の身体が召喚されていなければならない。

議論は、少し意外なところに至り着く。感覚的な悦びという観点から時間SFを見るとき、その魅力の基盤として、想像的な身体の次元が浮かび上がってきたからだ。時間SFというジャンルは、しばしば思弁的な意味構成の魅力を焦点にして評価される。ところがよく吟味してみると、このジャンルには独特の感覚と感性の魅力があり、しかもそれは身体の世界とつながっている。なるほどそれは、このジャンルにかぎった話ではない。けれどもこの事実は、少なくとも時間SFについては既知のことではないように思う。身体の世界が支える時間SFの魅力。この新たな視点は、時間SFの価値を再発見することに通じているのではないだろうか。

4　映像的なテクストの時間――共感覚の渦へと誘う物語

そろそろ後回しにしていた事柄に片をつけながら、結びに向かうことにしよう。

『寛永無明剣』に見られたように、時間的な感覚は、映像的イメージに支えられている場合もあった。実は、『何かが道をやってくる』の回転木馬にも、同じことがあてはまる。

では、映像的なイメージが喚起する時間的な感覚とは、どんなものなのだろうか。例の「波紋」の場合を考えてみよう。それは、「屋敷も、たすく自身も、夜そのものさえも大きく呑み込んで天地の果てに誘った」と語られていた。周囲の存在すべてを揺るがす波が次第に広がる映像。ここで仮想的に感じ取られるのはそうしたイメージだと言っていい。それは、一九七〇年代の映像技術であれば光の輪で表現され、いまどきのCGであれば、同心円的に広がる歪みで示されるだろう。いずれにせよそこには、人が自分の視覚だけでは目にすることのできないものがある。肝心なのは、この異様だろう。問題のイメージでは、世界の見え方がありえない変容を示す。するとそのイメージをとらえた意識に、ある種の時間的な感覚が湧き上がる。つまり、何かの見え方が通常にはない変異を示すとき、それを見る意識には時間的な推移の感覚が顕在化するということだ。

見え方の異様な変化。そのもっともわかりやすい例は、スローモーションと早回しの映像だろう。動きの遅速の異様は、もちろん時間ＳＦに頻出するイメージだと言っていい。まずは、マシンや世界の異変によって物事の動きが異様に遅くなる場合を見てみよう。すでに紹介した「時間がいっぱい」は、このパターンに近い。けれども、もっと映像的なテイストを強調したものとして、『逆まわりの世界』（一九六七年）を挙げることもできる。墓掘人のセバスチャンは、さらわれた妻を取り戻しに市の図書館へ向かう。そのとき彼は、警備員や職員に捕まらないようにと、自分を周囲の時間から切り離す薬剤を注射する。かくて彼の周りの世界は、すべて「スローモーションのような動き」を見せる。

セバスチャンは、敵の黒幕や警備員を風のようにすり抜け、ある部屋にいた女に妻の居所を詰問する。そのとき彼女は、うつ伏せにゆっくり、ゆっくりと倒れていく。なおも食い下がるセバスチャン。すると彼女は、音節がわかりにくいほど間延びした声で「チ――カ――シ――ツ――」と答えた。[26] これを読み進むとき、映画のワン・シーンを思い浮かべるのは私だけではないだろう。まさにそれは、書き手が映像を文字にしたかのような、映画的テクストである。そして、こうしたテクストを読む意識には、ある種の時間の感覚が湧き上がる。しかし、それはなぜだろうか。

本当に少しずつ倒れていく女の映像について考えてみよう。それを見るとき、人はゆっくりと落ちていく身体をとらえる。注意されたい。女が倒れるのを見ると言わずに、落ちていく身体をとらえると言うのは、ただの言い換えではない。私たちは、日常のありふれた体験のなかでは、人の動きを、何かをしている行為ととらえる。歩く、倒れる、しゃべる。実はそのときには、身体の具体的な動きは、意識のうえでは消極化され、行為という意味的な整理の下に埋もれてしまう。それに対して、スロー映像を見る場合には、逆に行為の意味は消極化され、さまざまな部位が位置を変え、角度と形を変容させる事物の動きに関心が集中する。

こうした見る意識のシフトは、日常の体験のなかでも起きる。秋風の冷たさを感じるようになると、突き抜ける空に浮かぶ雲が、ときにずいぶんと近くに感じられることがある。しばしその浮き立った雲に見入っていると、白い塊の端が、徐々にまとまりをほどきながら、無に消えていくのに気づく。雲の端が色を失いながら、回るようにゆっくりと霧消する光景。見る者にとってそれは、雲ではなく形の変異であり、色が消えうせる動きだと言っていいだろう。そのとき、見る者には時間的な感覚が湧き上がる。これと同じことが、スローモーションにもあてはまる。そこでは、行為という全体の意味ではなく、微細な動きに意識が集中していく。そして、身体というモノの見え方が前景化する。「歩いている」ではなく、「四肢と体軀がこんなふうに動いている」というとらえ方が成り立つこと。ここにポイントがあるように思う。

そのとき見る意識は、同じモノの見え方の変化をとらえる態勢にある。同じモノが持続的に位置や形を変異させていく推移。この移ろう「間」の感覚が、ここで生じる時間的な感覚の実質だろう。このことは、甘く哀しい時間の感覚を漂わせる「美亜へ贈る真珠」（一九七一年）に目を向けるなら、もっとクリアーになる。婚約者を置き去りにし、時間の進みを八万分の一にする「航時機」に乗り込んだ若者。彼は、愛する女が静かに死を迎えるのを目の当たりにする。しかし、彼は何の変化も示さないように見えた。

ところが、「航時機」を管理する男の孫娘が、装置のなかの変事に気づく。彼女が「真珠」と呼んだものが、若者の足元から十センチのところに浮いていたのだ。そう、それは止まっているような時間のなかで、若者が瞳からゆっくりと、本当にゆっくりとこぼした涙だった。キラキラと透明な光を発するその珠は、微かに、けれども確実に落下していく。見れば、若者の「顔はゆがみ、口は大きく開かれようとして」いた。そして、最初の真珠が「床の上でゆっくり王冠を」[27]形づくる。ここでテクストがイメージさせる映像は、歪み変形していく顔の様子であり、輝く珠が持続的に下降していく動きであり、王冠に似た形の推移にほかならない。この、何かの見え方が持続的に推移することに注目する意識こそが、時間的な移ろいの感覚の源だと言っていい。

もちろんこの感覚は、時間そのものの知覚ではない。あくまでそれは、映像的イメージの遷移に集中したときの感じでしかない。けれどもそこに、視覚的な認識以上の何か、時間的と言うべき移ろいの感覚が到来することは確かだろう。ただしこれは、見ている状景の動きが遅くなる場合の話だ。逆に、それがすさまじい速度になる場合はどうだろうか。例えば、時間ジャンプのさいの景色などは、格好の例になるだろう。『タイム・マシン』のみるみる成長する樹々や、くるくると彩りを変える地表、『時間を征服した男』の突然に溶けていくビル、そして『タイム・シップ』で一つの帯になってせわしなく上下する太陽の光。[28] それらは、早送りのシークエンスのようであり、まちがいなく映像的イメージと言うにふさわしい。実際、ウェルズの孫が監督した『タイム・マシン』では、未来に航行するさいの景色の交替が長大な早送りシーンで表現され、作品の魅力の一つとなっている。

ここでは、景色を構成する一つひとつのモノはあっという間に消えていく。つまり、同一のモノがそれぞれ持続しながら変化するのではなく、それらの消長が無数にあわさって景色全体が変容していく。いや、むしろ個々のモノの持続をとらえる意識は、変化のスピードに負けて消極化され、全体的な見え方の変化が前景化する。変異の要点は、見え方の全体的な切り替わりにある。世界が定かな形をとることなく、流動し推移していく感じ。スローモーションのイメージとはまた違うが、これもまた時間的な感覚と言うべきものだろう。

同じく状景の素早い変容を綴りながらも、もう少し複雑なイメージを展開するテクストもある。例えば、「出会いのとき巡りきて」のあのくだり。トラヴェラーを一挙に包む怒濤の暗闇、その体を貫いて飛び去る無数の場面の動き。このイメージは、映画で言えば素早く拡大してくるショットが、いくつも次々と迫っては消えていく映像に近い。実際、『ペイチェック』（二〇〇三年）の主人公が先行する経緯をいっぺんに思い出すシーンでは、まさにこうしたシークエンスが展開されている。ここでは、状景をなす個々のものが現れては消えるというよりも、全体的な状景そのものが次々と切り替わる。しかし、世界が流動し推移する移ろいの感覚が喚起されるという点は同じだ。

こうした映像的イメージが、いくつもの時をたて続けにジャンプする物語と通じあうのは言うまでもない。『永劫回帰』のラストを思い起こしてほしい。「間違いようのないこの光景」[29] が数えきれないほど繰り返されてきた記憶。それが一気に押し寄せるイメージは、素早く近づきながら次々と切り替わっていく映像で表現するにふさわしい。

このように、問題の映像的イメージは、ある種の時間ＳＦと切っても切れない関係にある。それは、意識トラヴェルを描く物語にも、ほぼ同じようにあてはまる。すでに触れた『不安定な時間』で、ダニエルが初めて「時間溶解」に滑り込む場面。「狂おしいほどの喜悦」に貫かれたあと、彼は十歳のときに赴いた港町にいた。だがしばらくすると、同じころに経験したクリスマスの状景に包まれる。そして、「時間溶解」を制御するエージェントとの交信を挟んで、彼の意識は交替する時間の渦に巻き込まれる。秒読みをするエージェントの声、港町の人々、公園で輪になって踊る子どもたち、「身分証をお持ちですか」と言う警備員、海辺に誘う女性のほほ笑み。(30)それは、まさにランダムなフラッシュバックが素早く切り替わっていく映像を思わせる。テクストを読む意識は、ここではたんに流動と移ろいを感じるだけでなく、足場と方向性を失って浮遊するような、漂流の感覚も味わう。

小林泰三の「酔歩する男」（一九九六年）にも、同じようなくだりがある。若き日に愛する女を死なせてしまった主人公。彼は、同じく彼女を愛していた友人の提案に押し切られて、意識内での時間遡行を敢行する。不思議な感覚の万華鏡を通過したあと、彼は蟬取りに興じる小学生になっていた。だがすぐさま、校庭で一人の少女を見つめる中学生、そして哺乳瓶を吸う乳児から深夜ラジオに熱中する高校生へと、くるくると変転していく。さらには、世界を知らずに眠る胎児に……。(31)それは『バタフライエフェクト』で、過去の数々の場面がくるくると組み替えられていく映像を連想させる。こうしたイメージにさらされるとき、読む者は通常の意味での時間が棚上げされるような感覚を味わう。しかしそれでも、この漂い溶けるような感覚が移ろいの感じであるかぎり、そこには時間的と言うべき独特の感覚が漂う。

溶けるようなと言えば、時間世界の変異のなかで文字どおり存在が溶けていくイメージを展開する作品もある。すでに触れたもので言えば、『何かが道をやってくる』がこれにあたる。木馬に乗っている男の顔が溶けていくイメージ。映画で言えばそれは、動線のように飛び去る映像の上に、顔がコマ送りのように浮き上がり、しだいに輪郭を変えながらぼんやりと縮小していくシークエンスになるだろうか。そしてさらに、色の濃淡が微妙に変化し、形が歪んでいくようなＣＧの手法が織り込まれれば、見る者を独特の感覚に引き込むはずである。

あるいは、ラップ・ディヴルヴのように、一方の状景がスーッと消えていき、他方の状景が徐々に浮き立ってくるようなイメージ。P・K・ディックの『時は乱れて』（一九五九年）には、まさにこれぞという場面がある。闇の組織が、特殊能力をもつ主人公を利用するために作り出した幻影の過去世界。主人公とともにこの幻影世界に閉じ込められた友人は、その世界の壁を「突き抜ける」体験をする。彼は、バスで家に帰る途中、目の前の現実がどこか狂っている気がしてきて、あれこれと思いをめぐらす。眼を細めながら周りを打ち消す意識に集中したら、バスも乗客も消えるのでは……。すると、バスの側面が徐々に透けていき、支柱の列だけが並ぶ光景が見えてくる。そして座席に座っていた乗客たちの姿は、カカシのようなダミーに変わっていく。[32] ここにも、見ている状景が溶けていくときの、漂うような感覚がある。

この漂流するような感覚は、酔い心地にも似たものを喚起する。その意味では、身体を下地とした感覚と通じあう点がある。いや、そこには身体の感じに根ざした時間的な感覚も、折り重なるように湧き上がると言うべきか。いずれにしても、映像的なイメージが喚起する感覚と、身体に根ざした感覚とは、互いにつながりあい交差しうる。もちろん、こうした重なりを実現するテクストに、いっそうの深みと厚みが感じられることは疑いないだろう。

時間的な感覚について考えるうちに、議論はおのずと映像的イメージを引き寄せる表現にたどりついた。しかし、それはある意味で当然だろう。映像、映画とは、コマを特定のピッチで映し出す時間的なメカニズムによって、見え方の変異を駆使するメディアなのだから。つまりそれは、メディア的本性からして時間的なものであるために、時間的な感覚を否応なく招き寄せるということだ。そうであるなら、時間的な変異を描き出し、時間的な感覚を喚起する語りが、映像や映画のイメージに近似していたとしても何の不思議もない。そのかぎりでは、時間SFは映像や映画と親和的なわけで、だからたくさんの作品が映画化されている事実も納得がいく。

実際、映画のパターンを下地にしてるでしょ、と言いたくなるテクストは少なくない。これまで紹介してきたディックやベンフォードやバラード、梶原真治[33]の諸作品、そして多くの「逆行もの」にも、映画的な文法と雰囲気が織り込まれている。そこには、メディアのクロスオーヴァーがあると言っていい。筆者は、こうした異なるメディア同士の交差とつながりが、より豊かで刺激的なテクストを生み出すことにも、SFの可能性を見たいと思う。

こうした考えに対して、一つの批判がありうることは十分に理解している。映画的イメージの混入を評価することは、文学の純粋さを汚すことになるという反発だ。けれども、現代のメディア環境のなかで時間的な感覚の味わいを求めるかぎり、映画的なイメージに依拠するくだりは、むしろ必須のものではないだろうか。意味と理解に閉じこもることなく、感覚的な悦びの追求という観点に立つなら、問題のクロスオーヴァーは、むしろ物語の魅力を支えるものだと言うことができる。

時間SFではないけれども、伊藤計劃の『虐殺器官』（二〇〇七年）にも、映画的イメージにあふれたくだりがある。主人公のクラヴィスが、虐殺のフィクサーをやっとインドで捕らえたあと、ヘリの急襲を受けて一瞬にして仲間と乗客が惨殺される場面。「どういうわけか、車両全体がぼくの後ろへ流れていく。列車が急減速したのだと状況を理解した瞬間、ぼくは回転する車両のなかで洗濯物のように回転している」[34]。まちがいなくそれは、アングルを転回させながら流れ去る背景のなかで、ゆっくり旋回する身体をイメージさせるテクストである。

このテクストが、映画的イメージに立脚していることは疑いえない。そもそもこの作品では、大勢の人間が死ぬときには「リゲティ」の音がとどろくとされているのだ。言うまでもなくそれは、映画『2001年宇宙の旅』の「モノリス」の場面に響く、リゲティ・シャーンドルの「レクイエム」である。けれどもこうした点について、映画的イメージに堕するものだと非難すべきだろうか。いや、問いの立て方を変えるべきだろう。この作品は、いくつかの映像的文法と通底することなしに、その魅力を実現することはできたのだろうか。いま現在のメディア環境と文化意識を前提とするかぎり、そこに選択の余地はないだろう。読む者の意識と感性には、すでに映像の文法がビルト・インされていて、物語の章句から意味的なイメージを膨らますさいに、それは必ず引き寄せられてしまうのだから。

ところで、クロスオーヴァーと言えば、もう一つ銘記しておくべき点がある。そう、時間ＳＦが、あの身体の感じを通じて時間の感覚を喚起するという事実だ。そこには、テクストの意味観念の次元と身体的な感覚の次元とが、クロスオーヴァーする刺激がある。筆者は、文字を追いかける意識が身体的な震えと喜悦を獲得するときに、素朴な感激を味わう。そんなの当たり前でしょと言われるのなら、この終章は恥ずかしながら空振りということになる。もちろん、それは結果としてはむしろ歓迎すべきことだけれども、少なくとも時間ＳＦについて、こうした観点に立つ批評は寡聞にして知らない。

初めにも触れたように、このジャンルにおける批評の重点は、どうしても意味と理解という観念の世界に傾きやすい。これに対して本書は、読みを通じて身体の感覚を呼び覚ますことへの、憧れと期待を表明しようと企てた。問題はどちらがより決定的かということじゃない。まあ、この点では誤解の余地はないだろう。これまで丹念に論じてきたように、身体的な感覚にせよ、映像的なイメージにせよ、いずれも意味と観念の織物を支えにして湧き上がるものなのだから。

それにしても、問題の感覚の悦びというのは、ずいぶんと遠回りで、ねじくれたものだと思わずにはいられない。時間的と言うべき感覚を味わうために、意味と観念の構造物を読み解き、しかもその厚みを突き抜けながら、身体的な感覚や映像的イメージを手繰り寄せようというのだから。けれどもそれは、語られる時間のとらえがたさに起因することであり、避けがたい回り道なのだ。

時間なるものは、そのものとしては感じ取ることはできない。にもかかわらず、人は時間を思い描く物語に惹かれ、時間的な感覚の悦びを求める。だから読み手は、迂遠でねじくれた読みの試みに向かうしかないのだ。そこには、シシュフォスにも似た、虚しく哀しい存在の性があるように思える。時間ＳＦの感覚的な深みに沈潜する楽しみには、常に苦い後味がつきまとっている。

けれども、時間ＳＦに惹かれる者は、それも一つの味わいとして享受するほかない。いや、このジャンルの深みとして受け止めるべきなのだろう。そもそも人は、時間が「在る」ということをつかみ取れないにもかかわらず、常にすでに時間「としてある」ことから逃れられない。それは、物語だけではなく、人間の生そのものに強いられる現実だろう。

しかしそれでも、意識する存在は、時間というものを無意識の領域に放置できはしない。時間の物語が、徒花のような想像を膨らませるゆえんである。ここでも時間SFには、シニシズムの空気がまとわりついている。もちろんそれは、とくに責めるべきことではないのだけれども。

注

（1）I・ワトスン「バビロンの記憶」四七三ページ（原書 p.71.）

（2）C・L・ムーア「出会いのとき巡りきて」二五九ページ（原書 p.250.）

（3）H・G・ウェルズ『タイム・マシン』三〇ページ（原書 p.18.）、R・カミングス『時間を征服した男』五一ページ（原書 p.31.）、S・バクスター『タイム・シップ』上、三七ページ（原書 p.7.）

（4）J・フィニイ『ふりだしに戻る』上、一七一ページ（原書 p.101.）、H・G・ウェルズ『タイム・マシン』二九ページ（原書 p.17.）、R・ブラッドベリ「ぬいとり」一五三ページ（原書 p.70.）、R・A・ルポフ「12：01PM」三三九ページ（原書 p.131.）、C・L・ムーア「出会いのとき巡りきて」二五九ページ（原書 p.250.）

（5）A・C・クラーク「時間がいっぱい」一三―一四ページ（原書 p.409.）

（6）G・ベンフォード「時空と大河のほとり」三九〇ページ（原書 p.213.）

（7）A・E・ヴァン・ヴォークト「避難所」二九二ページ（原書 p.207.）

（8）同書三〇五、三〇九―三一〇ページ（原書 pp.215, 218-219.）

（9）光瀬龍『寛永無明剣』五九―六〇ページ

（10）R・ブラッドベリ「ぬいとり」一五二―一五四ページ（原書 pp.69-70.）、J・G・バラード「最後の秒読み」二一〇ページ（原書 p.105.）

(11) K・グリムウッド『リプレイ』四六一ページ（原書 p.267.）
(12) B・ベイリー『永劫回帰』二七八ページ（原書 no.2636.）
(13) A・ベスター『虎よ、虎よ！』二四三ページ（原書 p.227.）
(14) R・J・ソウヤー『フラッシュフォワード』一七ページ（原書 p.15.）
(15) J・リカルドゥー『言葉と小説』一二三ページ（原書 p.85.）
(16) B・W・オールディス『隠生代』五三―五四ページ（原書 pp.38-39.）
(17) 光瀬龍『寛永無明剣』五九ページ
(18) J・G・バラード「終着の浜辺」二七一―二八〇、二八九―二九六ページ（原書 pp.594-597, 601-604.）
(19) M・ジュリ『不安定な時間』二三三ページ（原書 p.185.）
(20) 拙書『響きあう異界』第三章、参照
(21) J・G・バラード「最後の秒読み」二一〇ページ（原書 p.105.）
(22) R・ブラッドベリ「ぬいとり」一五二―一五四ページ（原書 p.70.）
(23) J・G・バラード「最後の秒読み」二一〇ページ（原書 p.105.）
(24) G・ベンフォード「時空と大河のほとり」三七〇ページ（原書 p.201.）
(25) R・ブラッドベリ『何かが道をやってくる』九七ページ（原書 p.78.）
(26) P・K・ディック『逆まわりの世界』二二六ページ（原書 p.172.）
(27) 梶原真治『美亜へ贈る真珠』三七ページ
(28) H・G・ウェルズ『タイム・マシン』三〇―三一ページ（原書 p.18.）、R・カミングス『時間を征服した男』五〇ページ（原書 p.31.）、S・バクスター『タイム・シップ』上、三二ページ（原書 p.4.）
(29) B・J・ベイリー『永劫回帰』二七八ページ（原書 no.2636.）
(30) M・ジュリ『不安定な時間』二七ページ（原書 p.23.）
(31) 小林泰三「酔歩する男」一二四―一二九ページ
(32) P・K・ディック『時は乱れて』一五一ページ（原書 p.97.）

（33）梶原の作品では決めのところに映画的イメージが織り込まれるケースが少なくない。序で紹介した「朋恵の夢想時間」（二四七―二六一ページ）や、『黄泉がえり』（四四八―四五五ページ）はその典型的な例である。

（34）伊藤計劃『虐殺器官』三一六ページ。なお、こうした理解は、櫻井圭記氏との意見交換に負うところが大きい。

文献一覧

アウグスティヌス『告白録』上、宮谷宣史訳（『アウグスティヌス著作集』第五巻第1号）、教文館、一九九三年

浅見克彦『響きあう異界――始源の混沌・神の深淵・声の秘義』せりか書房、二〇一二年

アシモフ、アイザック『永遠の終り』深町真理子訳（ハヤカワ文庫）、早川書房、一九七七年（Isaac Asimov, *The End of Eternity*, HarperCollins Publishers, 2000.）

アシモフ、アイザック「公正な交換？」『変化の風』冬川亘訳（創元推理文庫）所収、東京創元社、一九八六年（Isaac Asimov, "Fair Exchange?" in *The Winds of Change and other stories*, Ballantine Books, 1984.）

アシモフ、アイザック「変化の風」同書（Isaac Asimov, "The Winds of Change," *ibid.*）

アジモフ、アイザック「もし万一……」小笠原豊樹訳、福島正実編『時と次元の彼方から――海外SF傑作選』（講談社文庫）所収、講談社、一九七五年（Isaac Asimov, "What if…," in Groff Conklin ed., *Science-Fiction Adventures in Dimension*, The Vanguard Press, 1953.）

アダン、ジャン＝ミシェル『物語論――プロップからエーコまで』末松壽／佐藤正年訳（文庫クセジュ）、白水社、二〇〇四年（Jean-Michel Adam, *Le récit*, Presses Universitaires de France, 1984.）

東浩紀『クォンタム・ファミリーズ』新潮社、二〇〇九年

アンダースン、ポール『タイム・パトロール』深町真理子／稲葉明雄訳（ハヤカワ文庫）、早川書房、一九七七年（Poul Anderson, *Guardians of Time*, Pan Books, 1964.）

アンダースン、ポール『時の歩廊』浅倉久志訳（ハヤカワ文庫）、早川書房、一九七九年（Poul Anderson, *The Corridors of Time*, Kindle Ed.）

アンダースン、K・J／ビースン、D『臨界のパラドックス』内田昌之訳（ハヤカワ文庫）、早川書房、一九九四年（Kevin J. Anderson and Doug Beason, *The Trinity Paradox*, Bantam Books, 1991.）

アンブローズ、デイヴィッド『リックの量子世界』渡辺庸子訳（創元SF文庫）、東京創元社、二〇一〇年（David Ambrose, *The Man Who Turned into Himself*, Picador, 2008.）

イエンス、W『現代文学――文学史に代えて』高本研一ほか訳（現代文芸評論叢書）、紀伊國屋書店、一九六一年（Walter Jens, *Statt einer Literaturgeschichte*, Günther Neske, 1958.）

石川喬司「五月の幽霊」、日下三蔵編『日本SF全集』第1巻所収、出版芸術社、二〇〇九年

石田享『オーロラの彼方へ』トビー・エメリッヒ脚本（竹書房文庫）、竹書房、二〇〇〇年

伊藤計劃『虐殺器官』（ハヤカワ文庫）、早川書房、二〇一〇年

乾くるみ『リピート』（文春文庫）、文藝春秋、二〇〇七年

Wittenberg, David, *Time Travel : The Popular Philosophy of Narrative*, Fordham University Press, 2013.
ウィリアムスン、ジャック『航時軍団』野田昌宏訳（ハヤカワ・SF・シリーズ）、早川書房、一九六九年（Jack Williamson, *The Legion of Time*, Bluejay Books, 1985.）
ウィンダム、ジョン「クロノクラズム」『時間の種』大西尹明訳（創元推理文庫）所収、東京創元新社、一九六六年（John Wyndham, “Chronoclasm,” in *The Seeds of Time*, Penguin Books, 1959.）
ウインダム、ジョン「時間の縫い目」、若島正編『棄てきた女――アンソロジー／イギリス篇』（「異色作家短篇集」第十九巻）所収、早川書房、二〇〇七年（John Wyndham, “Stitch in Time,” in *Consider Her Ways and Others*, Penguin Books, 1965.）
ウィンダム、ジョン「ポーリーののぞき穴」前掲『時間の種』所収（John Wyndham, “Pawley’s Peepholes,” in Wyndham, *op.cit.*）
ウィンダム、ジョン「もうひとりの自分」同書所収（John Wyndham, “Opposite Number,” *ibid.*）
John Wyndham, “Random Quest,” in Christopher Cerf ed., *The Vintage Anthology of Science Fantasy*, Vintage Books, 1966.
ウェルズ、H・G『現代世界文明の展望――人間の仕事と富と幸福』下、浜野輝訳、鹿島研究所出版会、一九六七年
Wells, H.G., *The Scientific Romances of H.G. Wells*, Victor Gollancz, 1933.
ウェルズ、H・G『タイム・マシン――他六篇』石川年訳（角川文庫）、角川書店、一九六六年（H. G. Wells, “The Time Machine,” in H. G. Wells, Richard A. Lupoff, *The Book of Time*, Surinam Turtle Press, 2011.）
ウェルマン、M・W「ほかにだれが頼れる?」、アシモフほか編『ミニミニSF傑作展』所収、浅倉久志ほか訳、講談社、一九八三年（M.W. Wellman, “Who Else Could I Count On?” in Isaac Asimov et al., *Microcosmic Tales*, Taplinger Publishing Co., 1980.）
ヴォークト、A・E・ヴァン「永遠の秘密」『時間と空間のかなた』沼沢洽治訳（創元推理文庫）所収、東京創元社、一九七〇年（A.E. van Vogt, “Secret Unattainable,” in *Away and Beyond*, Panther, 1963.）
ヴォークト、A・E・ヴァン「避難所」同書所収（A.E. van Vogt, “Asylum,” *ibid.*）
ヴォークト、A・E・ヴァン「フィルム・ライブラリー」同書所収（A.E. van Vogt, “Film Library,” *ibid.*）
ヴォネガット・ジュニア、カート『スローターハウス5』伊藤典夫訳（ハヤカワ文庫）、早川書房、一九七八年（Kurt Vonnegut, *Slaughterhouse-5*, Dell Publishing, 1991.）
エイミス、マーティン『時の矢――あるいは罪の性質』大熊栄訳、角川書店、一九九三年（Martin Amis, *Time’s Arrow*, Vintage Books, 2003.）
Everett, Hugh, “‘Relative State’ Formulation of Quantum Mechanics,” *Reviews of Modern Physics*, 29(3), 1957.
エフィンジャー、ジョージ・アレック「シュレーディンガーの子猫」、小川隆／山岸真編『80年代SF傑作選』上（ハヤカワ文庫）所収、早川書房、一九九二年（George Alec Effinger, “Schrödinger’s Kitten,” in *Budayeen Nights*, Golden Gryphon, 2003.）
エフィンジャー、ジョージ・アレック「時の鳥」浅倉久志訳、大森望編『ここがウィネトカなら、きみはジュディ――時間SF傑作選 SFマガジン創刊50周年記念アンソロジー』（ハヤカワ文庫）所収、早川書房、二〇一〇年

エリウゲナ、ヨハネス「ペリフュセオン」、上智大学中世思想研究所編訳・監修『中世思想原典集成6　カロリング・ルネサンス』所収、平凡社、一九九二年

円城塔『Self-Reference ENGINE』（ハヤカワ文庫）、早川書房、二〇一〇年

大西科学『さよならペンギン』（ハヤカワ文庫）、早川書房、二〇一〇年

大森荘蔵『時間と自我』青土社、一九九二年

乙一「Calling You」、大森望編『不思議の扉 時をかける恋』（角川文庫）所収、角川書店、二〇一〇年

オールディス、ブライアン・W『隠生代』中上守訳（ハヤカワ・SF・シリーズ）、早川書房、一九七〇年（Brian W. Aldiss, *Cryptozoic!*, Faber & Faber, 2008.）

Aldiss, Brian W., "Introduction," in Charles L. Harness, *The Paradox Men*, New English Library, 1976.

恩田陸『ライオン・ハート』（新潮文庫）、新潮社、二〇〇四年

梶尾真治『クロノス・ジョウンターの伝説』（ソノラマ文庫）、朝日ソノラマ、二〇〇三年

梶尾真治「再会」『時の〝風〟に吹かれて』所収、光文社、二〇〇六年

梶尾真治「時尼に関する覚え書」『美亜へ贈る真珠――梶尾真治短篇傑作選 ロマンチック篇』（ハヤカワ文庫）所収、早川書房、二〇〇三年

梶尾真治「美亜へ贈る真珠」同書所収

梶尾真治『黄泉がえり』（新潮文庫）、新潮社、二〇〇二年

上遠野浩平『ぼくらは虚空に夜を視る――The Night Watch into The Night Yawn』（星海社文庫）、星海社、二〇一二年

カミングス、レイ『時間を征服した男』斎藤伯好訳（ハヤカワSF文庫）、早川書房、一九七二年（Ray Cummings, *The Man Who Mastered Time*, Ace Books, 1956.）

川崎美羽『.hack// 黄昏の碑文』I・II（角川スニーカー文庫）、角川書店、二〇〇八年

川端柳太郎『小説と時間』（朝日選書）、朝日新聞社、一九七八年

神林長平「忙殺」『狐と踊れ〔新版〕』（ハヤカワ文庫）所収、早川書房、二〇一〇年

北村薫『スキップ』（新潮文庫）、新潮社、一九九九年

北村薫『ターン』（新潮文庫）、新潮社、二〇〇〇年

喜多喜久『リプレイ2・14』（宝島社文庫）、宝島社、二〇一三年

ギデンズ、アンソニー『モダニティと自己アイデンティティ――後期近代における自己と社会』秋吉美都／安藤太郎／筒井淳也訳、ハーベスト社、二〇〇五年（Anthony Giddens, *Modernity and Self-Identity*, Polity Press, 1991.）

Gallagher, Catherine, "Undoing," in Karen Newman et al. eds., *Time and the Literary*, Routledge, 2002.

キュービー＝マクダウエル、マイクル・P『悪夢の並行世界』上・下、山高昭訳（ハヤカワ文庫）、一九八九年（Michael P. Kube-McDowell, *Alternities*,

Ace Books, 1988.)
クライトン、マイクル『タイムライン』上・下、酒井昭伸訳(Hayakawa Novels)、早川書房、二〇〇〇年(Michael Crichton, *Timeline*, Ballantine Books, 2000.)
クライン、T・E・D「ルネッサンス人」、前掲『ミニミニSF傑作展』所収(T.E. Klein, "Renaissance Man," in Asimov,et al., *op.cit.*)
クラーク、アーサー・C「時間がいっぱい」深町真理子訳、前掲『時と次元の彼方から』所収(Arthur C. Clarke, "All the Time in the World," in *The Collected Stories of Arthur C. Clarke*, Tom Doherty Associates, 2001.)
グリムウッド、ケン『リプレイ』杉山高之訳(新潮文庫)、新潮社、一九九〇年(Ken Grimwood, *Replay*, Gollancz, 2005.)
栗本薫「時の石」『時の石』(角川文庫)、角川書店、一九八三年
グリーン、ブライアン『エレガントな宇宙――超ひも理論がすべてを解明する』林一/林大訳、草思社、二〇〇一年
クリンガーマン、ミルドレッド「緑のベルベットの外套を買った日」中村融/橋本輝幸訳、R・F・ヤング/フリッツ・ライバーほか著、中村融編『時を生きる種族――ファンタスティック時間SF傑作選』(創元SF文庫)所収、東京創元社、二〇一三年
Gordon, Andrew, "Play It Again, Sam," in Gary Westfahl et al. eds., *Worlds Enough and Time*, Greenwood Press, 2002.
小林泰三「酔歩する男」『玩具修理者』(角川ホラー文庫)所収、角川書店、一九九九年
小松左京「失われた結末」『時の顔』(ハルキ文庫)所収、角川春樹事務所、一九九八年
小松左京「時の顔」同書所収
小松左京『果しなき流れの果に』(ハルキ文庫)、角川春樹事務所、一九九七年
Gomel, Elana, *Postmodern Science Fiction and Temporal Imagination*, Continuum Books, 2010.
ゴールド、H・L「過去カメラ」、前掲『ミニミニSF傑作展』所収(H.L. Gold, "The Biography Project," in Asimov et al., *op.cit.*)
Sider, Ted, "Time," in Susan Schneider ed., *Science Fiction and Philosophy*, Wiley-Blackwell, 2009.
桜坂洋『All You Need Is Kill』(集英社スーパーダッシュ文庫)、集英社、二〇〇四年
佐々木敦『あなたは今、この文章を読んでいる。』慶應義塾大学出版会、二〇一四年
佐藤友哉『水没ピアノ――鏡創士がひきもどす犯罪』(講談社文庫)、講談社、二〇〇八年
佐藤友哉『世界の終わりの終わり』角川書店、二〇〇七年
サルトル、ジャン=ポール『シチュアシオンI』、佐藤朔ほか訳(「サルトル全集」第十一巻)、人文書院、一九六五年(Jean-Paul Sartre, *Situations*, Éditions Gallimard, 1947.)
シェリー、M・W『フランケンシュタイン』臼田昭訳(「ゴシック叢書」第六巻)、国書刊行会、一九七九年
Gerrold, David, *The Man Who Folded Himself*, Benbella Books, 2003.
シマック、クリフォード・D「河を渡って木立をぬけて」深町真理子訳、ドナルド・A・ウォルハイム/テリー・カー編『忘却の惑星』浅倉久志ほか訳(ハ

ヤカワ文庫）所収、早川書房、一九七八年（Clifford D. Simak, *Over the River Through the Woods*, Tachyon Publication, 1996.）

シャピロ、スタンリー『J・F・ケネディを救え』汀一弘訳（ハヤカワ文庫）、早川書房、一九八八年（Stanley Shapiro, *A Time to Remember*, Random House, 1986.）

ジュネット、ジェラール『物語のディスクール――方法論の試み』花輪光／和泉涼一訳（「叢書記号学的実践」第二巻）、風の薔薇、一九八五年（Gérard Genette, *Figures III*, Éditions du Seuil, 1972.）

ジュリ、ミシェル『不安定な時間』鈴木晶訳（サンリオSF文庫）、サンリオ、一九八〇年（Michel Jeury, *Le temps incertain*, Éditions Robert Laffont, 2008.）

Shaw, Bob, "Light of Other Days," in Barbara Ireson ed., *Tales Out of Time*, Philomel Books, 1981.

ジョーンズ、ラングドン『レンズの眼』増田まもるほか訳（サンリオSF文庫）、サンリオ、一九八〇年（Langdon Jones, *The Eye of the Lens*, Savoy Books, 1980.）

Jones, Raymond F., "Pete Can Fix It," in Conklin, *op.cit.*

ショーンフェルド、ハワード「創作論理学入門」浅倉久志訳、浅倉久志編『ユーモアSF傑作選2』（講談社文庫）所収、講談社、一九八〇年（H. Shoenfeld, "Build Up Logically," in Brian W. Aldiss ed., *The Penguin Science Fiction Omnibus*, Penguin Books, 1973.）

シラス、ウィルマー・H「かえりみれば」中村融／井上知訳、ジャック・フィニイ／R・F・ヤングほか著、中村融編『時の娘――ロマンティック時間SF傑作選』（創元SF文庫）所収、東京創元社、二〇〇九年

シルヴァーバーグ、ロバート『時間線を遡って』中村保男訳（創元推理文庫）、東京創元社、一九七四年（Robert Silverberg, *Up the Line*, Kindle Ed.）

シルヴァーバーグ、ロバート「時間層の中の針」山田順子訳、P・J・ファーマーほか著、伊藤典夫／浅倉久志編『タイム・トラベラー――時間SFコレクション』（新潮文庫）所収、新潮社、一九八七年（Robert Silverberg, "Needle in a Timestack," in *The Palace at Midnight 1980-82*, Subterranean Press, 2010.）

シルヴァーバーグ、ロバート「旅」岡部宏之訳、E・L・ファーマン／バリー・N・マルツバーグ編『究極のSF――13の解答』（創元SF文庫）所収、東京創元社、一九八〇年（Robert Silverberg, "Trips," in Edward L. Ferman et al. eds., *Final Stage*, Penguin Books, 1975.）

Silverberg, Robert, *Roma Eterna*, HarperCollins Publishers, 2003.（部分訳に、シルヴァーバーグ、ロバート「永遠なるローマ」、ロバート・シルヴァーバーグ編『SFの殿堂 遥かなる地平』第1巻所収、小尾芙佐他訳〔ハヤカワ文庫〕、早川書房、二〇〇〇年がある。）

新城カズマ『サマー／タイム／トラベラー』1・2（ハヤカワ文庫）、早川書房、二〇〇五年

スチャリトクル、ソムトウ「しばし天の祝福より遠ざかり……」、前掲『ここがウィネトカなら、きみはジュディ』所収（Somtow Sucharitkul, "Absent Thee from Felicity Awhile," in *Fire from the Wine Dark Sea*, The Donning Co., 1983.）

ステープルドン、オラフ『最後にして最初の人類』浜口稔訳、国書刊行会、二〇〇四年

スミス、リチャード・R「倦怠の檻」、ジューディス・メリル編『宇宙の妖怪たち』中村能三ほか訳（ハヤカワ・ファンタジイ）所収、早川書房、一九五八

年
スローターダイク、ペーター『シニカル理性批判』高田珠樹訳（「Minerva 哲学叢書」第一巻）、ミネルヴァ書房、一九九六年（Peter Sloterdijk, *Kritik der zynischen Vernunft,* Suhrkamp Verlag, 2013.）
ズワルト、P・J『時間について』井上健／南政次訳、紀伊國屋書店、一九八〇年
瀬名秀明『八月の博物館』（角川文庫）、角川書店、二〇〇三年
ゼラズニイ、ロジャー「聖なる狂気」『伝道の書に捧げる薔薇』浅倉久志／峯岸久訳（ハヤカワ文庫）所収、早川書房、一九七六年（R. Zelazny, "Divine Madness," in Michael Moorcock ed., *The Traps of Time,* Penguin Books, 1970.）
ソウヤー、ロバート・J『フラッシュフォワード』内田昌之訳（ハヤカワ文庫）、早川書房、二〇〇一年（Robert J. Sawyer, *Flashforward,* Gollancz, 2009.）
ソウヤー、ロバート・J『ホミニッド――原人』内田昌之訳（ハヤカワ文庫）、早川書房、二〇〇五年（Robert J. Sawyer, *Hominids,* Tom Doherty Associates, 2002.）
Townsend, J. R., "Trying to Connect You," in Ireson, *op.cit.*
高橋和久「ウェルズの小説に見られる特性をめぐって」、佐野晃／高橋和久／土屋倭子／橋本槙矩『裂けた額縁――H・G・ウェルズの小説の世界』（英宝社ブックレット）所収、英宝社、一九九三年
高畑京一郎『タイム・リープ』上・下（電撃文庫）、メディアワークス、一九九七年
タッカー、ウィルスン「観光案内」中上守訳、前掲『時と次元の彼方から』所収（Wilson Tucker, "The Tourist Trade," in *The Best of Wilson Tucker,* Timescape Books, 1982.）
Dunne, J.W., *An Experiment with Time,* Faber & Faber, 1958.
チャン、テッド「商人と錬金術師の門」大森望訳、前掲『ここがウィネトカなら、きみはジュディ』所収（Ted Chiang, "The Merchant and the Alchemist's Gate," in Gardner R. Dozois ed., *The Year's Best Science Fiction: 25th Annual Collection,* St. Martin's Griffin, 2008.）
チャンドラー、A・バートラム「漂流者」南山宏訳、前掲『時と次元の彼方から』所収（A.B. Chandler, "Castaway," in Conklin, *op.cit.*）
辻村深月『冷たい校舎の時は止まる』上・下（講談社文庫）、講談社、二〇〇七年
筒井康隆『虚人たち』中央公論社、一九八一年
筒井康隆「しゃっくり」（『筒井康隆全集』第一巻）所収、新潮社、一九八三年
筒井康隆「チューリップ・チューリップ」（『筒井康隆全集』第二巻）所収、新潮社、一九八三年
筒井康隆「秒読み」『薬菜飯店』（新潮文庫）所収、新潮社、一九九二年
ディ・キャンプ、L・スプレイグ『闇よ落ちるなかれ』岡部宏之訳（ハヤカワ文庫）、早川書房、一九七七年（L. Sprague de Camp and David Drake, *Lest Darkness Fall : To Bring the Light,* Baen Publishing, 1996.）

ディケンズ『クリスマス・キャロル』池央耿訳（光文社古典新訳文庫）、光文社、二〇〇六年

ディック、フィリップ・K『逆まわりの世界』小尾芙佐訳（ハヤカワ文庫）、早川書房、一九八三年（Philip K. Dick, *Counter-Clock World*, Mariner Books, 2012.）

ディック、フィリップ・K「時間飛行士へのささやかな贈り物」『ペイチェック——ディック作品集』浅倉久志ほか訳（ハヤカワ文庫）所収、早川書房、二〇〇四年（Philip K. Dick, "A Little Something for Us Tempunauts," in *Paycheck*, Gollancz, 2003）

ディック、フィリップ・K「ジョンの世界」前掲『ペイチェック』所収（Philip K. Dick, "John's World," in Dick, *ibid.*）

ディック、フィリップ・K『高い城の男』浅倉久志訳（ハヤカワ文庫）、早川書房、一九八四年（Philip K. Dick, *The Man in the High Castle*, Penguin Books, 2014.）

ディック、フィリップ・K『時は乱れて』山田和子訳（サンリオSF文庫）、サンリオ、一九七八年（Philip K. Dick, *Time Out of Joint*, Mariner Books, 2012.）

ディック、フィリップ・K「ペイチェック」前掲『ペイチェック』所収（Philip K. Dick, "Paycheck," in Dick, *op.cit.*）

ティプトリー・ジュニア、ジェイムズ「故郷へ歩いた男」『故郷から一〇〇〇〇光年』伊藤典夫訳（ハヤカワ文庫）所収、早川書房、一九九一年（James Tiptree, Jr, "The Man Who Walked Home," in *10,000 Light-Years from Home*, Pan Books, 1977.）

ディレーニ、サミュエル・R『エンパイア・スター』米村秀雄訳（サンリオSF文庫）、サンリオ、一九八〇年（Samuel R. Delany, *Babel-17 / Empire Star*, Vintage Books, 2001.）

Delany, Samuel R., *Starboard Wine*, Wesleyan University Press, 2012.

テヴィス、W・S「受話器の向こう側」、マシスンほか著、伊藤典夫訳編『吸血鬼は夜恋をする』所収、文化出版局、一九七五年（Walter S. Tevis, "The Other End of the Line," in *Far from Home*, Victor Gollancz, 1983.）

Del Rey, L., "…And It Comes Out Here," in Conklin, *op.cit.*

テン、ウィリアム「おれと自分と私と」小隅黎訳、浅倉久志編『世界ユーモアSF傑作選』第1巻所収、（講談社文庫）、講談社、一九八〇年（William Tenn, "Me, Myself, and I," in *Of All Possible Worlds*, Ballantine Books, 1955.）

Deutch, D. and Lockwood, M., "The Quantum Physics of Time Travel," in Schneider, *op.cit.*

トウェイン、マーク『アーサー王宮廷のヤンキー』大久保博訳（「トウェイン完訳コレクション」第三巻、角川文庫）、角川書店、二〇〇九年

ド・マン、ポール『盲目と洞察——現代批評の修辞学における試論』（叢書・エクリチュールの冒険）、月曜社、二〇一二年（Paul de Man, "Literary History and Literary Modernity," in Newman, *op.cit.*）

豊田有恒『退魔戦記』（ハルキ文庫）、角川春樹事務所、二〇〇〇年

豊田有恒「タイム・ケンネル」『アステカに吹く嵐』（ハヤカワ・SF・シリーズ）所収、早川書房、一九六八年

豊田有恒『パチャカマに落ちる陽』（集英社文庫）、集英社、一九七八年

豊田有恒『モンゴルの残光』（ハルキ文庫）、角川春樹事務所、一九九九年
ナイト、デーモン「アイ・シー・ユー」浅倉久志訳、前掲『タイム・トラベラー』所収
ナイト、デーモン「むかしをいまに」浅倉久志訳、前掲『時の娘』所収（Damon Knight, "Backward, O Time," in *The Best of Damon Knight,* Pocket Books, 1976.）
中村秀吉『時間のパラドックス――哲学と科学の間』（中公新書）、中央公論社、一九八〇年
ニーヴン、ラリー『ガラスの短剣』厚木淳訳（創元推理文庫）、東京創元社、一九八一年（Larry Niven, *The Flight of the Horse,* Orbit, 1999.）
ニーヴン、ラリイ『時間外世界』冬川亘訳（ハヤカワ文庫）、早川書房、一九八六年（Larry Niven, *A World Out of Time,* Holt, Rinehart and Winston, 1976.）
ニーヴン、ラリイ「タイム・トラベルの理論と実際」『無常の月』小隅黎ほか訳（ハヤカワ文庫）所収、早川書房、一九七九年（Larry Niven, "The Theory and Practice of Time Travel," in *All the Myriad Ways,* Kindle Ed.）
ニーヴン、ラリイ「時は分かれて果てもなく」同書所収（Larry Niven, "All the Myriad Ways," in *N-Space,* Tom Doherty Associates, 1990.）
Nichols, Ryan et al., *Philosophy Through Science Fiction,* Routledge, 2009.
西澤保彦『七回死んだ男』（講談社文庫）、講談社、一九九八年
ニーチェ、フリードリヒ『権力への意志』上、原佑訳（「ニーチェ全集」第十二巻、ちくま学芸文庫）、筑摩書房、一九九三年（Friedrich Wilhelm Nietzsche, *Sämtliche Werke, Band IX,* Alfred Kröner Verlag, 1964.）
ニッフェネガー、オードリー『きみがぼくを見つけた日』上・下、羽田詩津子訳、ランダムハウス講談社、二〇〇六年（Audrey Niffenegger, *The Time Traveler's Wife,* Vintage Books, 2005.）
ネイサン、ロバート『ジェニーの肖像』山室静訳（偕成社文庫）、偕成社、一九七七年
Nahin, Paul J., *Time Machines,* Springer-Verlag, 1999.
パイパー、H・ビーム「いまひとたびの」大森望訳、前掲『ここがウィネトカなら、きみはジュディ』所収（H. Beam Piper, "Time and Time Again," in Groff Conklin ed., *A Treasury of Science Fiction,* Bonanza Books, 1980.）
ハインライン、ロバート・A『自由未来』浅倉久志訳（ハヤカワ・SF・シリーズ）、早川書房、一九六七年（Robert A. Heinlein, *Farnham's Freehold,* Berkley Medallion Books, 1971.）
ハインライン、ロバート・A「時の門」稲葉明雄訳、『時の門』福島正実ほか訳（「ハインライン傑作集」第四巻、ハヤカワ文庫）所収、早川書房、一九八五年（Robert A. Heinlein [as A. Macdonald], "By His Bootstrap," in R.J. Healy & J.F. McComas (eds.), *Famous Science-Fiction Stories,* Random House, 1957.）
ハインライン、ロバート・A『夏への扉』福島正実訳（ハヤカワ文庫）、早川書房、二〇一〇年（Robert A. Heinlein, *The Door into Summer,* Del Rey Books, 1986.）

ハインライン、ロバート・A「輪廻の蛇」井上一夫訳、『輪廻の蛇』矢野徹ほか訳（「ハインライン傑作集」第二巻、ハヤカワ文庫）所収、早川書房、一九八二年（Robert A. Heinlein , "—All You Zombies—," in *The Unpleasant Profession of Jonathan Hoag*, Berkley Medallion Books, 1976.）

バクスター、スティーヴン『タイム・シップ』上・下、中原尚哉訳（ハヤカワ文庫）、早川書房、一九九八年（Stephen Baxter, *The Time Ships*, Eos, 2000.）

Pierce, J.R.[as J.J. Coupling], "Mr. Kinkaid's Pasts," in Judith Merril ed., *Beyond the Barriers of Space and Time*, Random House,1954（本書ではタイトルの Mr. Kinkaid が誤って Mr. Kincaid となっている）

バズビイ、F・M「ここがウィネトカなら、きみはジュディ」室住信子訳、前掲『ここがウィネトカなら、きみはジュディ』所収（F.M. Busby, "If This is Winnetka, You Must Be Judy," in *Getting Home*, Ace Books, 1987.）

ハックスリ、T・H「進化と倫理——自然誌的考察」、T・H・ハックスリ／R・G・コリングウッド／M・メルロ＝ポンティ『自然の哲学——自然の中の人間と人間の中の自然』所収、菊川忠雄編訳、御茶の水書房、一九八九年（Thomas Henry Huxley, "Evolution and Ethics," in Thomas Henry Huxley, James G. Paradis and George C. Williams, *Evolution and Ethics*, Princeton University Press, 1989.）

ハーネス、チャールズ・L「時間の罠」浅倉久志訳、前掲『タイム・トラベラー』所収（Charles L. Harness, "Time Trap," in *The Traps of Time*, Penguin Books, 1970.）

ハーネス、チャールズ・L「時の娘」浅倉久志訳、前掲『時の娘』所収（Charles L. Harness, "Child by Chronos," in Anthony Boucher and J. Francis McComas, *The Best from Fantasy and Science Fiction*, Third Series, Doubleday & Co., 1954.）

バラード、J・G「永遠の一日」『溺れた巨人』大谷圭二訳（創元推理文庫）所収、東京創元社、一九七一年（J.G. Ballard, "The Day of Forever," in *The Complete Stories of J. G. Ballard*, W.W.Norton & Co., 2009.）

バラード、J・G『結晶世界』中村保男訳（創元推理文庫）、東京創元新社、一九六九年（J.G. Ballard, *The Crystal World*, Farrar, Straus & Giroux, 1966.）

バラード、J・G「最後の秒読み」『時間都市』宇野利泰訳（創元推理文庫）所収、東京創元新社、一九六九年（J.G. Ballard, "Now : Zero," in Ballard, *The Complete Stories of J.G.Ballard*.）

バラード、J・G「時間の墓標」『時間の墓標』伊藤哲訳（創元推理文庫）所収、東京創元新社、一九七〇年（J.G. Ballard, "The Time-Tombs," *ibid.*）

バラード、J・G「終着の浜辺」同書所収（J.G. Ballard, "The Terminal Beach," *ibid.*）

ハリスン、ハリー「世界のとなりの世界」安田均訳、ピーター・ニコルズ編『解放されたSF——SF連続講演集』浅倉久志ほか訳（KEY LIBRARY）所収、東京創元社、一九八一年

ハリスン、ハリイ『テクニカラー・タイムマシン』浅倉久志訳（ハヤカワ文庫）、早川書房、一九七六年（Harry Harrison, *The Technicolor Time Machine*, Faber and Faber, 1967.）

バルト、ロラン「作者の死」『物語の構造分析』花輪光訳所収、みすず書房、一九七九年（Roland Barthes, "La mort de l'auteur," in *Œuvres complètes, T.II*, Éditions du Seuil, 1994.）

バルト、ロラン「物語の構造分析序説」同書所収（Roland Barthes, "Introduction à l'analyse structurale des récits," *ibid.*）

ハンド、エリザベス『12モンキーズ』野田昌宏訳（ハヤカワ文庫）、早川書房、一九九六年（Elizabeth Hand, *12 Monkeys*, HarperPrism, 1995.）

Hinton, Charles Howard, *What is the Fourth Dimension*, W. Swan Sonnenschein & Co., 1884.

Hughes, D.Y., "The Garden in Wells's Early Science Fiction," in Darko Suvin and Robert M. Philmus eds., *H.G. Wells and Modern Science Fiction*, Bucknell University Press, 1977.

平井和正「人の心はタイムマシン」『美女の青い影』（角川文庫）所収、角川書店、一九七六年

広瀬正『マイナス・ゼロ　改訂新版』（集英社文庫）、集英社、二〇〇八年

ファイラー、バート・K「時のいたみ」中村融訳、前掲『時の娘』所収（B. Filer, "Backtracked," in T. Carr ed., *Beyond Reality*, Elsevier/Nelson Books, 1979.）

Fast, Howard, "Of Time and Cats," in *The Edge of Tomorrow*, Bantam Books, 1961.

ファーマー、フィリップ・ホセ「進めや、進め！」福島正実訳、前掲『世界ユーモアSF傑作選1』所収

ファーマー、P・J「わが内なる廃墟の断章」伊藤典夫訳、前掲『タイム・トラベラー』所収（Philip José Farmer, "Sketches Among the Ruins of My Mind," in *The Grand Adventure*, Berkley Books, 1984.）

フィッツジェラルド、F・スコット「ベンジャミン・バトン」永山篤一訳、大森望編『不思議の扉　時間がいっぱい』（角川文庫）所収、角川書店、二〇一〇年（F. Scott Fitzgerald, "The Curious Case of Benjamin Button," in *Tales of the Jazz Age*, Vintage Books, 2010.）

フィニイ、ジャック「愛の手紙」『ゲイルズバーグの春を愛す』福島正実訳（ハヤカワ文庫）所収、早川書房、一九八〇年（Jack Finney, "The Love Letter," in Ireson, *op. cit.*

フィニイ、ジャック「ゲイルズバーグの春を愛す」同書所収（Jack Finney, "I Love Galesburg in the Springtime," in *About Time*, Simon & Schuster, 1998.）

フィニイ、ジャック「コイン・コレクション」同書所収（Jack Finney, "The Coin Collector," *ibid.*）

フィニイ、ジャック「二度目のチャンス」、ピーター・ヘイニング編『死のドライブ』野村芳夫訳（文春文庫）所収、文藝春秋、二〇〇一年（Jack Finney, "Second Chance," *ibid.*）

フィニイ、ジャック『盗まれた街』福島正実訳（ハヤカワ文庫）、早川書房、二〇〇七年

フィニイ、ジャック『ふりだしに戻る』上・下、福島正実訳（角川文庫）、角川書店、一九九一年（Jack Finney, *Time and Again*, Simon & Schuster, 2012.）

フィニイ、ジャック『フロム・タイム・トゥ・タイム——時の旅人』浅倉久志訳（角川文庫）、角川書店、一九九九年（Jack Finney, *From Time to Time*,

Simon & Schuster, 1996.)

フィニイ、ジャック「レベル3」『レベル3』福島正実訳（「異色作家短篇集」第三巻）所収、早川書房、一九七四年（Jack Finney, “The Third Level,” in Finney, *About Time*.)

伏見康治／柳瀬睦男編『時間とは何か』（自然選書）、中央公論社、一九七四年

ブラウン、フレドリック「終」、ロバート・ブロック編『フレドリック・ブラウン傑作集』星新一訳（サンリオSF文庫）所収、サンリオ、一九八二年(Fredric Brown, “The End,” in *The Best of Fredric Brown*, Del Rey, 1977.)

ブラウン、フレドリック「鏡の間」『スポンサーから一言』中村保男訳（創元推理文庫）所収、東京創元新社、一九六六年（Fredric Brown, “Hall of Mirrors,” *ibid.*)

ブラウン、フレドリック「実験」、前掲『フレドリック・ブラウン傑作集』所収（Fredric Brown, “Experiment,” *ibid.*)

ブラウン、フレドリック「タイムマシンのはかない幸福」『未来世界から来た男』小西宏訳（創元推理文庫）所収、東京創元新社、一九六三年（Fredric Brown, “The Short Happy Lives of Eustace Weaver,” *ibid.*)

ブラウン、フレドリック『発狂した宇宙』稲葉明雄訳（ハヤカワ文庫）、早川書房、一九七七年（Fredric Brown, *What Mad Universe*, E.P. Dutton & Co., 1949.)

ブラウン、フレドリック「ユーディの原理」、前掲『フレドリック・ブラウン傑作集』所収（Fredric Brown, “The Yehudi Principle,” in Brown, *The Best of Fredric Brown*.)

ブラウン、フレドリック「未来世界から来た男」、前掲『未来世界から来た男』所収（Fredric Brown, M. Reynolds, “Dark Interlude,” in B. Yalow ed., *From These Ashes*, The NESFA Press, 2001.)

ブラッドベリ、レイ「雷のような音」『太陽の黄金の林檎』小笠原豊樹訳（ハヤカワ文庫）所収、早川書房、一九七六年（Ray Bradbury, “A Sound of Thunder,” in *The Golden Apples of the Sun*, Harper Perennial, 2001.)

ブラッドベリ、レイ「交歓」『瞬きよりも速く』伊藤典夫／村上博基／風間賢二訳（ハヤカワ文庫）所収、早川書房、二〇〇二年（Ray Bradbury, “Exchange,” in *Quicker Than the Eye*, Earthlight, 1998.)

ブラッドベリ、レイ「タイム・マシン」『ウは宇宙船のウ』大西尹明訳（創元SF文庫）、東京創元社、二〇〇六年（Ray Bradbury, “The Time Machine,” in Bradbury, *The Golden Apples of the Sun*.)

ブラッドベリー、レイ『何かが道をやってくる』大久保康雄訳（創元推理文庫）、東京創元新社、一九六四年（Ray Bradbury, *Something Wicked This Way Comes*, Avon Books, 1998.)

ブラッドベリ、レイ「ぬいとり」、前掲『太陽の黄金の林檎』所収（Ray Bradbury, “Embroidery,” in Bradbury, *op.cit.*)

ブラッドベリ、レイ「日付のない夜と朝」『刺青の男』小笠原豊樹訳（ハヤカワ文庫）所収、早川書房、一九七六年（Ray Bradbury, “No Particular Night or Morning,” in *The Illustrated Man*, William Morrow, 2001.)

プリースト、クリストファー「限りなき夏」古沢嘉通訳、前掲『ここがウィネトカなら、きみはジュディ』所収（C. Priest, "An Infinite Summer," in Robert Silverberg ed., *Trips in Time*, Wildside Press, 2009.)

ブリッシュ、J「ビープ」「S-Fマガジン」一九八一年一月号、早川書房（James Blish, "Beep," in *Galactic Cluster*, Faber & Faber, 1960.)

ベイリー、バリントン・J『永劫回帰』坂井星之訳（創元推理文庫）、東京創元社、一九九一年（Barrington J. Bayley, *The Pillars of Eternity*, Golancz[Kindle Ed.])

ベイリー、バリントン・J『時間衝突』大森望訳（創元推理文庫）、東京創元社、一九八九年（Barrington J. Bayley, *Collision with Chronos*, Cosmos Books, 2001.)

ベスター、アルフレッド「選り好みなし」『願い星、叶い星』中村融編訳（奇想コレクション）所収、河出書房新社、二〇〇四年（Alfred Bester, "Hobson's Choice," in *Star Light, Star Bright*, Fontana, 1979.)

ベスター、アルフレッド『虎よ、虎よ！』中田耕治訳（ハヤカワ・SF・シリーズ）、早川書房、一九六四年（Alfred Bester, *Tiger! Tiger!*, Penguin Books, 1967.)

ベスター、アルフレッド「マホメットを殺した男たち」「S-Fマガジン」一九七六年二月号、早川書房（Alfred Bester, "The Men Who Murdered Mohammed," in Cerf, *op.cit.*)

ベンフォード、グレゴリイ「時空と大河のほとり」『時空と大河のほとり』山高昭ほか訳（ハヤカワ文庫）所収、早川書房、一九九〇年（Gregory Benford, "Of Space/Time and the River," in *In Alien Flesh*, Victor Gollancz, 1989.)

ベンフォード、グレゴリイ『タイムスケープ』山高昭訳（海外SFノヴェルズ）、早川書房、一九八二年（Gregory Benford, *Timescape*, Bantam Books, 1992.)

ポー、エドガー・アラン「アッシャー家の崩壊」『黒猫・アッシャー家の崩壊』巽孝之訳（「ポー短編集」I・ゴシック編、新潮文庫）所収、新潮社、二〇〇九年

ホイル、フレッド『10月1日では遅すぎる』伊藤典夫訳（ハヤカワ・SF・シリーズ）、早川書房、一九六八年（Fred Hoyle, *October the First Is Too Late*, Harper & Row, Publishers, 1966.)

ホーガン、ジェイムズ・P『時間泥棒』小隅黎訳（創元SF文庫）、東京創元社、一九九五年（James P. Hogan, *Out of Time*, Bantam Books, 1993.)

ホーガン、ジェイムズ・P『未来からのホットライン』小隅黎訳（創元推理文庫）、東京創元社、一九八三年（James P. Hogan, *Thrice upon a Time*, Del Rey, 1980.)

ホーガン、ジェイムズ・P『量子宇宙干渉機』内田昌之訳（創元SF文庫）、東京創元社、一九九八年（James P. Hogan, *Paths to Otherwhere*, Baen, 1997.)

星新一「午後の恐竜」、赤木かん子編『時空の旅』（SFセレクション）所収、ポプラ社、二〇〇五年

星新一「時の渦」、前掲『不思議の扉 時間がいっぱい』所収

ボルヘス、ホルヘ・ルイス「八岐の園」『伝奇集』篠田一士訳（現代の世界文学）所収、集英社、一九七五年
舞城王太郎『九十九十九』（講談社文庫）、講談社、二〇〇七年
マシスン、リチャード『ある日どこかで』尾之上浩司訳（創元推理文庫）、東京創元社、二〇〇二年（Richard Matheson, *Somewhere in Time*, Tom Doherty Associates, 1998.）
マッキントッシュ、J・T「第十時ラウンド」、風見潤編『魔女も恋をする——海外ロマンチックSF傑作選1』（コバルトシリーズ、集英社文庫）所収、集英社、一九八〇年
マッキントッシュ、J・T「プレイ・バック」福島正実訳、前掲『時と次元の彼方から』所収
マッスン、D・I「二代之間男」、マイクル・ムアコック編『ニューワールズ傑作選 No.1』浅倉久志／伊藤典夫訳（ハヤカワ・SF・シリーズ）所収、一九七一年（David I. Masson, "A Two-Timer," in *The Caltraps of Time*, Gollancz, 2012.）
眉村卓「悪夢の日」『時のオデュセウス』（ハヤカワ・SF・シリーズ）所収、早川書房、一九七一年
マルティネス、マティアス／シェッフェル、ミヒャエル『物語の森へ——物語理論入門』林捷／末永豊／生野芳徳訳（叢書・ウニベルシタス）、法政大学出版局、二〇〇六年（Michael Scheffel and Matías Martínez, *Einführung in die Erzähltheorie*, Verlag C. H. Beck, 1999.）
光瀬龍『寛永無明剣』（ハルキ文庫）、角川春樹事務所、二〇〇〇年
ミュアー、E『小説の構造』佐伯彰一訳（ダヴィッド選書）、ダヴィッド社、一九五四年（Edwin Muir, *The Structure of the Novel*, Chatto & Windus, 1957.）
ミラー、P・S「存在の環」、レイモンド・J・ヒーリイ／J・フランシス・マッコーマス編『時間と空間の冒険 No.2』中上守ほか訳（ハヤカワ・SF・シリーズ）所収、早川書房、一九七三年（P.S. Miller, "As Never Was," in Healy and McComas , *op.cit.*）
ミラー、P・S「時の砂」、レイモンド・J・ヒーリイ／J・フランシス・マッコーマス編『時間と空間の冒険 No.1』福島正実ほか訳（ハヤカワ・SF・シリーズ）、早川書房、一九六六年（P.S. Miller, "The Sands of Time," *ibid.*）
ムーア、C・L「出会いのとき巡りきて」安野玲訳、前掲『時の娘』所収（C.L. Moore, "Tryst in Time," in Isaac Asimov et al. eds., *Tales of the Occult*, Prometheus Books, 1989.）
Moore, W., *Bring the Jubilee*, Gollancz, 2001.
ムアコック、マイクル『この人を見よ』峯岸久訳（ハヤカワ文庫）、早川書房、一九八一年（Michael Moorcock, *Behold the Man*, The Overlook Press, 2007.）
メルッチ、アルベルト『プレイング・セルフ——惑星社会における人間と意味』新原道信／長谷川啓介／鈴木鉄忠訳、ハーベスト社、二〇〇八年（Alberto Melucci, *The Playing Self*, Cambridge University Press, 1996.）
森村豊『ウェルズ』（「研究社英米文学評伝叢書」第七十六巻）、研究社、一九八〇年
八杉将司「うつろなテレポーター」、大森望／日下三蔵編『虚構機関——年刊日本SF傑作選』（創元SF文庫）所収、東京創元社、二〇〇八年

山田正紀『エイダ』早川書房、一九九四年
山田正紀『チョウたちの時間』（角川文庫）、角川書店、一九八〇年
山田正紀「指の冬」、日下三蔵編『日本SF全集』第二巻所収、出版芸術社、二〇一〇年
ヤング、ロバート・F『たんぽぽ娘』伊藤典夫訳、復刊ドットコム、二〇一三年
ヤング、ロバート・F「時が新しかったころ」市田泉訳、前掲『時の娘』所収
四方田犬彦『文学的記憶』（五柳叢書）、五柳書院、一九九三年
Leiber, Fritz, *Destiny Times Three,* Wildside Press, 2008.
ライバー、フリッツ「若くならない男」伊藤典夫訳、前掲『タイム・トラベラー』所収（Fritz Leiber, "The Man Who Never Grew Young," in *Pail of Air,* Amereon House, 1979.）
ラインスター、マレイ『タイム・トンネル』浅倉久志訳（ハヤカワ・SF・シリーズ）、早川書房、一九六七年
ラインスター、マレイ「時の脇道」、山本弘編『火星ノンストップ』浅倉久志／伊藤典夫ほか訳（ヴィンテージSFセレクション 胸躍る冒険篇）所収、早川書房、二〇〇五年（Murray Leinster, *Sidewise in Time,* Shasta Publishers, 1950.）
ラッカー、ルーディ『時空の支配者』黒丸尚訳（ハヤカワ文庫）、早川書房、一九九五年（Rudy Rucker, *Master of Space and Time,* Bluejay Books, 1984.）
リー、ウィリアム・M「チャリティのことづて」安野玲訳、前掲『時の娘』所収（William M. Lee, "A Message from Charity," in Martin Harry Greenberg ed., *New Stories from the Twilight Zone,* Warner Books, 1993.）
リカルドゥー、J『言葉と小説――ヌーヴォー・ロマンの諸問題』野村英夫訳（現代文芸評論叢書）、紀伊國屋書店、一九六九年（Jean Ricardou, *Problèmes du nouveau roman,* Éditions du Seuil, 1967.）
Ricœur, Paul, *Du texte à l'action,* Éditions du Seuil, 1986.
Rimmon-Kenan, Shlomith, *Narrative Fiction,* 2nd ed., Routledge, 2002.
Lewis, David, "The Paradoxes of Time Travel," in Michael C. Rea ed., *Arguing About Metaphysics,* Routledge, 2009.
ルポフ、リチャード・A「12：01PM」大森望訳、前掲『ここがウィネトカなら、きみはジュディ』所収（Richard A. Lupoff, "12:01P.M.," in Wells, Lupoff, *op.cit.*）
レイク、デイヴィッド「逆行する時間」深町真理子訳、前掲『タイム・トラベラー』所収（D.J. Lake, "Re-deem the Time," in Van Ikin ed., *Australian Science Fiction,* Academy Chicago Publishers, 1984.）
レム、スタニスワフ『泰平ヨンの航星日記〔改訳版〕』深見弾／大野典宏訳（ハヤカワ文庫）、早川書房、二〇〇九年
レンスター、マレイ「もうひとつの今」斎藤伯好訳、前掲『時と次元の彼方から』所収（Murray Leinster, "The Other Now", in *Twists in Time,* Wildside Press, 2008.）

Rose, Mark, *Alien Encounters*, Harvard University Press, 1981.
ロバーツ、キース『パヴァーヌ』越智道雄訳（ちくま文庫）、筑摩書房、二〇一二年（Keith Roberts, *Pavane*, Old Earth Books, 2011.）
ロブ＝グリエ、アラン『新しい小説のために』平岡篤頼訳、新潮社、一九六七年（Alain Robbe-Grillet, *Pour un nouveau roman*, Éditions Gallimard, 1963.）
若島正『乱視読者の新冒険』研究社、二〇〇四年
和田純夫『量子力学が語る世界像——重なり合う複数の過去と未来』（ブルーバックス）、講談社、一九九四年
渡辺慧『時間の歴史——物理学を貫くもの』東京図書、一九七三年
ワトスン、イアン「知識のミルク」『スロー・バード』大森望ほか訳（ハヤカワ文庫）所収、早川書房、二〇〇七年
ワトスン、イアン「超低速時間移行機」同書所収（Ian Watson, "The Very Slow Time Machine," in Michael Ashley ed., *The Mammoth Book of Time Travel SF*, Running Press, 2013.）
ワトスン、イアン「バビロンの記憶」佐藤高子訳、前掲『タイム・トラベラー』所収（Ian Watson, "We Remember Babylon," in S. Schwartz ed., *Habitats*, Daw Books, 1984.）
ワトスン、イアン「夕方、はやく」大森望訳、前掲『ここがウィネトカなら、きみはジュディ』所収

あとがき

時間SFのアイデアやギミックは、いまどきのライト・ノヴェルや映画、そしてアニメやゲームに頻出する。まちがいなく、若い人々の間にこうした物語への関心が広がっているのだろう。ただし、それと同時に、時間ジャンプが織り込まれた話はどうもわかりにくくて、という反応も耳にする。もちろん、そもそも時間を跳躍するストーリーになじめないという部分もあるかもしれない。けれども、問題のもやもやの主な原因は、どうも違うところにあるような気がする。

巷にあふれる時間ジャンプの物語は、実に千差万別だ。新たなおもしろみを演出しようとするなかで、設定や仕掛けがさまざまに考案されるということだろう。しかしそうなると、物語を受け取る者に厄介な混乱も生じてくる。時間ジャンプって、あの話ではこうだったのに、この話では違ってる……これ、どうなってんの？

要するに、設定や仕掛けがいろいろありすぎて、物語パターンが見通せなくなってしまうこと。この困難が、問題のもやもやを生んでいるように思う。そして不幸な場合、まったく違う設定と仕掛けの物語に、思い込みのパターンをあてはめ、大いなる誤解を膨らますことにもなってしまう。

これではせっかくの物語がだいなしでは？　本書の出発点はここにある。時間ジャンプのさまざまな物語について交通整理をほどこして、基本的なアイデアと物語パターンを切り分け、それらの区別と関連をわかりやすくすること。そうすれば、いまどきの物語をもっと深く、そしてさらに多様に楽しめるのではないか。こう言うと、かなり素朴な感じで気恥ずかしいのだけれど、それが嘘偽りのないところだと言っていい。

とはいえ、時間SFの物語パターンを峻別していくと、作品ごとに時間世界のとらえ方が違うという点にも突き当たる。つまり、物語が時間なるものをどう理解しているかにも関心を向ける必要が出てくる。だから本書には、いささか理屈っぽい話も含まれている。けれども、この点を脇にやってしまうと、それぞれの物語の仕掛けを読み取れなくなってしまう。それは、あのもやもやをすっきりさせるためにも、避けては通れなかったわけだ。

本書は、こういう理論方面のお話も含めて、時間ＳＦを真剣に味わうためのガイドブックになることをめざした。その意味で、これはミニ百科と言ってもよく、筆者はこれまでの仕事の道を少しはずれてしまったのかもしれない。けれども、脱稿後の気持ちは、いたって穏やかである。いまタイム・トラヴェル物語に関心をもつ人々、そして将来時間ＳＦについて考察や探求を進めていく人々。こうした人々が踏み台にする情報と理解を提供できたという感慨があるからだ。

このごろよく考えることがある。私に残された時間のなかで、あといくつ作品を生み出せるだろうか。いや、ひょっとしたらこれが最後かもしれない。そう考えるとき、少しでも物語文化の支えになる書き物を残してみたいと思った。その願いがどこまで実現したかについては、いまは答えを保留しておこう。一喜一憂してもしかたがない。十年後、数十年後にも、時間ＳＦを読み解こうとする誰かが、この書き物に目を向けてくれることを、心から願いたいと思う。

[著者略歴]
浅見克彦（あさみ・かつひこ）
1957年生まれ
和光大学表現学部教授
専攻は社会理論、社会思想史
著書に『SFで自己を読む』『SF映画とヒューマニティ』（ともに青弓社）、『響きあう異界』（せりか書房）、『消費・戯れ・権力』（社会評論社）、訳書にダニエル・ダヤーン／エリユ・カッツ『メディア・イベント』、マーシャル・マクルーハン／ブルース・R・パワーズ『グローバル・ヴィレッジ』、リチャード・ダイアー『映画スターの〈リアリティ〉』（いずれも青弓社）など

時間《じかん》SFの文法《ぶんぽう》　決定論／時間線の分岐／因果ループ

発行――2015年12月17日　第1刷
定価――3000円＋税
著者――浅見克彦
発行者――矢野恵二
発行所――株式会社青弓社
〒101-0061 東京都千代田区三崎町3-3-4
電話 03-3265-8548（代）
http://www.seikyusha.co.jp
印刷所――三松堂
製本所――三松堂

ISBN978-4-7872-9233-9 C0095

浅見克彦

SFで自己を読む

『攻殻機動隊』『スカイ・クロラ』『イノセンス』

押井守監督が映画化したSF作品を取り上げ、物語的な謎の解明に注力しながら「〈わたし〉の固有性のゆらぎ」などを読み解き、「別の自己像へのしなやかな流転」というSFがもつ魅力の核を析出する。　定価1600円＋税

浅見克彦

SF映画とヒューマニティ

サイボーグの腑

『ターミネーター』『2001年 宇宙の旅』などからサイボーグやロボット、地球外生命体と人間との接触が映し出す現代文化のありようを解読し、SF映画をとおして揺さぶられるアイデンティティについて考察する。　定価5000円＋税

リチャード・ダイアー　浅見克彦訳

映画スターの〈リアリティ〉

拡散する「自己」

社会現象・イメージ・記号の視点から映画スターという存在とその受容を解析して、私たちがスター・イメージを自己表現として横領し「劇としての生」を営んでいることを解明するフィルム・スタディーズの基本書。定価4000円＋税

マーシャル・マクルーハン　浅見克彦訳

グローバル・ヴィレッジ

21世紀の生とメディアの転換

メディアの予言者は、電子メディアの拡張とグローバル化、その先にある「グローバル・ヴィレッジ」に、あらゆる文化環境の対立と共存を見た――。電子のざわめきのなかに世界を明視するマクルーハン思想の臨界点。定価4400円＋税

長谷正人

映画というテクノロジー経験

映画はスペクタクルな娯楽としてだらしなく消費されて閉塞状況にある。その現状を打破するため、リュミエールや小津安二郎などの映画に身体感覚や時間的想像力を見いだし、映画がもつ革命的な可能性を解放する。定価3600円＋税